KB090131

김선희
김혜경
박충선
최용민
최정혜
한동희
허영숙
현은민
홍달아기

공저

노인학대

전문상담

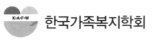 한국가족복지학회   Σ 시그마프레스 (주)

노인학대 전문상담

2005년 1월 10일 초판 1쇄 발행

저자 김선희, 김혜경, 박충선, 최용민, 최정혜
      한동희, 허영숙, 현은민, 홍달아기
발행인 강학경
발행처 Σ 시그마프레스(주)
편집 송현주
교정·교열 이민승
등록번호 제10-2642호
주소 서울특별시 마포구 서교동 247-56
전자우편 sigma@spress.co.kr
홈페이지 http://www.sigmapress.co.kr
전화 (02)323-4845~7 | 팩시밀리 (02)323-4197

인쇄 성신프린팅 | 제본 세림제책

ISBN 89-5832-098-2 | 가격 15,000원
      89-5832-076-1(세트)

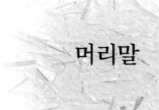

머리말

인구고령화가 장기간에 걸쳐 서서히 진행되어 온 선진국에서는 고령사회에 대해 정책적으로 대비할 시간적 여유를 가질 수 있었다. 그러나 한국의 경우는 세계적으로 유례를 찾아볼 수 없을 정도로 급속하게 고령화가 진행되어 개인적으로나 사회적으로 고령사회에 제대로 대비하지 못하고 있는 실정이다.

대부분의 노년학자들은 고령화율이 10% 정도에 이르는 시기에 다양한 노인문제, 즉 노인의 성문제, 황혼이혼, 노인학대 등이 필연적으로 사회문제(social problem)화된다고 보고 있다. 우리나라도 최근 가정 내 폭력문제가 사회적으로 부각되기 시작함에 따라 노인학대에도 관심을 갖게 하는 계기가 되었다. 그러나 아직까지 다른 부분에 비해 노인학대 문제에 대해서는 기본적인 접근이 이루어지지 않았으므로 노인학대는 앞으로 여전히 은폐될 가능성이 내재되어 있다고 할 수 있다.

본 교재에서는 노인학대에 대한 기존의 연구결과를 바탕으로 노인학대 예방 및 치료를 위해 이 분야에서 활동하기를 희망하는 실천가들이 갖추어야 할 노인학대 관련 내용과 상담 및 치료의 방법을 제시하고, 그리고 마지막으로 노인학대 예방을 위해 지향해야 할 정책적 방안에 대해 탐색해 보고자 하였다.

제1장에서는 노인학대의 사회적 배경요인으로서 한국가족의 변화, 특히 고령화 사회로의 과정에서 나타나는 부양부담의 변화 및 부양의식의 변화, 부양에 대한 사회적 지원체계의 부족을 다루었다. 그리고 이들 요인에 기인하는 노인학대 문제의 한 전형으로서 치매가족의 문제를 살펴보았다. 제2장에서는 노인학대를 이해하기 위해 노인학대의 개념과 이론, 그리고 노인학대의 실태와 관련법을 다루고 있다. 제3장에서는 노인학대상담을 위해 실천가들이 갖추어야 할 노인의 특성, 노인상담의 개념과 상담유형 및 노인상담의 기본가치, 그리고 노인상담의 과정 및 위기개입의 내용을 다루고 있다. 제4장에서는 국내외의 다양한 노인학대상담의 사례를 제시하고, 일반노인가족과 치매노인가족을 대상으로 하는 노인학대 방지 프로그램과 노인학대 가해자와 피해

자를 위한 치료프로그램을 제시함으로써 노인학대의 예방과 치료를 위해 일하는 일선 실무자들이 참고할 수 있도록 하였다. 마지막으로 제5장에서는 앞에서 제시된 노인학대 전문상담원제도의 필요성과 노인학대 관련법, 노인학대의 실태 등을 토대로 노인학대의 대응방안과 앞으로의 정책적 지향에 대해 제안하였다.

그 동안 본 교재의 집필을 기획하고 지원해주신 한국가족복지학회와 수고하신 여러 선생님들의 노고에 깊은 감사를 드린다. 바쁜 일정 속에서 아동학대나 가정폭력 등 다른 분야와는 달리 기존의 틀이나 프로그램 개발이 매우 부족한 상황 속에서, 먼 길을 마다하지 않고 수차례에 걸쳐 모두들 머리를 맞대고 많은 의견들을 나누는 기회를 가졌었다. 이 과정에서 서로를 더 알게 되었고, 멀리 광안대교의 불빛을 바라보면서 나누던 한여름 밤의 정담도 깊은 추억으로 남아 있다.

추후에 보다 나은 내용으로 보완할 것을 약속하며, 이 책이 우리 사회의 노인학대를 예방하고 치료하는 주춧돌이 되는 귀한 역할을 감당하기를 기대한다.

2004년 12월
저자 일동

차 례

제1장

현대가족과 노인

한국은 경제개발계획을 계기로 본격적인 산업화 과정에 들어서게 되었으며, 그 과정 속에서 도시화, 생활수준의 향상, 소가족화, 인구의 노령화 등의 현상이 급속하게 나타나게 되었다. 제1장에서는 산업화에 따른 한국 가족의 변화와 인구고령화에 따른 사회의 노인부양의 변화를 파악함으로써 오늘날 우리가 직면하고 있는 노인문제의 배경을 살펴보고자 한다. 그리고 고령화 사회문제 중의 하나인 치매노인과 그 가족생활에 대해 살펴봄으로써 노인학대의 발생원인과 이에 대한 대책수립의 기초적 이해를 돕고자 한다.

| I | 한국 가족의 변화

현대사회의 가족은 전통적인 가족에 비해 형태가 훨씬 다양해졌을 뿐 아니라 가족의 기능도 약화 또는 상실되는 변화를 겪게 되었다. 가정의 중요한 기능인 자녀양육 및 사회화의 기능이 사회로 대부분 이행되고 개인주의적 가치관이 확산되면서 더 이상 가정은 자녀양육의 주된 장으로서 기능을 다하지 못하고 있으며, 여성의 취업증가에 따라 자녀 및 노부모 부양 등 가정이 수행하던 이전의 보호 기능 역시 급격히 약화되고 있는 실정이다. 또한 산업화가 진전될수록 현대사회의 가족에게 더욱 중요한 기능으로 부각되는 정서적 기능, 즉 휴식과 위안의 기능도 약화되고 있다. 뿐만 아니라 가족윤리가 약화되고, 생활양식의 변화로 인해 생활문화의 전달 및 계승이 잘 이루어지지 않아 가정의 안정성과 세대통합이 저해되고 있는 실정이다.

현대사회의 가족이 경험하고 있는 이러한 변화된 기능들은 여러 가지 가족문제를 일으키는 요인으로 작용할 수 있으므로, 가족기능의 변화에 영향을 미치는 변인들을 파악하고 이들이 야기할 변화들을 예측하며, 그 변화에 적절히 적응할 수 있도록 사회적 지지체계를 보강할 필요가 있다.

1. 가족의 외적 변화

1) 가족규모의 축소

산업화 과정에서 현대가족에게 나타난 가장 큰 변화 중의 하나는 자녀 수 감소와 3세대 이상 대가족가구의 감소로 인한 핵가족화, 그리고 1인단독가구의 증가에 의한 가족규모의 축소이다. 우리나라의 평균 가구원 수의 변화추이를 보면, 1960년 평균 5.6명이었던 것이 〈표 1-1〉에서 보면 1980년 4.5명, 1990년 3.7명, 2000년 3.1명으로 축소되었다. 이러한 가구원 수의 감소는 인구증가율보다 더 큰 총가구증가율에 기인한 현상으로 출산율 저하, 핵가족화, 그리고 1인가구의 증가 등에 의한 것이다(통계청, 2001). 가족규모의 축소에 가장 큰 영향을 미친 것은 자녀 수의 감소이다. 1960년에 6.0명이던 자녀 수가 1962년 가족계획정책이 실시된 이후 1970년에 4.5명으로 감소되었고, 1983년을 기점으로 2명 이하로 줄었으며, 1990년 이후 1.6명 수준을 유지하다가 2000년 1.47명에서 2003년 현재 1.17명으로 줄어들어 세계에서 가장 낮은 출산율을 나타내고 있다. 이러한 감소세는 2020년 1.08명까지 낮아질 것으로 예측되고 있다(보건복지부, 2003). 출산율 저하가 지속되면 우리나라는 2020년부터 14세 이하의 유년인구가 65세 이상의 노년인구보다 더 적어지게 되고, 총인구 또한 줄어들게 되어 앞으로 사회의 활력이 저하될 뿐만 아니라 생산인구의 감소로 인한 다양한 가족 및 사회문제가 야기될 것으로 전망된다.

또한 65세 이상 노인 중 가족과 떨어져 혼자 사는 노인독신가구 및 노인부부가구 등 노인단독가구의 증가는 평균수명 연장에 따른 노인인구의 증가에 의한 것으로 역시 가족규모의 축소에 영향을 미친다. 노인단독가구의 변화추이를 보면 1985년 39.1%에서 1990년 45.2%, 1995년 49.5%로서 전체 노인가구의 거의 절반이 자녀와 떨어져 노인만 살고 있는 실정이다. 이러한 평균가구원 수의 감소에 의한 가족규모의

표 1-1. 가구 수 및 가구원 수의 변화 (단위 : 천 가구, %)

가구원 수	1980	1985	1990	1995	2000
총가구 수	7,969	9,571	11,355	12,961	14,312
가구원 수 분포					
1명	4.8	6.9	9.0	12.7	15.5
2명	10.5	12.3	13.8	17.3	19.1
3-4명	34.8	41.8	48.6	52.1	52.0
5명 이상	49.8	39.0	28.6	17.9	13.4
평균가구원 수(명)	4.5	4.1	3.7	3.3	3.1

자료 : 통계청(2001), 한국의 사회지표.

표 1-2. 가족주기 중 신혼생활, 자녀양육 및 노인생활기간의 변화

결혼코호트	신혼부부 생활기간	자녀양육기간	노인생활기간		
			노부부기간	여자노인만의 기간	소계
-1959	2.4	36.6	9.5	8.6	18.1
1960-1969	1.7	33.2	10.5	12.5	23.0
1970-1979	1.4	31.7	13.6	12.3	25.9
1980-1989	1.3	30.9	14.8	12.8	27.6
1990-2000	1.2	30.1	19.3	12.2	31.6

자료 : 김승권 외, 2000년 전국 출산력 및 가족보건실태조사, 한국보건연구원.

축소는 앞으로도 지속되어 2010년에는 2.9명, 2020년에는 2.7명으로 감소할 것으로 예상된다(통계청, 2002).

2) 가족생활주기상의 변화

1959년 이전 결혼집단의 신혼부부기간은 2.4년이었으나 1990-2000년 결혼집단에서는 1.2년으로 짧아졌다. 그리고 자녀 수 감소로 첫 자녀의 출산에서 막내자녀의 결혼까지의 자녀양육기간은 36.6년에서 30.1년으로 6.5년 짧아졌다. 그러나 막내자녀 결혼 후의 노인생활기간은 평균수명의 연장으로 여성의 경우 1959년 이전 결혼집단이 18.1년인 데 비해, 1990년 이후 결혼집단은 31.6년이나 됨으로써 무려 13.5년이나 길어졌다. 그리고 자녀양육기간이 1959년 결혼집단에서는 노인생활기간의 두 배나 되었지만, 1990년대 이후에는 노인생활기간이 자녀양육기간보다 오히려 1.5년 더 긴 것으로 나타났다(표 1-2). 따라서 결혼 이후의 삶을 보면, 자녀결혼 전의 부모로서의 기간보다 성인자녀의 노부모 또는 손자녀의 조부모로서의 삶이 더 길어짐으로써 노년기 가족의 역할과 생활문제에 개인적으로나 사회적으로 더 많은 관심을 가져야 할 것으로 생각된다.

3) 가족구조 및 형태의 다양화

가족형태의 변화 가운데서 두드러진 현상 중의 하나는 세대구성에 있어서 1세대 및 1인가구가 증가한 데 반해 2, 3세대가구가 감소한 것이다. 그리고 가족구성원 범위가

표 1-3. 가족구조 및 형태의 변화　　　　　　　　　　　　　　（단위：천 가구, %）

내용＼연도		1980	1985	1990	1995	2000
총가구 수		7,969	9,571	11,355	12,958	14,312
가족의 세대별 비율						
1세대가구		8.3	9.6	10.7	13.0	14.2
2세대가구		68.5	67.0	66.3	63.0	60.8
3세대가구 이상		17.0	14.8	12.5	10.0	8.4
1인가구		4.8	6.9	9.0	12.7	15.5
비혈연가구		1.5	1.7	1.5	1.4	1.1
핵가족	부부	6.5	7.8	9.3	12.6	14.8
	부부+미혼자녀	57.4	57.8	58.0	58.6	57.8
	한 부모+미혼자녀	10.1	9.7	8.7	8.6	9.4
직계가족	부부+양(편)친	0.6	0.8	0.9	1.1	1.1
	부부+양(편)친+자녀	10.6	9.9	9.4	8.0	6.8
기타가족		14.8	14.0	13.8	11.2	10.1

자료 : 통계청(2001a), 한국의 사회지표.

좁아진 가구로서 1인가구의 증가, 노인단독가구의 증가, 한 부모가구의 증가, 소년소녀 가구가 증가하였다. 〈표 1-3〉에서 보면 총가구 중 1세대만으로 구성된 가구는 1980년 8.3%에서 2000년 14.2%로 증가하였고, 1인가구는 4.8%에서 15.5%로 3배 이상 대폭 증가한 데 비해 2세대가족은 68.5%에서 60.8%로 감소하였으며, 3세대가족은 17.0%에서 8.5%로 반으로 감소하였다.

이 중 먼저 1인가구의 특성을 살펴보면 취업, 취학으로 인한 도시의 젊은 층과 혼자 사는 농촌의 고령층이 많기 때문이며, 1인가구는 가장 크게 증가한 것으로 나타났다. 그리고 1인가구는 앞으로 더욱 지속적으로 증가하여 2020년에는 21.5%로 증가할 것으로 예상된다. 또한 앞으로 핵가족 중 자녀 없이 부부만 사는 가구도 늘어나 2020년에는 18.9%에 이를 것으로 예상되고 있다(통계청, 2002).

다음으로 65세 이상 노인가구의 형태를 〈표 1-4〉에서 보면, 결혼한 자녀가족과 함께 3세대로 동거하는 비율은 1990년 51.7%에서 2000년에는 30.8%로 대폭 감소하였다. 그리고 1990년 노인만의 부부가구나 독신가구의 비율은 24.0%이었으나, 2000년에는 노인부부가구 28.7%, 노인독신가구 16.2%로 나타났다. 이에 따라 65세 이상 노

표 1-4. 노인가구의 형태 변화 (단위 : %)

내용 \ 연도	1990	1995	2000
1세대가구	13.4	23.3	28.7
2세대가구	23.6	23.0	23.9
3세대가구 이상	51.7	39.7	30.8
1인가구	10.6	13.3	16.2
비혈연가구	0.7	0.8	0.4

자료 : 통계청(2001), 한국의 사회지표.

인의 44.9%가 노인 혼자 또는 노인부부만으로 구성된 가구로서 1990년에 비해 거의 2배로 늘어났다. 이러한 변화를 통해, 결혼한 자녀가 노부모와 동거하는 우리나라의 전통적인 부양형태가 더 이상 보편적인 현상이 아니며, 이들 단독가구형태로 생활하는 노인들이 고령화되면 의존노인에 대한 생활부양문제가 앞으로 큰 사회적 이슈가 될 것임을 예측할 수 있다.

노인단독가구를 〈표 1-5〉에서 노인의 거주지역과 성에 따라 살펴보면, 2000년 현재 노인단독가구는 도시 22.5%, 농촌 41.3%로 나타나 농촌노인들이 도시노인보다 약 1.8배 더 많은 것으로 나타났다. 이것은 농촌노인들이 자녀를 도시로 떠나보내고 노인 혼자 혹은 노부부만이 살고 있기 때문인 것으로 볼 수 있다. 그리고 노인독신가구의 비율은 평균수명이 더 긴 여성노인이 19%로서 남자노인에 비해 절대적으로 더 많은 반면에, 부부가 함께 사는 가구는 남자노인은 21.7%인 데 비해 여성노인은 13.2%로 나타나 노인가구의 형태가 지역별·성별로 차이가 있는 것으로 나타났다.

표 1-5. 노인의 지역 및 성별 가구형태 (단위 : %)

가구비율	지역별			성별	
	전국	도시	농촌	남자	여자
노인가구	30.6	22.5	41.3	26.9	32.8
1인가구	13.7	10.3	18.2	5.0	19.0
노인부부가구	16.5	11.8	22.5	21.7	13.2
기타노인가구	0.5	0.4	0.7	0.3	0.7
비노인가구	69.4	77.5	58.7	73.1	67.2

자료 : 통계청(2000), 한국의 사회지표.

2. 가족의 내적 변화

1) 가족가치관의 변화

가족중심의 공동체생활을 중요시하는 전통적 가치관이 약화되고 부부중심의 핵가족화로 노부모세대에 대한 자녀세대의 부양의식이 약화되고 있다. 가족관계의 중요성을 간과하는 경향이 증가하면서 가족원들 간의 상호신뢰와 의무에 대한 인식이 약화되고, 가족의 복지보다 개인의 욕구충족을 우선시하는 경향도 증가하고 있다. 이러한 변화는 가족원의 일체성, 연대성, 상호책임과 의무에 근거한 가족 내 안정성을 약화시키는 영향을 미친다.

2) 양성평등의 수평적 가족관계로의 변화

전통가족의 위계질서는 가부장을 중심으로 세대와 성 및 연령을 그 기준으로 하는 부자중심의 수직적 질서이다. 그러나 현대사회에서는 평등주의적 가치관이 보편화됨에 따라 가족 내 성불평등이 상당히 해소되어 최근에는 부부중심의 수평적 관계로 전환되고 있다. 또한 친족관계에서도 부계보다 모계와의 교류가 더욱 빈번하고 정서적 친밀감도 훨씬 높은 것으로 나타나고 있다.

그리고 여성의 경제활동 참여증대는 가족관계 전반에 있어서 큰 변화를 가져왔다. 기혼여성의 경제활동 참여는 부부관계에 있어서 자녀양육과 가사노동의 분담 등 가정생활 패턴의 변화를 요구하게 되었다. 또한 여성의 경제활동과 사회활동의 증가는 가정 내에서 여성들의 권력과 지위를 강화시켜 노부모와의 동거 및 노부모 부양문제 등 가족 내의 의사결정에 큰 영향을 미치게 하였다.

3) 가족 내 노인역할의 변화

전통적으로 우리 사회에서 노인은 가족의 대표자였고 재산의 소유자였으며, 의사결정권자였고 지역사회의 원조자였다. 노인은 전통사회의 가치관과 오랜 경험을 통해서 쌓은 지식으로 가족을 이끌어왔다. 또한 자손들에게 가훈을 가르치며 도덕규범을 전달하였고, 그들의 지혜, 경험 등은 가족구성원으로부터 존경받았다.

그러나 정보화 사회에서 노인들은 사회통합과 상호작용에 참여하는 기회의 감소로 오래된 기술을 소유하고 있는 노인들은 경제적·사회적으로 의존하게 되었다. 즉, 노인들은 사회가 원하는 바람직하고 가치 있는 교환자원이 없기 때문에 직장에서 은퇴하여 극히 제한된 사회복지서비스 자원을 받는 교환을 할 것을 사회로부터 강요당하고 있다고 본다(Hooyman & Kiyak, 1996).

가정에서 노인의 역할은 많이 축소되거나 약화되었다. 성인 자녀의 가정에서 함께 거주하는 대부분의 노인들은 가정생활 운영의 결정권을 며느리 또는 아들이 가지고 있는 부부중심의 주거 공간구조 속에서 생활하고 있다. 따라서 독립된 개인적인 공간을 확보하기 어렵고, 또한 자녀 수의 감소에 따라 더 이상 돌보아줄 손자, 손녀도 없기 때문에 가정 내 역할상실에 적응하지 않으면 안 된다. 일부 노인들은 새로운 역할을 다시 선택하여 노년기의 생활에 만족할 수 있지만 대부분의 노인들은 자신들이 상실한 역할들을 대치할 수 있는 새로운 역할을 개발하지 못하고 있다.

Ⅱ | 노인부양의 변화

한국의 전통적 노인부양은 가족과 자녀, 특히 장남에게 책임이 있는 것으로 간주되어 노인이 자녀가족과 동거하면서 부양과 보호를 받아왔다. 그러나 사회변화에 따라 노인부양에 대한 가치관이 변화함으로써 노인부양은 사회문제로 대두되었다.

본 장에서는 인구고령화에 따른 사회의 노인부양의 변화를 파악하고, 장기화된 노령후기에 의존적으로 생활부양을 받아야 하는 노인과 그 자녀의 가정에 대한 사회적 지원의 실태를 살펴봄으로써 오늘날 우리가 직면하고 있는 노인문제의 배경을 파악하고자 한다.

1. 고령화에 따른 부양부담의 증가

1) 고령인구의 증가

한국의 평균수명은 20세기 초까지만 해도 30세에 미치지 못하였다. 1940년대의 평균수명은 42세였고(통계청, 1995), 1950년에는 47.5세였으며 남녀 모두 50세를 넘은 것은 1960년대 가까이 되어서였다. 그 이후 1960년대 산업화 과정을 거치면서 평균수명은 급속하게 상승하여 1970년에는 남녀 평균 63.2세로 대폭 상승하였다. 2001년에

표 2-1. 평균수명의 증가 추이 (단위 : 세)

구분 \ 연도	1960	1970	1980	1990	2000	2010	2020	2030	2040
평균	52.4	63.2	65.8	71.6	75.9	78.8	80.7	81.5	82.3
남	51.1	59.8	62.7	67.7	72.1	75.5	77.5	78.4	79.2
여	53.7	66.7	69.1	75.7	79.5	82.2	84.1	84.8	85.5

자료 : 통계청, 「장래인구추계」, 2001. 12.

는 남자 72.8세, 여성노인의 경우는 이미 80.1세로 상승하여 평균연령 76.5세로 나타 났으며(통계청, 2003), 2020년에는 평균연령 80.7세의 시대가 될 것으로 예측된다. 이 러한 평균수명의 연장은 노년기의 장기화를 가져와 노후의 경제생활, 노년기 건강 및 여가생활, 고령기의 생활부양 등 다양한 노후대책 문제를 심화시키게 될 것이다.

평균수명의 증가로 노인인구가 전체 인구에서 차지하는 구성비는 지속적으로 증가 하고 있다. 국민 전체에서 65세 이상의 노인인구가 차지하는 비율은 1960년에 2.9% 로 매우 낮았으나, 그 이후 1970년에 3.1%, 1980년에 3.8%, 1990년에 5.1%, 그리고 2000년에는 7.2%로 증가함으로써 한국은 고령화 사회에 진입하게 되었다.

이러한 고령화 추세는 앞으로 더욱 급격하게 진행할 것으로 예측되고 있다. 장래 의 노인인구 증가추이를 〈표 2-2〉에서 보면 2010년에 10.7%, 2019년에 14.4%, 2020 년에 15.1%, 2030년에 23.1%, 2040년에 30.1%로 증가할 것으로 예측된다. 즉, 우리나 라는 2019년이 되면 노인인구가 14%를 넘게 되어 고령화 사회(aging society)에서 고 령사회(aged society)로 진입할 것으로 예상되며, 또한 2026년에는 노령인구가 10,110 천 명으로 전체인구의 20%를 차지하게 되어 초고령사회(super aged society)가 될 것 으로 예상된다.

표 2-2. 노인인구의 증가추이 (단위 : %, 천 명)

구분 \ 연도	1960	1970	1980	1990	2000	2010	2020	2030	2040
노인인구비율	2.9	3.1	3.8	5.1	7.2	10.7	15.1	23.1	30.1
노인인구수	726	991	1,456	2,195	3,395	5,302	7,667	11,604	14,533

자료 : 통계청, 「장래인구추계」, 2001.

표 2-3. 세계 각국의 인구고령화 속도 (단위 : 년)

	프랑스	스웨덴	미국	영국	서독	일본	한국
고령화 사회	1865	1890	1945	1930	1930	1970	2000
고령사회	1980	1975	2020	1976	1972	1994	2019
소요기간	115	85	75	46	42	24	19

자료 : 통계청, 「장래인구추계」, 2001.

이와 같은 한국의 고령화 속도는 세계에서 유례를 찾아볼 수 없을 정도로 빠르게 진행될 것으로 보인다. 〈표 2-3〉에서 보면 고령화 사회에서 고령사회로 전환되는 기간이 프랑스 115년, 스웨덴 85년, 미국 75년, 영국 46년, 독일 42년, 일본 24년이 소요되었는 데 비해 한국은 19년 만에 노령인구가 배로 증가할 것으로 전망된다. 따라서 인구고령화가 장시간에 걸쳐 서서히 진행되어 왔기 때문에 고령사회에 대해 정책적으로 대비할 시간적 여유를 가질 수 있었던 여러 나라들과는 달리 한국의 경우는 시간적 여유가 부족하기 때문에 고령사회에 대한 시급한 사회적 대책이 요구된다.

현재의 노인은 물론 미래의 노인을 위한 경제적, 사회적, 문화적, 정서적, 의료적 차원 등 사회의 전반적인 부분에서의 종합적인 대비가 필요함을 의미하는 것이다.

2) 부양부담 인구의 증가

(1) 노인부양부담률의 증가

한 사회의 노인부양부담률을 파악하기 위한 지표로 노년부양지수를 들 수 있다. 노년부양지수는 15세부터 64세까지의 생산연령인구가 65세 이상 노년인구를 부양하는 비율로서, 〈표 2-4〉에서 보듯이 노년부양지수는 1960년의 5.3%에서 점차 증가하여 1990년에 7.4%, 2000년에 10.1%로 증가하였으며 2010년에 14.8%, 2020년에 21.3%, 2030년에 35.7%, 2040년에 51.6%에 이를 전망이다. 이것은 2000년에는 생산연령인구 10명이 1명의 노인을 부양하던 것이 2020년에는 5명이 1명의 노인을 부양해야 하며 2030년에는 3명이 노인 1명을, 그리고 2040년에는 생산연령인구 2명이 노인 1명을 부양하게 될 것임을 의미하는 것으로서 우리 사회의 노인부양부담이 급격히 가중될 것임을 나타내는 것이다. 노령화지수는 14세 이하의 연소인구에 대한 노년인구의 비율을 나타내는 것으로서, 그 추이를 보면 1960년의 6.9%에서 점차 증가하

표 2-4. 연도별 부양지수의 추이 (단위 : %)

구분＼연도	1960	1970	1980	1990	2000	2010	2020	2030	2040
총부양지수	82.6	83.8	60.7	44.3	39.5	38.8	40.9	54.9	71.2
노년부양지수*	5.3	5.7	6.1	7.4	10.1	14.8	21.3	35.7	51.6
노령화지수**	6.9	7.2	11.2	20.0	34.3	62.0	109.0	186.6	263.2

자료 : 통계청, 「장래인구추계」, 2001.
* : 노년부양지수는 노년인구/생산연령인구×100의 공식으로 산출됨.
** : 노령화지수는 노년인구/연소인구×100으로 산출됨.

여 1990년에 20.0%, 2000년에 34.3%로 증가하였으며 2010년에 62.0%, 2020년에 109.0%, 2030년에 186.6%, 2040년에는 263.2%에 이를 전망이다. 이것은 2020년부터 노년인구가 유년인구보다 많아지게 됨을 의미한다. 이러한 노년부양지수 및 노령화지수의 급격한 상승 전망은 앞으로 우리 사회의 개별가족과 사회의 노인부양부담이 대폭 증가될 것이며 또한 우리 사회의 활력이 현저히 저하될 것임을 예고하고 있다. 따라서 고령사회에 대비하는 관련 정책들이 조속히 마련되어야 함을 알 수 있다.

(2) 요양 및 간병서비스 인구의 증가

65세 이상 노인의 86.7%가 한 가지 이상의 만성질환을 가지고 있으며, 유병률은 연령의 증가와 비례하는 것으로 나타났다. 농촌노인이 도시노인보다, 여성노인이 남성노인보다 유병률이 더 높은 것으로 나타났다(한국보건사회연구원, 1998).

세계보건기구가 암, AIDS와 함께 21세기 3대 질환의 하나로 정한 치매(dementia)는 인간의 독립적인 생활능력을 현저히 감퇴시켜 의존적인 생활을 하다 결국은 폐인에 이르게 하는 대표적인 만성퇴행성 질환이다. 치매는 심장질환이나 순환기계질환 등에 비해 치명률은 낮지만 그 질병으로 인해 가족이나 사회적·경제적으로 겪어야

표 2-5. 치매노인수 추계 (단위 : 천 명, %)

구분＼연도	1995	2000	2005	2010	2015	2020
치매노인수	218	280	362	456	571	690
치매유병률	8.3	8.3	8.3	8.6	9.0	9.0

자료 : 치매관리 Mapping 개발연구(한국보건사회연구원. 1997. 12).

표 2-6. 장기요양이 필요한 65세 이상 대상자 전망 (단위 : 명)

구 분	시설			재가				
	최중증	중증	합계	최중증	중증	경증	치매(경증)	합계
2003	22,573	55,265	77,837	22,504	102,797	197,656	195,672	518,629
2005	24,603	60,234	84,837	24,755	113,079	217,427	215,244	570,505
2010	29,388	71,950	101,338	30,062	137,322	264,040	261,389	692,812
2015	34,721	85,006	119,726	35,976	164,336	315,981	312,809	829,101
2020	41,480	101,554	143,033	43,472	198,575	381,817	377,983	1,001,847

주 : 치매환자이면서 최중증 및 중증 장애노인은 최중증 및 중증대상자에 포함.
자료 : 한국보건사회연구원·보건복지부 공청회 자료(2003), 한국보건사회연구원(2001년) 추정.

하는 고통과 어려움은 매우 크다. 〈표 2-5〉에서 보면, 2000년 치매노인은 28만 명으로 추산되었으나 2015년에는 그 두 배가 넘는 57만 1천 명, 그리고 2020년에는 69만 명으로 증가할 것으로 추산된다.

장기요양 서비스가 필요한 노인의 규모를 〈표 2-6〉에서 보면, 2003년 현재 시설보호 필요노인이 7만 8천 명, 재가보호 필요노인이 51만 9천 명으로 추산된다. 그러나 고령화가 더 진전되는 2010년에는 장기요양을 필요로 하는 시설노인이 10만 천3백여 명, 재가노인이 약 69만 3천 명으로 증가할 것으로 전망되며, 2020년에는 시설보호가 필요한 노인이 약 14만 3천여 명, 그리고 재가보호 필요노인이 약 100만 명 이상으로 증가할 것으로 추산된다.

그러나 현재 우리 사회에서 이들을 수용할 수 있는 노인복지시설의 현황을 〈표 2-7〉에서 보면, 무료와 유료시설을 모두 합하여 총 295개소인데 이 가운데서 노후의

표 2-7. 노인복지시설 (단위 : 개소, 명)

구 분	계				무료시설			실비시설		유료시설		
	합계	양로	요양	전문요양	양로	요양	전문요양	양로	요양	양로	요양	전문요양
시설수	295	120	120	51	89	99	48	3	14	28	7	3
입소정원	23,495	9,017	8,890	4,418	6,098	7,557	4,281	124	959	2,795	374	137

주 : 입소정원에 노인복지주택 4개소, 정원 1,170명 포함.
자료 : 보건복지부, 2003년도 노인복지시설현황.

주거기능을 주로 하는 양로시설을 제외한 요양 또는 전문요양시설은 171개소이며 그 수용인원이 1만 3천3백8명이다. 이것은 2003년 현재 시설보호 필요노인 7만 8천 명의 17%에 지나지 않으므로 요양 또는 전문요양시설에서 서비스를 받아야 할 노인의 83%가 적절한 보호를 받고 있지 못하는 것으로 볼 수 있다.

2. 노부모 부양에 대한 의식 변화

부모-자녀관계는 개인의 일생을 통해서 가장 오래 유지되는 관계 중의 하나이다. 특히, 노부모에게 있어서 성인자녀의 지지는 노년기의 생활만족도와 삶의 질에 영향을 미치는 중요한 요소가 된다. 자녀와의 유대관계와 결속도는 노인에게 필요한 정서적 안정감과 경제적 부양을 가져다 주며, 노년기의 발달과업인 통합감을 이루느냐 절망감을 얻느냐를 좌우하는 결정적 요인으로 볼 수 있다.

부모의 노후를 자녀가 보살펴 드려야 한다는 부양의식(filial responsibility)은 부양에 대해서 의무와 의지를 갖고 있는 전반적인 태도나 의식으로 사회적·도덕적 가치가 내재해 있고(전길량, 1993), 경제적·신체적·정서적·사회적 자원이 열악한 상태에 있는 노부모의 욕구를 충족시켜야 한다는 성인자녀의 의무(신수진, 1993) 등으로 정의되고 있다. 영국의 부양자협회(The Cares National Association)는 부양자란 "정신적·신체적으로 장애를 가지고 있거나 질병 혹은 노화로 인하여 건강상의 장애를 가지고 있는 사람을 부양해야 할 책임이 있는 사람으로서 일상적 생활의 욕구에 제약을 받고 있는 사람"으로 정의하고 있으며, 또한 영국노인협회(British Geriatrics Society)에서는 부양자에 대해 "부양자란 보호 또는 간호를 하는 데 있어서 어떤 구체적인 훈련을 받지 않은 우리와 똑같은 사람이다. 그러나 그들은 하루에 24시간, 일주일 내내 7일을 오직 혼자서 모든 부양의 책임을 수행해야 한다. 대부분의 부양자는 선한 사람들이지만 부양자 자신에게 오는 끊임없는 스트레스와 압박 때문에 좌절과 분노로 폭력을 행사한다"라고 사실적으로 묘사하고 있다(김기태 외, 2002).

노인부양의식의 변화를 가져오는 제반 여건의 변화에 대해 박성수(1999)는 사회구조와 생활양식의 변화와 전통적 가족가치관의 변화, 효도에 대한 개념 및 의식 변화, 부양주체에 대한 의식 변화, 핵가족화와 가족관계의 변화 등 가치관의 변화로 제시하고 있다. 그리고 노인부양 형태와 의식에 영향을 미치는 요인으로 성, 학력, 가정경제

표 2-8. 부모의 생계부양에 대한 태도변화 (단위 : %)

생계부양 책임대상	1994			1998			2002		
	전국	도시	농촌	전국	도시	농촌	전국	도시	농촌
자식	62.1	58.8	77.8	58.2	55.8	73.0	53.3	51.3	66.5
장남	33.1	29.9	48.4	27.0	24.5	42.3	22.7	20.7	36.1
아들들	16.3	15.8	18.3	19.8	19.6	21.9	17.5	17.1	20.2
딸들	1.6	1.6	1.5	1.8	1.8	1.3	1.7	1.7	1.2
아들과 딸들	11.1	11.4	9.6	9.6	9.9	7.5	11.4	11.8	8.9
본인	37.6	40.9	22.1	41.6	44.0	26.8	46.3	48.2	33.0
기타	0.3	0.3	0.1	0.2	0.2	0.2	0.5	0.5	0.5

자료 : 통계청(1994, 1998, 2002), 한국의 사회지표.

수준, 연령 등의 변인을 들고 있다.

그 동안 노후의 생활부양에 대한 노인 자신의 태도와 자녀의 노부모에 대한 부양 의식이 크게 변화되어 왔다. 노부모의 생계부양에 대한 태도에 대해 전국 14세 이상 의 가구원을 대상으로 실시한 통계청(1994, 1998, 2002)의 조사결과를 〈표 2-8〉에서 보면, 노부모에 대한 생계부양책임이 자식부양, 특히 장남부양 위주에서 본인 스스로 해결해야 한다는 의식으로 변화하고 있는 것으로 나타났다. 지역별로 부양태도를 비 교하면 농촌의 노인가정은 도시지역보다 자녀에 의한 부양의 전통적 의식은 상대적 으로 높으나 그 의식이 계속해서 낮아지는 추세이며, 또한 노인인구 비율이 높고 노 인단독가구가 많아 부양의 필요성은 크지만 현실적으로 자녀에 의한 부양이 어려운 농촌에서 현실과 의식의 큰 차이로 인해 문제가 더 심각하다. 자신의 노후준비를 제 대로 하지 못한 현재의 노인세대는 노후생계부양에 대한 자녀의 책임의식 감퇴와 이 문제에 대한 사회적 여건의 미비로 새로운 갈등과 문제를 겪게 될 가능성이 커지고 있다.

3. 노인부양에 대한 사회적 지원의 부족

고령화 사회에서 가장 크게 주목받는 사회문제는 신체적 또는 정신적으로 건강상태 가 좋지 않은 노인에 대한 부양문제이다. 평균수명은 연장되는 반면, 고령화에 따른 신체적 허약, 질병 장애 등으로 사망 시까지 타인의 도움에 의존할 수밖에 없는 의존기간도 연장되는 현상을 보이고 있다. 현재 노인부양에 대한 사회적 지원으로는 노인 복지시설과 재가노인을 위한 주간보호 및 단기보호 서비스, 그리고 가정봉사원 파견 서비스 등이 있다.

1) 노부모 부양에 대한 사회적 지원의 부족

(1) 장기요양시설의 부족

현재 재가노인이 이용할 수 있는 전국의 주간보호·단기보호 센터는 203개소이며 그 수용인원은 3천3백6명인 데 비해 현재 이용인원은 3천4백5십8명으로 정원을 초과 하고 있다. 이것은 재가보호 필요노인 51만 9천 명 가운데 0.6%만이 지역사회의 재가 노인보호서비스를 이용할 수 있다는 것을 의미한다. 따라서 장기요양의 필요가 있는 노부모를 집에서 부양하고 있는 가정들이 지역사회로부터 부양부담을 경감시킬 수 있는 지원을 거의 얻지 못하고 대부분 개별가정에서 보호하고 있는 것으로 볼 수 있 다. 〈표 2-9〉에서 보면, 2002년 현재 장기요양이 필요한 시설이 708개소, 전문요양시 설 354개소, 요양병원 118개소로 총 1,18개소가 필요한 것으로 추산되었으나 실제로 는 195개소만 운영되고 있어 전체적으로는 필요시설의 약 16%에 지나지 않는다. 그 나마 이 가운데서도 일반 재가노인들이 사용할 수 있는 시설은 제한적이기 때문에 전체적으로 보아 우리 사회의 노부모 부양가족들이 실비로 이용할 수 있는 시설은 극히 적다고 할 수 있다. 따라서 실비로 이용할 수 있는 치매요양병원 및 노인의료복 지시설을 지속적·단계적으로 확충함으로써 요양서비스를 필요로 하는 가정의 부양 부담을 경감시킬 수 있도록 사회적 지원을 해야 한다.

표 2-9. 장기요양 필요시설 추계   (단위 : 개소, %)

구 분	필요시설	
	2002	2003
합 계	1,180	195(16.0)
요양시설	708	120(16.0)
전문요양시설	354	57(16.0)
요양병원(70인 병상기준)	118	18(시·도립시설(15.0))

자료 : 한국보건사회연구원(2002. 9), 노인보건복지 종합대책에 관한 토론회 자료, 보건복지부(2003), 2003 년도 노인복지시설 현황.

특히 치매인구가 급격히 증가하고 있으나 치매전문병원의 경우 막대한 입원비(월 평균 180~300만 원 가량)가 소요되어 일반가정에서는 장기간에 걸친 입원비를 감당하기 어렵다. 따라서 중산층 이하의 치매노인 부양자들이 실비 치료기관 및 시설을 이용하여 경제적 부담을 경감시킬 수 있도록 지역단위의 시설을 확충해야 한다.

(2) 재가노인 부양 지원시설 및 서비스의 부족

현재 한국 노인의 99.4%는 지역사회 내 일반가정에서 생활하고 있는 일반노인이고, 나머지 0.6%만이 노인복지시설에서 보호받고 있다(보건복지부, 2002). 따라서 일반 장기요양대상 노인 중에서 시설을 원하지 않는 경우는 욕구에 따라 가정과 지역사회 내에서 최대한 보호할 수 있도록 지원하는 재가노인복지 시설이 확충되어야 한다.

가정봉사원 파견사업은 훈련을 받은 가정봉사원이 신체적·정신적 장애로 혼자서 일상생활을 영위하기 곤란한 노인의 가정을 방문하여 일상생활에 필요한 각종 편의를 제공함으로써 지역사회 안에서 건전하고 안정된 노후생활을 영위하도록 원조하는 프로그램이다(노인복지법 제38조 1항). 주간보호사업과 단기보호사업은 부득이한 사유로 낮 동안이나 일정기간 동안 가족의 보호를 받을 수 없는 노인들을 시설에 입소시켜 필요한 각종 서비스를 제공하는 사업이다. 주요대상은 중풍, 치매 등 만성질환이나 심신허약노인과 장애노인으로서 노인의 생활안정과 심신기능을 유지·향상시키며, 부양가족의 신체적·정신적 부담을 덜어주기 위한 사업이다(노인복지법 제38조 2항 및 3항). 즉, 낮 동안이나 일정기간 동안 노인부양자에게 휴식을 제공하고 직업이 있는 부양자는 일할 수 있도록 하며, 가족의 긴장을 줄이고 노인과 관련된 문제를 상담하고, 가족원들을 심리적으로 지원하는 것이다.

〈표 2-10〉에서 재가복지서비스를 제공하는 시설을 보면, 2002년 기준 필요시설이 가정봉사원 파견센터가 4,012개소, 주간보호시설이 3,687개소, 그리고 단기보호시설이 1,563개소가 필요한 것으로 추산되었다. 그러나 2003년 현재 이용할 수 있는 시설은 가정봉사원 파견센터 165개소, 주간보호시설 155개소, 그리고 단기보호시설 48개소로서 전체적으로 필요시설의 약 3%에 지나지 않으므로 재가노인들을 위한 시설이 절대적으로 부족한 실정이다. 이외에도 질병이 있는 재가노인의 경우는 치료와 간호 및 재활서비스를 제공하고, 일상생활에 제한이 있는 노인에게는 재활과 예방보건서비스, 가사지원서비스 및 수발서비스가 제공되어야 할 것이다.

표 2-10. 재가복지서비스의 필요시설 추계 (단위 : 개소, %)

구 분	필요시설	
	2002	2003
합 계	9,272	368(3.0)
가정봉사원 파견센터	4,012	165(4.0)
주간보호시설	3,697	155(4.0)
단기보호시설	1,563	48(3.0)

자료 : 한국보건사회연구원(2002. 9), 노인보건복지 종합대책에 관한 토론회 자료, 보건복지부(2003), 2003
년도 노인복지시설 현황.

Ⅲ | 고령화 사회의 가족문제

고령화 사회에서는 노화의 후기과정에서 노인 개인 및 노인가족이나 노부모를 부양
하고 있는 자녀의 가정에서 감당해야만 하는 많은 문제들이 있다. 신체적·정신적
기능의 저하에 따른 노인성 질환과 이에 따른 의료 및 간병과 관련된 경제적 부담,
그리고 배우자 상실에 따른 정신적 문제 등이 그것이다. 이러한 문제들은 노인 개인
만이 아니라 노부모를 부양하는 자녀의 가정에도 큰 영향을 미치게 되므로 이에 대한
적절한 사회적 지원체계가 필요하다. 특히 중산층을 포함하는 저소득 가정의 경우,
필요한 지원서비스를 사회로부터 실비로 이용하거나 무료로 지원받을 수 없을 때 발
생하는 노인학대의 사례들이 많이 발생하고 있다. 그 중에서도 치매노인의 부양문제
는 고령화 사회의 피할 수 없는 현상으로서 노인 개인과 그 노부모를 부양하는 자녀
가정의 삶의 질에까지 큰 영향을 미치며, 사회적으로 대처하지 않으면 노인학대에
이르게 되므로 이와 관련된 제반 문제들을 함께 살펴보고자 한다.

1. 치매에 대한 이해

1) 치매의 정의

치매란 기억력의 장애를 포함한 정신 및 인지능력의 전반적 장애가 특징적으로 나타
나는 증후군을 말한다. 치매라는 용어는 라틴어의 dement에서 유래되었으며 '마음에

서 벗어난'이라는 뜻을 포함하고 있어서 오랫동안 '미쳤다' 혹은 '제정신이 아니다'라는 의미로 프랑스의 정신과 의사인 Pinel이 처음으로 사용하였다. 오늘날 치매란 정신박약이 아닌 사람이 뇌의 기질적 병변에 의해 기억력 장애를 비롯한 언어장애, 행동장애 및 기타 지적능력의 소실이 특징인 인지기능의 장애를 나타내는 후천적 임상증후군을 말한다(남궁기, 이홍식, 유계준, 1993).

치매의 정의에는 3가지 전제조건이 포함된다. 첫 번째가 후천적이라는 개념이다. 이는 치매가 태어날 때부터 지능발달이 안 이루어진 정신지체와는 구별된다는 뜻이다. 두 번째는 지속적 개념으로 치매의 경우 지적능력의 감퇴가 지속적으로 나타나는데 만약 일시적으로 지속되다가 다시 회복하는 경우는 치매라고 할 수 없다. 세 번째 전제조건은 의식의 명료성이다. 의식이 명료하지 못한 상태로 지적능력의 저하를 보인다면 치매라고 하지 않는다. 즉 섬망과 같은 의식의 장애가 없는 환자가 비교적 지속적인 지적 능력의 저하를 보이며, 또 이런 장애로 인해 사회생활이나 일상생활에 지장을 초래하는 경우를 치매라고 한다(McKhann et al., 1984).

2. 치매노인가족의 특성

1) 가족의 구조적 특성

첫째, 치매노인가족은 일반 노인가족에 비해 규모가 크다. 우리나라 60세 이상 일반 노인가족의 평균가구원 수는 축소되는 경향이나 치매노인의 평균 동거가족원 수는 상대적으로 더 많은 양상을 띤다. 둘째, 치매노인가족은 일반 노인가족보다 직계가족 비율이 더욱 높은 반면 핵가족의 비율은 상대적으로 매우 낮은 구조적 특성을 보인다. 셋째, 치매노인가족의 또 다른 특징은 기혼딸 가족과 동거하는 방계가족이 일반 노인가족보다 많다. 이러한 양상은 치매노인들이 며느리보다 딸의 수발을 원하는 데서 나타난 결과로 보인다(조남옥, 1996; 이영숙 외, 1999 재인용).

2) 주 부양자의 특성

치매노인을 부양하는 책임은 가족 중 한 사람에게 거의 전적으로 부여되며 이들을 주 부양자(Primary Caregiver) 또는 주 수발자라고 한다. 일반적으로 주 부양자는 가족위계관계에 대한 사회적 규범에 따라 결정된다. 치매노인의 배우자가 있으면 배우자가 주된 부양책임을 맡고 배우자가 없거나 있어도 건강이 안 좋으면 가족 내의 여성, 특히 며느리나 딸이 부양책임을 맡게 된다. 치매노인의 주 부양자는 배우자, 며느리, 딸 등 가족인 경우가 95% 이상으로 나타났다(이성희, 1993; 한국보건사회연구원, 1994). 우리나라 남자 치매노인은 부인이 주로 부양을 담당하는 반면 여자노인은 며느리와 딸이 주로 부양하는 경우가 많다(한동희, 1994).

3. 치매노인가족의 부양부담

치매노인가족에서 부양부담은 노인의 인지장애, 문제행동, 신체적 의존성, 일상생활 동작능력 등의 제한으로 인해 야기되는 노인의 욕구를 충족시키는 데서 오는 어려움을 뜻하며, 부양부담은 부양자의 개인생활 및 집단이나 가족에 있어서의 부정적 변화 정도를 의미하는 객관적 부담과 부양자가 신체적, 사회적 대인관계, 재정문제 등에서 경험하는 어려움에 대해 정서적으로 반응하는 주관적 부담으로 나눌 수 있다. (Thompson et al., 1982; Zarit et al., 1986).

한국의 치매가족을 대상으로 한 권중돈(1994)의 연구에 의하면, 치매가족의 부양 부담은 사회적 활동의 제한, 노인-주 부양자 관계의 부정적 변화, 가족관계의 부정적 변화, 심리적 부담, 재정 및 경제활동상의 부담, 그리고 건강의 악화라는 6개 차원으로 분류되었다.

1) 사회적 활동의 제한

부양자는 노인의 기능저하로 인해 개인위생관리와 노인의 문제행동을 방지하기 위하여 많은 시간을 투여해야 하므로 사회적 활동에 많은 제한을 받게 된다. 즉, 친구접촉 기회의 제한, 가족외출의 제한, 이웃관계의 부정적 변화, 개인적 외출의 제한 등 사회적 관계에 있어서 많은 제한을 받게 되고 부양책임과 개인적 자유 사이에서 심한 심리적 갈등을 겪게 되므로 부양자는 심한 역할피로와 자아상실을 경험하게 된다.

2) 노인-주 부양자 관계의 부정적 변화

치매로 인해 노인과 주 부양자 관계는 불가피하게 재구조화되며 이전의 상호호혜 관계에서 치매노인의 경우 정상노인에 비해 가족에게 제공할 수 있는 자원이 경영되어 의존적 역할을 수행하는 역할전환과정에서 부정적 감정을 경험하게 된다(김민식, 2001). 그리고 치매노인의 부양자의 대부분이 여성인 관계로 부양자는 가사, 자녀양육 및 교육, 직업활동에 따르는 역할, 배우자로서의 역할 등 다양한 역할을 동시에 수행해야 하므로 역할과중현상을 경험하게 된다.

주 부양자는 노인부양의 과정에서 노인의 지나친 의존이나 요구로 인해 불편한 감정을 경험하고 부양에 대해 감사할 줄 모르고 노인을 대할 때는 긴장감, 분노, 우울, 이용당하는 느낌, 노인에 대한 원망, 불쾌감 등의 부정적 감정을 경험하며 노인과 부양자 사이에 언쟁이 증가하게 됨으로써 노인과 부양자 간의 관계의 질이 부정적으로 변화한다. 노인의 치매정도가 심해지고 부양자가 역할수행능력을 상실할 경우 노인을 학대 유기하는 경우도 있다(조흥식 외, 1997).

3) 가족관계의 갈등

치매노인을 부양하는 힘든 상황으로 인하여 가족 간에 갈등이 야기되며 전체 가족관계가 부정적으로 변화하게 된다. 가족은 기존의 안정된 상태를 유지하면서 치매로 인해 야기되는 변화에 성공적으로 적응을 해야 하는 이중적 요구를 받게 된다.

그 동안 유지해오던 가족의 균형상태가 치매노인 발생에 따른 가족체계의 변화로 깨지고 지금까지 적응해오던 방식으로 문제해결이 안 되므로 갈등과 위기를 경험하며 치매노인에 대한 태도, 부양전략에 대한 가족간의 의견차이 때문에 가족 전체가 스트레스를 경험하게 된다(권중돈, 1994).

4) 정서적, 심리적 부담

치매노인을 부양한 결과로 부양자들은 심리적 안녕 상태에 부정적인 영향을 받는다. 우울증세를 경험하고, 불안감, 분노, 원망, 죄의식, 허무감, 무력감, 좌절감, 구속감, 소외감 등을 경험하게 된다. 치매노인 부양자들은 힘든 부양상황에 짜증을 많이 내며 성격적으로 급해지고 우울해하며, 또한 노인에 대한 비난과 분노를 표현하며 관계의 단결이나 종결을 희망함으로써 좌절감과 죄책감과 같은 복잡한 감정을 경험한다(김태현, 전길양, 1996). 이외에 지속적인 부양의 결과로서 부양자들은 어떤 일을 하고자 하는 의욕이 없으며 생활에 흥미를 잃게 되고 아무런 희망이 없으며 자신이 쓸모없는 존재라는 생각을 하는 등의 심리적 긴장을 겪는다. 또한 부양자의 정체감과 생활이 노인의 정체감 및 생활과 밀접하게 묶여지므로 자아상실감이 일어난다(이영숙 외, 1999).

5) 재정적 부담

재정적 부담과 경제활동의 제약이라는 부담을 경험하게 된다. 치매가족의 경우 치료와 간호에 대한 비용부담이 증가함으로써 가계에 압박을 받게 되어 수입보전에 대한 요구가 증가하고, 경제활동 참여기회의 제약과 승진기회 등의 포기로 인한 수입감소의 문제가 발생하며 소득수준이 낮은 가족일수록 높은 수준의 재정적 부담을 경험하게 된다.

6) 신체적, 정신적 건강악화

치매노인 부양자들은 힘든 수발로 인해 정상노인을 모시고 사는 부양자들보다 자신의 건강상태를 더 나쁘게 지각하고(김희경, 1995; 운수경, 1991; Markson, 1995), 다양한 역할을 수행하는 과정에서 신체적 피로, 질병, 장애를 경험할 가능성이 매우 높다. 한국의 치매노인 주 부양자들은 치매노인 수발 이후 절반 이상이 우울증세를 갖고 있고 만성피로, 소화불량, 두통, 히스테리 등 신경정신과적 질환이 이환된 것으로 나타났다(성인신, 1994; 황선욱, 2001). 약 60-70%의 부양자들이 한 가지 이상의 질병 및 신체적 장애를 갖고 있는 것으로 밝혀졌고(문혜리, 1992; 이영숙 외, 1999 재인용) 또한 수면방해, 건강유지 및 건강증진활동을 위한 시간부족과 건강에 대한 불안과 염려 등을 경험하게 된다(이성희, 권중돈, 1998; Lezak, 1978).

이상에서와 같이 치매노인의 부양은 노인의 의존성이 증가하면서 장기간의 간호와 부양으로 인해 감당하기 힘든 부양부담과 심한 스트레스를 반복적으로 야기한다는 점에서 노인에 대한 학대행위가 나타날 수 있다. 노인의 치매정도가 심할수록 부양부담이 커지고 특히 노인을 부양해야 하는 시기가 가족생활주기 상에서 어려운 시기일 때 부양자의 스트레스가 더해져 노인학대로 나타나기 쉽다(김혜순, 2002). 부양기간이 길어질수록 노인의 행동과 관련된 생활양식의 변화, 노인의 기능적 제한으로 인해 부양부담감이 점점 증가하고 공격적인 성격이나 상호관계의 처리기술이 부족한 부양자들은 지속적인 책임감을 다루는 방식으로 학대행위를 하게 된다(한동희, 1996). 치매노인은 신체적 요인뿐 아니라 치매로 인한 문제행동이라는 치매특성상의 문제로 인해 노인학대의 대상이 될 가능성이 높다. 노인학대의 전형적인 희생자는 대부분 75세 이상 여성노인으로서 와상상태나 거동이 불편하거나 치매 등 정신적으로 손상되었고 학대자에게 육체적, 정신적, 경제적으로 의존하고 있는 상태이다(박재간, 1996).

제2장

노인학대의 이해

제1장에서 지적된 바와 같이 한국사회는 사회구조 및 가족의 부양형태의 변화로 말미암아 노인은 사회적으로 또한 가족적인 변화의 적응을 요구받고 있지만 예기치 못한 노년기를 맞고 있는 노인들은 자신의 준비되지 못한 노년기와 대처자원이 부족한 사회구조 속에서 고립된 노년기를 보내고 있다.

서구사회에서는 1980년대부터 노인학대문제가 사회문제로 이슈화되었으며 2002년부터 세계노인학대방지망(INPEA)을 구축하여 다양한 예방 및 개입 프로그램을 개발하고 국제적 대응방안을 마련하고 있다. 한국의 경우 노인학대는 1990년대 후반부터 노인학대문제가 언급되기 시작하였으며 그 개입방안이나 제도적 뒷받침이 거의 없는 상태에서 노인학대에 대응하고 있다. 따라서 제2부에서는 노인학대에 대한 이해를 높이고자 다음과 같은 내용을 다루고 있다. 한국의 가족적 상황을 고려한 노인학대의 개념을 정의하고 노인학대를 일으키는 다양한 요인 및 유형을 이론적 근거에 따라 분석하였다. 또한 노인학대는 각국의 문화에 따라 해석됨이 바람직하므로 한국적 노인학대의 메커니즘을 제시하여 그 분석틀에서 한국 노인학대를 설명하고 있다. 그 외에도 노인학대와 관련된 법을 고찰하여 제도적 이해를 함께 할 수 있도록 구성하였다.

| I | 노인학대의 개념

1. 노인학대의 정의

최근 65세 이상 노인의 수가 증가함에 따라 노인학대와 관련한 사건도 증가하고 있지만 불행히도 이러한 문제의 핵심적 진상이 일반적으로 사회적 시선에서 숨겨져 있다. 학대를 받는 노인들이 외부에 호소하기 이전에 여러 가지 증후를 보이는 경우가 많다. 즉 학대받는 노인들의 잠재적 상황은 학대 실태가 표면적으로 돌출되기 훨씬 이전부터 시작되기 마련이다. 노인학대의 신호(signs of elder abuse)를 통하여 노인이 학대를 받는 잠재적 상황을 조기에 발견할 수 있다(Woolf, 1998).

노인학대에 대한 개념 및 유형에 대하여 아직 완전히 합의된 바가 없으며, 따라서 노인학대의 범위는 전문가에 따라서 좁은 범위에서부터 넓은 범위까지 규정되어 다양하게 사용되고 있다. 노인학대란 용어는 아내학대, 자녀학대와 같은 차원에서 노인학대, 노인홀대 등으로 사용되고 있으나 그 범위에 있어서는 객관화하기가 어려운 실정이다. 노인학대를 정의하는 데 있어 주된 문제는 학대라고 생각할 수 있는 행동의 범위를 결정하는 것이다. 일반적으로 노인에게 신체적 상해를 유발하는 어떠한 행위도 학대로 간주할 수 있으나(Henton 등, 1984) 많은 연구자들이 여러 다른 차원의 행위에서 기인된 노인학대의 정의를 제시하고 있다. 1) 언어적 · 정서적 혹은 심리적 상해 2) 노인의 신체적 · 정서적 복지를 무시하는 행위 3) 노인의 재산이나 자본을 오용하는 것 등은 공통적으로 많이 지적되고 있는 내용이다(Hickey & Douglass, 1981; Katz, 1978-1980; Kimsey, Tarbox & Bragg, 1981; Lau & Kosberg, 1979; Rath Bone McCuan, 1980; Steinmetz, 1981, Tatara, 2002, 박봉길, 2002, 서윤, 2000, 송영민, 2002, 한동희, 1996, 2001, 2002, 2003, 한은주, 2002).

미국의 노인법(Older Americans Act)에서는 노인학대의 개념 속에 "학대(Abuse)", "방임(Neglect)", "착취(Exploitation)"를 포함하고 있다. 일부 학자들은 학대의 범위를 신체적 학대에 제한하고 있으나, 노인학대를 신체적 학대, 방임, 착취의 세 가지 형태로 분류함으로써 미국 노인법에 근거하고 있다. 그 밖에 노인학대 관련 기관이나 단체에 따라서 노인학대에 대한 유형 분류에 차이가 있는 것으로 보아 포함된 내용의 폭이 다르며, 분류방법에 있어서도 그 기준이 매우 다양하다는 점을 알 수 있으나, 모두 노인법의 학대, 방임, 착취의 분류를 근거로 하고 있다.

한편 영국의 Age Concern(1991)이 사회사업가협회, 노년의학협회, 경찰연맹 및 전국조직의 민간단체와 협력하여 노인학대에 대한 가이드라인을 설정한 것에 의하면, 신체적 학대, 심리적 학대(위협 · 비난 · 폭언), 성적 학대, 기본권 침해(식사 · 난방 · 의류 · 오락의 결여), 강제적 격리, 약물남용, 금전과 재산의 남용 등으로 노인학대를 확대 해석하여 분류하였다.

노인학대는 1) 노인 자신의 부양자 가정에서 배우자나 형제자매, 자녀 등 노인과 특별한 관계에 있는 누군가에 의해서 홀대가 이루어지는 가정 내 노인학대, 2) 요양원이나 집단홈 등의 주거시설에서 노인에게 보호를 제공해야 할 의무를 지닌 유급 부양자나 전문가들에 의해서 행해지는 시설에서의 노인학대, 3) 신체적 및 정신적 손상으로 인해 노인이 자신을 돌보기 위해 필요한 일을 수행하지 못하는 자기방임 또는 자기학대 등 3가지 기본적인 범주로 나누어지고 있으나(Johnson, 1995), 노인학대는 어떠한 형태로든지 노인의 안녕을 저해하고 신체적·심리적·사회적·정신적 상해를 입히는 것으로서 그 행위는 거듭될수록 더욱 심각한 형태로 변화되어 간다 (Wolf, 1986).

국내의 연구를 살펴보면 이인수·이용환(2000)은 정서적, 언어적, 신체적, 재정적 학대, 방임으로 분류하여 노인학대에 대한 인식도를 남녀간에 비교하였고, 이영숙 (1997)은 요인분석에 의해 정서적 학대, 언어적 공격, 신체적 학대 등 학대만을 중심 으로 하여 세 가지 영역으로 분류하였다. 한동희(1996)는 의존적인 노인에게 가족구 성원인 배우자, 성인자녀, 그리고 친척들 사이에서 자행되는 언어적·신체적·정서 적 혹은 심리적 상해와 인격이 무시되는 행위를 말하며 또한 자산에 대한 오용 등으로 노인의 권리가 침해되는 행위로 정의하고 있다. 전길량·송현애(1997)는 노인홀대에 관한 연구에서 노인에 대한 학대와 방임을 모두 포함하는 개념으로 홀대(mistreatment) 를 사용하면서 성인 남녀의 학대와 방임에 대한 인식 및 경험을 알기 위해 신체적 홀대, 심리적 홀대, 재정적 홀대, 적극적 개념의 방임인 유기로 분류하였다. 김한곤 (1998)은 노인학대의 인지도와 노인학대의 실태를 파악하기 위한 조사에서 언어적 학대, 육체적 학대, 경제적 착취, 방치로 노인학대의 유형을 분류하였다. 김미혜와 이선희(1998)는 노인과 동거하는 가족구성원인 배우자, 성인 자녀, 그리고 기타 부양 자나 친척에 의해 가정 내에서 행해지는 신체적·정서적·재정적 혹사(mistreatment) 및 방임과 노인의 자기방임으로 분류하고 있다. 한은주·김태현(2000)은 노인학대 원인에 대한 생태학적 연구에서 정서적 학대, 신체적 학대, 재정적 학대, 구타 및 폭 력으로 분류하여 노인학대 경험의 일반적 실태를 조사하였다. 서윤(2000)은 정서적 학대, 언어적 학대, 신체적 학대, 재정적 학대, 방임의 다섯 가지로 분류했으며, 각 학대유형별로 구체적인 학대행동을 제시하고 있다.

이상을 종합하여 노인학대의 종류와 관련해서 살펴보면 노인학대에는 신체적·정 신적·성적·경제적 손상을 의도적으로 가하는 것뿐만 아니라 비의도적인 손상도 포 함되며, 생존에 필요한 재화와 서비스를 부양자가 제공하지 않는 방임과 본인이 스스 로 제공하지 않는 자기방임, 더욱 적극적인 방임으로 유기, 금전적인 갈취나 착취까 지 포함하는 것으로 보아야 할 것이다.

2. 노인학대의 유형

구체적 노인학대의 유형은 다음과 같다(은빛여성상담소, 2001; 한국재가노인협회, 2002; 사회복지공동모금회, 2003).

1) 신체적 학대

폭력 등에 의해 신체적 손상 또는 정신적 타격을 일으키는 것을 말한다. 피해자에게 공포심을 일으키게 하는 위협행위도 신체적 학대에 포함될 수 있다.

  예) 노인을 발로 차거나 때린다.

   노인을 밀어서 넘어뜨린다.

   노인을 강제로 방에 가두어 둔다.

   노인에게 주변의 물건을 집어 던지거나 위협한다.

   노인에게 의사의 처방대로 약을 주지 않거나 처방이 없는 약물을 강제로 먹인다.

2) 심리적 · 정서적 학대

정신적 또는 정서적으로 고통을 주는 것으로 말에 의한 모욕을 비롯해서 계획적으로 피해자의 인간성을 부정하고 스트레스를 주어 노인 스스로가 자살하고 싶은 충동을 느끼게 하거나 우울증 등의 정신적 질병을 가지게 만드는 것을 말한다. 통상적으로 정서적 학대에는 폭력과 협박도 함께 수반된다.

  예) 노인을 부양하는 것이 부담스럽다는 것을 노인 앞에서 노골적으로 표현한다.

   집안에서 고의로 노인을 소외시키거나 상대하지 않는다.

   노인이 가족을 타이르거나 의견을 말하면 간섭한다고 불평한다.

   노인의 친구나 친지 등이 방문하는 것을 싫어한다.

   부양자가 노인에게 없어져 주었으면 하는 느낌을 갖게 만든다.

3) 언어적 학대

의존적인 노인이 모욕을 당하거나 어린아이와 같은 취급을 받거나 위협이나 협박 등을 당하는 것을 말한다. 또한 노인을 위협하고 노인의 요구를 무시하며 대화하지 않고 어린애처럼 다루고 가족원이 가진 감정적 문제를 언어로서 노인에게 심리적인 부담을 갖게 하는 표현들도 언어적 학대에 포함된다.

　예) 노인이 수치심을 느끼는 모욕적인 말을 한다.

　　　노인의 자존심을 상하게 하는 말을 한다.

　　　노인에게 욕설이나 고함 등의 폭언을 한다.

　　　신체불편으로 인한 노인의 실수를 비난하고 꾸짖는다.

　　　노인에게 모시기 싫다거나 나가라는 등의 말을 한다.

4) 경제적 학대/착취

노인의 자금 재산 등을 친척 또는 부양을 제공하는 자 등이 노인의 뜻에 관계없이 이전하거나 또는 훔치는 것을 말하며 노인의 뜻과 관계없이 주거가 옮겨지거나 적절한 생활환경을 박탈당하는 등의 부당한 착취를 하는 것과 생활을 유지하는 데 필요한 용돈이나 생활비 등을 주지 않는 것도 포함된다.

　예) 노인의 허락 없이 부양자가 노인의 재산권을 행사한다.

　　　노인으로부터 강제적으로 대행권 취득을 한다.

　　　노인의 소득을 가족이나 친지가 가로챈다.

　　　노인에게 빌린 돈이나 물건을 돌려주지 않는다.

　　　노인이 생활을 유지하는 데 필요한 용돈이나 생활비 등을 주지 않는다.

5) 성적 학대

노인과의 합의가 없는 모든 형태의 성적 접촉 또는 강제적 성행위를 하는 것을 말한다.

　예) 배우자와 자녀를 포함한 부양자에 의해 본인의 뜻과는 반하여 성적인 접촉 등을 위협이나 폭력을 이용해 강요한다.

6) 방임

방임은 수동적 방임과 능동적 방임으로 나눌 수 있는데 수동적인 방임은 의존적인 노인이 무시되어지거나 혼자 내버려져 기본적으로 먹고 입고 약물을 복용해야 하는 것이 부양자의 무능력이나 부적절함 때문에 공급되지 않는 경우를 말한다.

　능동적인 방임은 의존하는 노인이 사회적 접촉 또는 필요한 재화와 용역을 의도적으로 박탈당하는 것을 말한다.

예) 노인에게 음식을 주지 않아 식사를 거르게 한다.

병원에서 치료를 받아야 할 상황인데도 노인을 병원에 모셔가지 않는다.

치매 등으로 인지기능을 상실한 노인에게 주의를 기울이지 않는다.

부양자나 가족들이 노인에게 무관심하거나 냉담하게 대한다.

거동이 불편한 노인을 혼자 집에 내버려둔다.

7) 자기방임

자기가 해야 할 신변의 청결, 건강관리, 가사 등을 본인이 할 수 있는 능력이 있어도 스스로 포기하여 하지 않는 결과 심신의 건강상의 문제가 생기는 것과 능력이 없어 자신을 돌아보지 못하는 것을 말한다.

예) 노인이 의식적으로 식사를 하지 않는다.

노인이 필요한 치료나 약 복용을 하지 않고 있다.

질병의 방치로 건강상태가 악화되고 있다.

거동불편으로 인하여 스스로 자신을 관리할 수 없다.

이상의 정의에서 거론된 내용을 노인학대의 정의의 개념에 포함시켜 다음과 같이 정의내릴 수 있다. 즉 의존적인 노인에게 가족구성원인 배우자, 성인자녀, 그리고 친척 등의 부양자에게서 자행되는 언어적·신체적·정서적·심리적 상해와 경제적인 착취나 생활에 필요한 재원을 공급하지 않는 것 또는 원하지 않는 성적인 접촉 등으로 노인의 인격이 무시되는 행위를 말하며 또한 이런 것들로 인해 노인 자신이 스스로 행하는 자신에 대한 오용이나 의욕상실 방임 등으로 노인의 권리가 침해되는 모든 행위를 말한다.

| Ⅱ | 노인학대 이론

노인학대의 요인들이 다양한 수준에서 상호작용하여 나타나는 현상이라는 점을 반영하듯이, 노인학대의 원인과 그 결과를 탐색하는 연구들은 매우 다양한 이론적 관점에서 수행되었다. 대표적 이론으로는 스트레스 이론, 교환 이론, 상징적 상호작용 이론,

사회적 구성주의 관점, 생태학적 관점 등을 들 수 있다. 이러한 이론적 관점들은 노인 학대라는 복합적이고 중층적(multi-layered) 현상의 상이한 수준, 상이한 측면에 각각 초점을 맞추고 있다는 점에서 상호보완적이라고 할 수 있다.

Sprey와 Matthews(1989)가 지적하였듯이, 어느 이론이 가장 적절한가 하는 점은 노인학대의 어느 측면에 초점을 맞추어 연구, 설명하려고 하는가에 따라 달라지게 된다. 어떤 노인가족원이 학대를 받거나 학대자가 되는가 하는 미시적 과정을 이해하기 위해서는 교환론적 관점이나 상징적 상호작용론적 관점이 아마 가장 적절할 것이며, 어떤 상황적, 구조적 요인이 노인학대와 연관되어 있는가를 탐색하기 위해서는 구성주의적 관점이나 상황적 스트레스 모델, 혹은 연령차별주의적 틀이 설득력이 높을 것이다. 그리고 이러한 다양한 관점들을 함께 보완적으로 고려하는 연구작업이 이루어질 때, 노인학대 현상에 대한 우리의 이해가 높아질 것이다.

어떤 이론적 관점에서 접근하는가 하는 점은 노인학대 현상에서 어떤 측면에 특히 초점을 맞추어 연구를 진행하는가에 영향을 미칠 뿐 아니라, 궁극적인 연구목적이 무엇인가, 즉 얼마나 현장 지향적인가, 예방을 중시하는가 부정적 결과의 완화에 초점을 맞추는가 하는 점과도 연관되어 있다. 또한 노인학대의 예방과 치료를 위해 전문가 개입이 어떤 요소에 집중되어야 하는가 하는 문제와도 직접적 연관성을 가지게 된다. 따라서 이 장에서는 노인학대를 바라보는 대표적 이론적 관점과 이들 각각의 이론이 강조하는 노인학대의 세부적 측면을 고찰하기로 한다.

1. 상황적 스트레스 이론적 관점

노인학대의 발생 원인을 피해노인과 학대자가 위치한 상황의 특성과 누적되는 스트레스에 초점을 맞추어 설명하는 이론적 관점이다. 특히 노인의 부양은 매우 힘들고 많은 스트레스를 불러일으키는 작업이므로 많은 학자들이 노인학대와 방임의 경우를 설명할 때 스트레스 이론을 지지하고 있다(多久良紀夫, 1994; 한동희, 1996; 박봉길 2002). 스트레스 원은 가족체계를 변화시키는 중요한 생활사건과 관련되어 있으며 이러한 체계를 변화시키는 스트레스 원은 가족을 긴장시키고 이를 대처할 수 없는 상태가 지속될 때 학대의 유형이 나올 수 있다는 것이다.

예를 들어 노인과 부양자가 상호작용하는 과정에서 노인의 의존성이 증가하게 되면 노인을 돌보는 부양자의 스트레스가 증가하게 되고 이는 노인에 대한 학대의 가능성을 높이는 결과를 가져올 수 있다고 보는 부양자 스트레스 모델이 대표적인 상황적 관점에 속한다.

이러한 부양과정 스트레스의 누적뿐 아니라 빈곤과 같은 만성적 스트레스가 노인과 그 가족원 간의 학대발생의 가능성을 증가시키는 요인인 것으로 주목된다. 빈곤, 경제적 위기와 함께 발생할 수 있는 부정적 생애사건이 축적되면서 스트레스가 누적되면 가족원 간에 학대가 발생할 가능성이 높아지며, 특히 이러한 스트레스의 부정적 영향을 완화시켜줄 사회적 지지원이 없는 가족의 경우, 노인학대가 발생할 가능성이 높아지는 것으로 나타난다(김윤희 등, 1993). 노인학대를 일으키게 하는 구체적인 특정 스트레스 요인들로는 개인의 환경에서 오는 대처능력의 부족, 부양자에게 과도하게 요구되는 정신적·물질적 비용 등이 있는데 이런 요인들 때문에 노인학대가 발생된다고 볼 수 있다(Haviland, 1989; 한동희, 1996 재인용). 이러한 스트레스 요소를 구체적으로 제시하면 가족간의 과거 관계의 질이 낮거나, 가정 내 폭력의 내력, 의존적인 노인, 정신적 질환이나 건강하지 못한 부양자, 노인의 문제행동과 내적 스트레스 증가 등이다. 이러한 스트레스 원으로 스트레스가 축척될 때 노인학대가 발생되기 쉬운 결과를 초래하게 된다.

가족이 경험하는 상황적 스트레스와 노인학대의 발생과의 관련성을 실증적으로 검증하기 위하여, 연구자들은 다양한 스트레스 측정척도를 사용하여 학대가족과 학대가 일어나지 않은 가족간에 스트레스 정도를 비교하는 방법을 쓰기도 한다. Sengstock과 Liang(1982)이 Holms와 Rahe(1967)의 생애사건 경험척도를 사용하여 학대 피해자들을 조사한 바에 의하면, 이들 피해자 가족이 매우 높은 정도의 스트레스적 생애사건을 경험한 것으로 나타난다. 연구자들은 이러한 결과를 두고 학대가 일어나는 가족을 '다중문제' 가족이라고 진단한 바 있다.

따라서 이러한 관점에서 보면, 노인학대의 예방과 치료를 위해서는 가족이 경험하는 문제와 긴장을 완화하고, 가족이 스트레스를 경험할 때 지원을 제공해줄 수 있는 다양한 사회적 지원망이 제공되는 것이 필수적이 된다.

그러나 이 이론은 동일한 스트레스 상황에 놓인 가족들 중 어느 가족들에게는 노인학대가 일어나는데 어느 가족들에게는 그러한 문제가 일어나지 않는가 하는 점에 대하여 사회적 지원 개념 외에는 별로 설득력 있는 대답을 제시하지 못한다는 점 때문에 비판을 받고 있다. 이들 비판적 관점은 스트레스가 노인학대의 직접적 원인변수가 아니고, 학대자의 정신적 문제나 약물남용과 같은 개인적 특성이나 학대노인과 가해자간의 과도한 재정적, 정서적 의존성 등이 오히려 학대발생과 직접적으로 연관되어 있음을 주장한다.

2. 교환이론적 관점

교환이론(exchange theory)은 학대발생 상황을 권력관계구조의 측면에서 접근하는 시각이다. 교환론적 관점에서 보면 모든 사회적 상호작용은 그 관계에서부터 얻어지는 보상과 비용의 비가 적정한 균형을 이룰 때 긴장과 갈등 없이 계속 유지되며, 그렇지 않을 때 관계가 해체되거나 갈등상황으로 나아가게 된다고 본다. 따라서 교환론적 관점에서는 노인학대를 '보상과 비용의 적정한 균형이 이루어지는 교환관계에 대한 기대', 즉 상호성의 규범(norm of reciprocity)이 깨어진 것에 대한 일종의 부정적 반응인 것으로 본다. 불균형적 관계에 있어 자신의 통제를 행사하기 위한 부정적 반응이 신체적 학대와 같은 적극적 학대로 나타날 수도 있고, 아예 그 관계를 회피하는 경우 이는 노인에 대한 방임(neglect)이라는 형태의 학대로 나타나게 된다.

교환이론적 관점을 적용한 실증연구로는 Phillips(1986)나 George(1986) 등의 연구가 있다. 이들 연구결과는 교환론적 해석을 지지하는 방향으로 나타난 바 있다. 그러나 노인학대가 주로 일어나는 부부간, 혹은 부모-자녀관계와 같이 매우 밀접한 관계에 있어 '비용'과 '보상'을 어떻게 개념화하는가 하는 문제, 특히 이렇게 장기적 관계에 있어서의 보상과 비용을 측정하는 것이 쉽지 않다는 점이 문제로 지적된다. 또한 George(1986)가 지적하였듯이 가족원 사이에는 '상호성의 규범'도 중요하지만 이에 못지않게 '결속의 규범(norm of solidarity)'이 강하게 존재한다. 따라서 단기적으로는 어느 한 쪽이 비용을 많이 치루는 관계양상을 띄지만 장기적으로는 균형적인 모습일 가능성, 그리고 손해를 감수하면서도 가족원을 돕는 의무감 등이 강하게 작용함을 또한 주목해야 한다. 이런 측면에서 볼 때 노인학대를 설명하는 데 있어 교환론적 관점이 가지는 설명력이나 적용범위가 별로 크지 않다고 보는 연구자들도 있다.

이러한 비판에 대해 George(1986)은 관계에 참여하는 사람들 간의 친밀도에 따라 교환론적 관점의 설명력이 달라진다고 보았다. 즉 부부간과 같이 가까운 관계보다,

시부모/처가부모와 같이 의무적인, 덜 친밀한 관계에서는 보상/비용이나 공평성/상호성의 개념을 이용하여 학대를 설명하는 것이 더 적절하다고 주장하였다. 사람들은 비용을 넘는 보상의 순이익을 얻으려 애쓰며, 이익이 없는 상황에서 사람들은 항상 적은 불이익의 행동을 선택한다. 즉 가장 적은 비용을 가진 행동은 잠재적 보상에 상대적이라는 것이다. 따라서 노모를 부양하는 행동에는 보상의 잠재적 원천이 다수 갈려 있다(Walker et al, 1992). 예를 들어 "노모를 모시는 것은 나의 책임이다". "내 어머니니까" "내 시부모니까"라는 언급에서 경제적 · 사회적 · 정서적 · 육체적 부담은 과중하게 부담되는 비용이지만 여기에는 자식의 도리에 대한 보상이 깔려 있다고 볼 수 있다. 그러나 현대사회의 사회적 가치관이나 노부모에 대한 부양의식이 약해지고 노인이 되면 교환할 수 있는 자원 및 사회성의 결핍에 따라 노인은 학대의 피해자로 노출되기 쉽게 된다(한동희, 1996).

노인은 교환될 수 있는 자원의 개발이 점점 어려워지고 건강의 악화에 따라 의존적 입장으로 변모하기 쉽고, 관계의 질을 낮게 하는 요소가 증가됨에 따라 교환자원이 부족한 노인들이 학대에 노출되기 쉬워진다. 따라서 노인학대를 예방하기 위해서는 노인의 의존성을 감소시키는 방향으로 보상과 비용을 조정하는 개입이 효과적이고, 노인학대에 대한 처벌을 강화하여 노인학대를 하게 되면 치루는 비용을 높이는 방법이 효과적이다(Wolf, 1992).

3. 상징적 상호작용이론적 관점

인간은 다른 사람의 자신에 대한 의미를 주체적으로 해석하여 나름대로 상황을 규정한 후 자신과의 내면적 상호작용을 통해 상대방에 대한 반응 양식을 결정하게 된다(박재홍, 1991). 즉 개인의 처해진 상황, 자아개념, 다른 사람들의 반응에 따라 다르게 수행 할 수가 있다(Bahr, 1989). 노인과 수발하는 자녀 사이의 태도, 행위, 상호작용을 관찰하면 모든 수발자가 똑같은 스트레스를 받고 있는 것은 아니다. 수발수준이 자동적으로 스트레스를 일으키는 것이 아니며 이는 상황에 따라 다르다. 이처럼 가정폭력에 대한 선행연구에서는 상황에 대한 주관적 인지가 중요하며 실제적으로 이를 객관적이고 독특하게 측정할 수 있는 방법이 중요하다(Steinmetz, 1977; Steinmetz, 1978). 상징에 대한 의미는 소유하고 있는 자원과 관련되어 있기 때문에 상징적 상호작용이론은 자원이론(Resource theory)에 따라 의사결정과 행위를 결정하게 된다. 사회/정서적 자원은 스트레스, 부담감, 갈등을 규정하는 데 중요한 역할을 한다. 이러한 물질적, 사회/정서적 자원은 노인을 수발하는 성인자녀에게 똑같이 제공되는 것이 아니라 개인에 따라 다양한 형태를 지니고 있다. 여성노인은 열악한 자원으로 인해 본인이 부양을 받아야 하는 처지에서는 막상 수발자에게 방치되기 쉬운 형태를 보이는 경우가 많다(한동희, 2001). 가정폭력의 위험요인으로 설명되어지는 자원이론에서도 노인학대의 가해자와 피해자의 자원의 정도에 따라 스트레스와 학대에 영향을 준다. 따라서 학대의 가능성을 증가시키는 위험요인을 밝히려는 시도로서 상징적 상호작용 틀에 근거를 두고 관계의 질이나 학대의 매커니즘을 이해할 수 있다.

상징적 상호작용론에서는 노인학대를 학대가 일어나는 가족 내의 상호작용의 결과물로 보는 관점에서 접근한다. 특히 노화에 따른 신체적 변화와 사회적 세계의 변화는 가족 내 역할기대와 그에 기초했던 기존의 상호작용의 유형, 정체성 등에 변화를 가져오고, 가족원은 이러한 변화에 대한 반응으로 새로운 정체성과 관계유형을 만들어가기 위한 조정과 타협(negotiation)의 과정에 진입하게 된다. 이때 이러한 변화에 대하여 서로 인식이 다르거나 기대가 일치하지 않을 때 서로의 행동에 대한 잘못된 이해와 긴장 가능성이 증가하게 되며 이를 해결하고자 하는 과정에서 노인학대가 발생할 수 있다. 이러한 과정에서 서로의 행동에 대한 해석과 의미부여를 어떻게 하는가는 중요한 노인학대의 요인으로 작용할 수 있다. 예를 들어 노인의 변화된 모습을 배우자나 자녀가 질환이나 노화의 결과로 해석하지 않고 의도된 부정적 행동으로 보는 경우 노인을 탓하거나 학대적 반응을 하기가 쉽게 된다. 한편, 상호작용론적 관점은 노화와 관련하여 각 사회에 존재하는 부정적 이미지, 노인에 대한 부정적 고정관념 등이 노인에 대한 주변 사람의 행동에 많은 영향을 미치게 된다.

4. 사회적 구성주의적 관점

사회적 구성주의(social construction perspective)에서는 노인학대가 현대 산업사회에서 '노인이라는 것'이 어떤 의미를 가지는가, 어떻게 노화가 해석되고, 노년기에 대하여 어떤 가치를 부여하는가 하는 점에 초점을 맞추어 노인학대를 볼 것을 강조한다. 노화가 의미나 그와 관련된 주관적 측면에 초점을 맞춘다는 점에서는 상징적 상호작용론적 관점과 유사한 것으로 보이지만 상호작용론적 관점이 미시적 과정에 주로 치중한다면, 구성주의의 관심의 초점은 조금 더 거시 지향적이라고 할 수 있겠다. 구성주의적 관점에서 보면, 연령에 기초하여 나타나는 노인에 대한 편견, 부정적 인식과 해석 등은 노화과정의 자연적 결과물이 아니고 우리 사회의 불평등 구조와 그 안에서의 노인의 '강요된 의존성'에 의해 만들어진 사회적 구성물이라고 보는 것이다. 이러한 측면을 Walker(1980)는 '노년기 의존성의 사회적 구성(social creation of dependency in old age)'이라고 지칭하였으며, Towensend(1981)는 노인의 '구조화된 의존성(structured dependency)'이라고 명한 바 있다. 따라서 구성주의적 관점에서 보면 노인학대는 노인이 전체사회에서 주변화(marginalize)되는 과정에서 발생하는 것이며, 노인에 대한 사회정책적 지원이 보급되는 과정에서 강화되는 '노인의 의존성'이 부정적인 형태로 표출되는 것이라고 할 수 있다.

5. 생태학적 관점

생태학적 관점(ecological framework)은 인간의 행동을 개인, 가족 및 사회환경체계와의 상호작용 속에서 이해하려는 체계론적 관점을 강조하는 이론으로, 따라서 노인학대도 이러한 전체적 맥락에서 접근한다. Bronfenbrenner는 인간발달의 생태환경을 개인체계, 미시체계(micro system), 외체계(exosystem), 거시체계(macro system)로 분류하였고, Kemp(1998)는 이를 기초로 하여, 가족 내에서 발생하는 학대행위를 설명하는 데 미시체계, 중간체계, 거시체계의 특성을 가지고 설명을 시도한 바 있다. Kemp는 개인적 수준의 특성들(인성, 동기, 정신병리적 특성 등)을 미시체계로, 가족특성을 중간체계로, 그리고 지역사회와 사회에서 일어나는 현상을 설명하는 요인들을 거시체계로 분류하였다. 우리나라에서 생태학적 관점을 적용하여 노인학대를 살펴본 연구로는 한은주 등(2000)의 연구가 있다. 생태학적 이론을 적용한 연구결과들에 의하면, 노인학대와 관련성이 발견된 미시체계적 요인으로 대표적인 것으로는 성별, 연령, 교육수준을 들 수 있는데, 여성노인, 고령노인, 교육수준이 낮은 노인들이 학대받을 가능성이 높은 것으로 지적된다. 중간체계적 요인을 탐색한 연구들에 의하면, 부양책임을 가진 자녀, 접촉빈도가 높은 자녀에 의한 학대가 많고, 노인이 부양기대가 지나치게 높은 경우 학대받을 가능성이 높은 것으로 나타난다. 거시체계적 요인으로는 노인을 존중하지 않는 문화, 노인에 대한 부정적 스테레오 타입이 일반화되어 있는 사회에서 노인학대가 일어날 가능성이 높은 것으로 나타났다.

6. 연령차별주의적 관점

인종차별, 여성차별과는 달리 연령차별은 예외 없이 연령으로 인해 우리 모두가 경험할 수 있는 차별이라 본다. 그 사회의 문화와 노인에 대한 선입관은 연령차별과 함께 노인이 차별을 받을 수밖에 없는 환경을 만들어 버린다. 한국사회는 연령차별주의를 매우 관대하게 지나치고 있으며 특히 노인차별로 이어지는 노년기에 나타나는 여러 측면의 차별을 별 저항 없이 받아들이고 있다. 차별이란 소수집단의 성원들이 부당하게 취급받는 명백한 행동을 의미하는데 차별은 편견에서부터 시작되며(최신덕, 1998) 특히 노인에 대한 편견은 연령차별주의로 규정하고 있다. 연령차별주의란 늙었다는 이유로 차별하는 과정이며 제도적인 그릇된 선입관에 의해 노인을 차별하게 되는 것이다.

한국 사회에서 연령차별주의에 의해 노인이 차별 받는 요인은 노인이 처해진 환경이 부정적으로 나타나며 생산적이기보다 쓸모없고 죽음에 가장 가까이 있는 사람으로 보는 부정적 선입관과 방송매체 등이나 사회적으로 그려지는 부정적 모습, 즉 "노인은 이런 점이 …하다. 노인이니까…"라는 말 속에 이미 편견과 차별의 개념이 포함되어 있음을 알 수 있다. 이와 같이 노인 자신이 아닌 주변환경이 노인차별의식을 사회에 더 쉽게 퍼지게 한다.

노인차별의 사회적 요인으로서 그 첫째는 사회 속에서의 노인의 분리를 지적할 수 있다. 젊은 층과 함께 할 수 없는 문화, 사회구조, 노인의 설 자리를 격리시키는 사회구조는 노인에게 고립의 악순환을 경험하게 한다. 즉 노인차별의 영향은 개인적인 측면보다 사회에서 보다 더 두드러진다(Rosencranz & McNevin, 1969). 또한 그 시대 그 사회의 가치지향이 노인차별을 조장한다. 예를 들어 전통주의적 가치에 중점을 두고 있는 노인은 정신이 쇠약해져서 신통치 않으며 비합리적이며 고집이 세고 대화가 되지 않는 사람으로 변화를 시도하려는 노력조차 하지 않는 계층으로 보는 잘못된 선입관일 수 있다.

또한 노인차별은 계층적 차별의 문제 등으로 해석할 수 있다. 즉 노인차별은 개인의 심리적 차원인 차별감의 문제뿐만 아니라 보다 거시적 입장에서의 노인집단에 대한 차별적 행위로 해석이 될 수 있다. 따라서 노인차별의 매커니즘은 노인을 무능하게 만들고 고립시켜 노인학대에 더욱 노출되기 쉽게 만들어 버린다. 따라서 노인차별주의가 팽배한 사회에서는 노인학대의 문제가 더욱 심각해질 수 있다.

Ⅲ 노인학대 실태

한국의 노인학대는 가족문화를 토대로 해석될 수밖에 없으며 가족과 밀착된 관계 속에서 역기능적 작용의 연속에서 분출된 결과로 볼 수 있다. 노인부양의 성역이 되어온 가족의 부양기능이 가치관의 변화와 가족사회적 구조 및 기능의 변화로 인해 무너짐과 동시에 사회적·공적 시설의 대처자원이 부족함에 따라 노인은 더욱 열악한 학대의 피해자로 등장되고 있다. 그러나 대처자원이나 해결방안이 없는 상태에서 노부모 부양의 역할을 맡고 있는 가족원들의 스트레스에 대한 이해를 동시에 요구하는 사례들이 많이 나옴에 따라 가족원 속의 가해자와 피해자를 나누어 생각하기가 어려운 상태이며 노인의 부양을 책임지고 있는 가족을 처벌하는 데 그 목적을 두지 못하고 있는 상태이다. 결국 노인학대라는 황폐한 결과를 가지기 이전의 예방적 활동에 중점을 두어야 하며 건강한 가족관계를 회복할 수 있도록 가족기능을 회복시키는 데 역점을 둘 수밖에 없는 실정에 놓여 있다. 또한 노인학대의 피해자를 위한 쉼터와 지역사회가 보호할 수 있는 다양한 제도 등을 활성화시켜 노인학대에 적극적 개입방안을 마련하는 데 중점을 두어야 할 것이다.

1. 노인학대의 매커니즘

한국의 노인학대의 요인은 노인의 개인적 특성문제와 가족, 사회변화 및 정책적 부재라는 요인이 동시에 작용되고 있으며 그 구체적인 모형은 아래 〈그림 1〉과 같다.

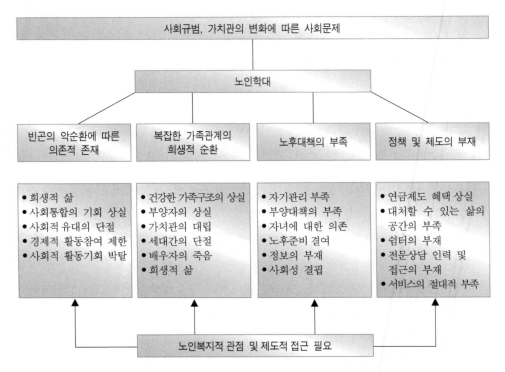

그림 1. 한국의 노인학대 매커니즘

자료 : 한동희(2003), 한국의 노인학대접근에 관한 고찰. 제7회 아세아 오세아니아지역 노년학회 INPEA 심포지엄 발표자료.

2. 노인학대의 특성

1) 노인학대의 전반적 특성

신체적 학대비율이 높은 서구사회와는 달리, 한국노인들의 학대경험은 언어적 폭력이나 정서적 학대 및 방임의 경험이 더 많은 실정이다. 최근에 실시된 한 연구에 의하면, 노부모 학대 유형별 경험비율로는 신체적 학대·폭력의 경우는 전체 노인의 0.3%로 가장 낮은 비율을 보였고, 언어 심리적 학대의 경우는 7.7%로 가장 높았으며, 그 외에 경제적 착취(2.1%), 방임(2.5%), 그리고 기타 학대 경험비율(1.0%)의 순으로 나타났다(한국보건사회연구원, 1999). 지난 1년 동안 평균 3.6회 정도 학대를 경험했으며, 남자노인은 4.1회, 여자노인은 3.4회로 남자노인들이 학대를 경험하는 횟수가 더 많았다. 또한 한국형사정책연구원(1995)의 결과에서도 경험빈도가 가장 높은 학대유형이 심리적 학대와 언어적 학대로 나타났으며, 신체적 학대나 경제적 착취의 비율은 상대적으로 낮게 나타났다.

피해노인의 대응은 아는 사람에게 하소연하거나 그냥 참는 경우가 많았으며(73.6%), 신고하지 않는 이유로는 '신고할 일이 아니라서'(39.2%), '참는 것이 좋을 것 같아서' (34.4%)로 나타났는데, 이는 학대자가 가족이기 때문에 신고하지 못하는 것으로 보인다(73.6%). 그리고 학대의 원인으로는 '자신의 무능력'이 53.8%, '상대방의 부도덕함'이 20.8%로 나타나 피해노인 자신의 문제로 보는 경향이 많았다. 노인의 유기 및 학대에 영향을 미치는 요인으로는 노인의 자립능력 정도와 집에서 다른 사람과 함께 있었는지의 여부였다. 이와 같은 경향은 다른 연구에서도 많이 나타난다. 노인들이 원인을 자신에게 돌리고 참는 경향은 노인학대가 더욱 은폐되도록 하는 요인이 되는 것으로 보인다. 이러한 경향은 서구에서도 매우 유사하게 나타났다. 즉 대부분의 노인들은 학대사실을 부정하려고 하였으며, 체념, 위축, 공포, 우울, 분노 등의 부정적인 감정을 표현하면서도 외부의 도움을 청하는 비율은 그다지 높지 않은 것으로 나타났다.

상당수의 여성노인들은 고부간에 정서적 학대를 모두 경험한 적이 있고(100%), 언어적 학대는 대부분 경험하였으며(71.8%), 신체적 학대는 드물게 경험한 것으로(6.0%) 나타났다. 또한 사회가 변화하면서 부양의식이나 가족관계가 약화되는 반면 여전히 가족에게 부양책임이 전적으로 부과되고 노인복지제도가 미비한 상황이 노인을 의존할 수밖에 없도록 한다는 점에서, 즉 사회구조적 관점으로 노인학대에 접근하고 있다. 그리고 부양자인 며느리를 가해자로 여성노인을 피해자라는 가정을 이미 근저에 놓고 접근 및 해석하고 있다. 따라서 학대나 갈등상황으로 갈 수밖에 없는 기제를 간과하고 있다. 또한 요인분석을 통해 유형화된 학대유형(신체적·정서적 학대, 언어적 공격)에 해당 면접사례 내용을 제시하면서, 역시 학대의 원인을 '며느리의 잘못'으로 해석하는 경향이 있다.

학대피해노인이 피하는 장소로는 특정한 장소에 갈 곳이 없어 배회하는 경우가 가장 많았고, 그 다음은 따로 사는 자녀를 찾는 경우가 많았다. 그러나 학대피해노인이 가해자와 동거하는 비율은 46.8%로 거의 과반수에 이르고 있어서 학대가 계속 발생할 확률이 상당히 높음을 알 수 있다. 전체 학대피해노인의 44.1%가 노부모 학대 관련법인 「가정폭력범죄의 처벌 등에 관한 특례법」의 시행을 알고 있는 것으로 나타났는데, 여자노인과 저 연령층의 노인집단의 인지도가 높았다. 법의 시행에 대한 인지경로는 전체 응답자의 90.6%가 TV 및 신문을 통한 것으로 나타났다.

학대의 피해경험이 있는 노인의 26.9%가 본인가정에 학대가 발생할 경우 신고하겠다고 응답하였으나 실제로 경찰에 신고한 비율은 1.1%로 상당히 낮게 나타났다. 학대유형별 신고의향을 보면 노인의 재산을 착취하는 경우가 가장 높았으며, 학대경험이 많을수록 신고하겠다는 응답도 높게 나타났다. 노부모 학대의 피해경험이 있는 노인의 58.8%가 이웃가정에 학대가 발생할 경우 신고하겠다고 응답하였는데, 이는 본인가정에 노부모 학대가 발생할 경우의 신고율 26.9%의 무려 2배가 넘는 비율이다. 전체 노인의 88.2%가 노인피해자 보호시설이 필요하다고 응답하였으며, 실제로 입소할 의향이 있는 노인은 55.9%로 나타났다.

학대경험이 노인의 심리적 디스트레스에 미치는 영향을 본 김미경(1998)의 연구에서는 정서적 학대, 신체적 학대, 재정적 학대, 방임 중 재정적 학대의 경우만 남성노인이 여성노인보다 더 많이 경험하는 것으로 나타났고, 방임의 경우만 80세 이상의 고령노인이 더 많이 경험하는 것으로 나타났다. 그리고 학대의 영향은 정서적 학대, 신체적 학대, 방임의 순으로 노인의 우울, 불안에 영향을 미쳤다.

학대의 원인으로는 노인의 개인특성이 가장 영향력이 많았으나(28.0%) 중간체계 및 거시체계 변인을 차례로 투입한 결과, 각 학대유형별로 노인의 개인적 특성(의존성)의 영향력이 점차 낮아지고 중간체계(자녀와의 관계만족도, 비 동거 자녀와의 접촉과 결속력 등)가 많은 영향을 미치는 것으로 나타났다. 이 연구는 노인학대를 보다 다차원적으로 접근하고, 복합적인 요인들과 학대와 같은 완화할 것으로 보이는 잠재요인들을 규명하였다는 점에서 의의가 있으나 거시체계변인들은 전반적으로 노인학대에 큰 영향을 미치지 못하는 것으로 나타났다.

부양자나 일반 성인들의 인식이나 태도, 학대의 원인을 규명해보면, 우선 노인학대가 구체적으로 무엇을 의미하는가에 대한 일반인들의 인식으로서 대부분 심리적 방임 및 학대, 언어적 학대와 같은 심리적 측면이 많았고 신체 및 재산에 가해지는 위해나 유기 문제에 민감하게 반응하는 경향을 보였다.

노인학대경험에 영향을 미치는 변인으로는 부양 스트레스가 주된 영향변인으로 나타났고, 다음으로 연령과 출생순위가 영향변인으로 나타났다. 즉 연령이 높을수록,

그리고 가족 내 위치가 둘째 이하 막내인 경우가 외아들이나 장남(외며느리 · 맏며느리)보다 홀대 경험이 높은 것으로 나타났다. 이것은 우리나라의 장남 위주의 가족특성을 반영하는 것이라 할 수 있다. 인식에 대한 척도화된 질문에서는 신체 및 재정적 학대에 민감한 반응을 보이지만 인식에 대한 개방적 질문이나 경험에 대한 질문에서는 주로 심리적인 측면이 부각된다는 점에서, 우리나라에서의 노인학대는 주로 심리적인 측면에서 많이 일어나며, 사람들의 인식수준도 주로 심리적 측면에 머물러 있다고 할 수 있다.

노인인구가 증가하면서 파행된 부양부담과 중년기에 수행해야 할 많은 과업들이 중첩되면서 중년기의 부양자들에게 많은 스트레스를 야기하고 이것이 학대로 연결될 확률이 높다. 특히 부양자와 피부양자 간의 이해 및 관심 부족(34%)과 같은 쌍방간의 관계적 측면이 많이 지적된다.

2) 학대를 경험한 노인(피해자)의 특성

한국보건사회연구원(1999)이 전국 6개 대도시의 각 2개소씩 12개의 노인(종합)복지관을 이용하는 65세 이상 노인 865명을 대상으로 조사한 연구 결과에 의하면, 전체 응답 노인 중 8.2%에 해당하는 노인들이 그들의 자녀 및 그 가족원으로부터 학대를 받은 경험이 있다고 하였다. 피해대상자는 여자노인이 남자노인보다 많다. 일반적으로 학대의 피해자인 노인들은 일반노인들보다 연령이 높고, 교육정도는 낮으며 배우자가 있는 경우보다 배우자가 없는 경우가 많고, 학대받지 않는 노인에 비하여 다른 가족원이나 기타 사회적 관계망의 연계가 부족하고 사회적 고립상태인 경우가 많은 것으로 나타났다. 또한 거주유형을 보면, 노인단독가구의 비율보다는 자녀와 동거하는 비율이 높기 때문에 학대행위는 자녀와 동거하는 경우에 발생할 확률이 높다는 것을 알 수 있다.

경제상태는 배우자의 근로소득은 전체 피해노인의 7.8%, 저축 · 증권 등의 이익배당으로 인한 수입은 21.9%, 부동산 임대료와 생활보호대상자나 노령수당에 의한 수입은 각각 7.8%이었으며, 자녀로부터 보조를 받고 있는 노인은 70.4%로 나타났다. 피해노인들의 주관적 경제상태도 역시 '좋다'(19.1%)는 비율보다는 '나쁘다'(47.1%)라는 비율이 훨씬 높았으며, 남자노인보다 여자노인의 주관적 경제상태가 더 나쁜 것으로 나타났다. 즉 경제적 자립능력이 없는 의존상태인 노인들의 상당수가 학대피해의 경험이 있음을 알 수 있다.

일상생활 수행능력을 보면, 전체 피해노인들 중 62.3%는 일상생활 수행능력에 있어 전혀 어려움이 없다고 응답하였으며, 연령이 높을수록 '어렵다'는 비율이 높았다. 또한 남자노인보다 여자노인들은 일상생활 수행능력에서 '어려움이 없다'는 응답이 더 많았다. 한편, 수단적 일상생활 수행능력면에서는 42.0%가 최소한 한 가지 이상의 수단적 일상생활 수행능력에 어려움이 있다고 응답하여, 수단적 일상생활 수행에 비교적 어려움을 겪고 있음을 보여주었다.

학대경험을 한 노인에 대한 심층적 조사 결과에 의하면, 언어·심리적 학대를 가장 많이 경험하였고, 그 다음은 방임, 경제적 착취 순이었으며 신체적 학대경험율은 가장 낮았다. 학대빈도는 전체 피해자 중 42.7%가 거의 매일 학대를 받는 것으로 나타났으며, 학대의 가장 주된 원인은 경제적 문제(39.5%)였다. 전체 피해노인 중 8.5%가 신체적 증상을, 그리고 76.7%는 정신적 증상을 보였으며, 이들 중 19.4%가 의료처치 경험이 있는 것으로 나타나 학대로 인한 피해가 심각함을 보여주고 있다. 이상에서 노인학대 문제가 일반적인 노인의 문제는 아니지만, 의미 있는 소수의 문제라는 점에서 보다 심층적으로 다루어져야 할 것으로 보인다. 피해자들의 반응은 다른 연구결과(한국형사정책연구원, 1995)와 마찬가지로 62.8%가 끝까지 참는다고 하여 노인이 학대에 대해 수동적으로 대처함을 알 수 있다. 또한 피해자 중 55.9%가 시설에 입소할 의향이 있다고 응답하였다.

한편 가해자의 특성을 살펴보면 전반적으로 40대의 중년층이 가장 많았으며, 교육 수준은 고등학교 이상의 학력의 고학력자였고, 노인과의 관계는 며느리가 44.7로 가장 많았고, 다음으로 아들, 딸·사위 등의 노인의 자녀가 대부분이었고, 그밖에 자녀의 배우자도 포함되었다(한국보건사회연구원, 1999). 이러한 사실은 노인수용시설과 공원 및 경로당을 통하여 학대받은 노인을 선정하여 질적 조사를 한 최선화 외 2인(1996)의 결과와도 일치한다. 가해자의 직업을 보면, 남자는 단순노무직(34.8%)이 가장 많았고, 여자는 서비스·판매직(33.3%)과 고위관리직 및 준 전문직(33.3%)이 가장 많았다.

전체 가해자 중 성장 시 가정폭력을 목격한 비율은 26.8%이었으며, 실제 가해자가 가정폭력을 경험한 경우는 17.5%에 달하였으며, 남녀 모두 가정폭력을 경험한 비율에 비하여 목격하고 성장한 비율이 높게 나타났다. 가정폭력을 목격한 경우는 남자가해자(27.5%)가 여자가해자(25.0%)보다 높은 편이었고, 실제로 경험한 경우는 남자가해자(15.0%)보다 여자 가해자가(23.5%)가 더 높았다. 중학교 이하의 저학력층이 고등학교 이상의 고학력층보다 가정폭력을 목격하고 경험한 비율이 더 높았다.

가해자와 노부모와의 평소 관계는 전체적으로는 나쁜 편인 경우가 34.0%이며, 노부모와의 가족관계별로 보면 가해자가 아들인 경우 관계가 나쁘다는 비율이 가장 높았다. 교육수준에 있어서는 중학교 이하의 저학력 수준일 경우, 가해자가 취업하지 않았을 때 노부모와의 관계가 더욱 나쁜 것으로 나타났다. 동거유형에 따른 관계를 보면, 동거보다는 동거하지 않을 경우에 가해자와 노부모와의 관계가 더욱 나쁜 것으로 나타났다.

또한 치매와 같은 만성적 질환을 가진 노인에 대한 학대에서는 학대의 상호적 특성이 현저하게 나타나는데, 실제 치매환자에 대한 연구에 의하면 상당수의 부양자들이 환자로부터 폭력을 경험하고 있으며, 이들 중 상당수는 부양자 자신도 환자에게 공격적 행동을 하거나 그렇게 될까 봐 두려워하고 있는 현실이다.

3) 대중매체 자료를 통한 노인학대 실태

매스컴의 보도내용, 상담사례, 통계자료 등을 통해 실태를 파악하고 분석한 연구들에는 극단적인 사례를 보도하는 매스컴의 특성, 범죄사건이나 상담사례로 '드러난 사례'를 근거로 하고 있기 때문에, 주로 극단적인 내용만을 제시하고 있어서 이것을 노인학대의 실태로 제시하는 데에는 한계가 있다. 그러나 대중매체에 나타난 노인학대 관련기사 내용을 종적으로 분석한 연구들에 의하면, 노인학대 행위가 발생한 것이 반드시 최근의 현상만은 아니라는 사실이다.

여기서 주목해야 할 점은 노인학대는 지난 수십 년 동안 꾸준히 발생하고, 매스컴을 통해서는 다루어져 왔으나, 이를 심각한 사회문제로 인식하기 시작한 것은 최근이라는 점이다. 과거에는 노인학대가 단순히 일부의 불효자식들이 행한 일탈적 행위로 간주하고, 불행한 부모자녀 관계로 보았으나, 오늘날에는 개인적인 불효행위를 넘어서서 사회구조적인 모순(전통규범의 와해, 부양자의 부담가중, 복지서비스의 부재 등)에서 기인된다고 보는 방향으로 인식태도가 변화하였다.

최근 우리 사회에서는 대중매체를 통하여 노인학대와 관련된 사건들을 자주 접하게 된다. 이러한 추세는 결국 노인학대의 발생이 매우 빈번하며, 더 이상 감추어진 사건이 될 수 없음을 보여주는 것이다. 대중매체 속에 나타난 노인학대 실태에 대한 기존의 연구를 살펴보면, 가정에서의 노인학대가 일상생활 속에서 사소한 이유로 매우 빈번하게 발생하고 있음을 짐작할 수 있고, 보호망인 가정이 학대의 숨겨진 사적인 장소로 이용되면서, 상당수의 노인들이 속수무책으로 당하고 있는 실정이다.

1993년부터 1997년까지의 5대 주요 중앙일간지에 게재된 존속범죄에 관한 총 270건의 가사를 분석한 서윤(1998)의 연구에 의하면, 대부분의 노인학대가 가정 내에서 지위가 약한 노인들에게 행해지고 있으며, 패륜적 행위는 사회질서를 위협하는 요인이 될 정도로 심각하다는 지적이다. 서윤(1998)은 존속범죄를 노인학대의 시각에서 조명하기 위해 1993년부터 1997년까지 5년간 5대 일간지에 보도된 존속범죄 관련 기사 270여 건을 분석하였다. 분석내용은 가해자 관련사항, 피해자 관련사항, 범행관련 사항으로 분류하여 이루어졌다. 여기서 다뤄진 존속범죄는 존속살해, 존속상해, 존속폭행, 존속유기가 주종을 이룬다. 조사결과, 피해자는 여성보다 남성이 약간 더 많았으나, 정은정(1999)과 박준기(1998)의 연구에서는 남자노인보다 여자노인의 비율이 더 높았다. 그러나 존속유기의 경우에는 대부분의 연구에서 남자노인보다 여자노인의 경우가 더 많았으며, 특히 고연령층의 여자노인이 피해자가 될 확률이 높았다.

학대유형으로는 신체적 학대유형이 가장 많았는데, 이러한 결과는 대중매체를 통한 학대행위는 다소 심각한 경우에 다루어지기 때문이라고 짐작된다. 그밖에 자기학대, 심리적·정서적 학대의 순으로 나타났다. 박준기(1998)의 분석에 의하면, 1960년대와 1970년대는 주로 신체적 학대와 정서적 학대의 사례가 많았으나, 1990년대에 들어와서는 노인들이 자신의 무능함이나 자포자기로 인한 자기학대의 사례가 증가하였다고 한다. 이러한 결과는 결국 노인학대라는 현실이 가해자와 피해자의 상호관계에서 벗어나 경제력과 권위를 상실하게 된 무기력한 노년층의 일방적인 피해상황이라는 사회구조적 갈등을 보여준다고 하겠다.

가해자의 특성은 남성이 여성의 8.3배로 압도적으로 많으며, 30대와 무직의 비율이 높았다. 특히 존속폭행의 가해자는 주로 남성이며, 존속유기의 가해자는 여성도 적지 않게 나타났다(서윤, 1998; 정은정, 1999). 범행시 가해자의 상태는 음주상태(64.0%), 정신질환(30.0%), 환각상태(6.0%) 순으로 나타났고, 정신질환은 존속살해에서 가장 높게 나타났고 음주와 환각은 존속상해에서 가장 높게 나타났다. 피해자의 상태는 노화와 관련된 상태가 가장 많고(67.3%), 다음으로 음주 및 폭행이 28.6%로 나타났다. 특히 존속유기의 경우는 노화관련 피해자가 전부를 차지하였다. 범행동기 별 피해자의 특성은 부모부양문제의 경우 치매가 가장 많았고, 부모의 학대로 인한 경우 음주, 폭행이 많았다. 가해자와 피해자의 가족관계에 있어서는 가해자의 직계존속의 비율이 높았으며, 그 중 아버지(38.7%)의 비율이 가장 높았다. 여성가해자인 경우는 시모의 비율이 높게 나타났다. 또한 피해자와 가해자가 동거하는 경우가 별거하는 경우보다 4배 정도 높게 나타났다.

범행동기는 피해자와 관련된 동기(부모에 대한 불만, 금전문제 등의 심리적·감정적 요인들)가 가장 많았고, 가해자가 50대 이후인 경우 부모부양문제로서 부양자가 원하지 않는 상황에서 부양할 수밖에 없는 내키지 않는 부양의무에 대한 불만으로 구체화되었다. 그리고 다음으로 재산상속이나 분배, 돈 문제 등의 경제적 이유로 나타났다. 또한 가해자 자신의 음주 및 폭행으로 인한 학대도 상당수 나왔다. 대부분의 범행은 우발적이고 일회적이었다. 정은정(1999)의 연구에 의하면, 학대의 결과로서 상해가 전체 125건 중에서 98건, 그리고 사망이 27건으로 나타났으며, 박준기(1998)의 연구에서도 신체적 학대를 받은 노인들 중에 55.9%가 사망하였고, 33.3%가 상해를 당한 것으로 나타나서 학대행위의 심각성을 여실히 보여주었다. 물론 대중매체를 통하여 다루어진 학대사례는 대부분 극단적 요소를 포함하고 있지만 가해자가 자녀라는 점에서 학대행위가 단순한 학대차원이 아닌 존속살해죄로 이어질 가능성이 높으며, 노인의 입장에서는 생존의 위협이라는 점을 시사한다.

범행의 특성은 누범이 적고 우발적인 경우가 많았으나, 누범과 범행의 상습성을 교차 분석한 결과 누범이 있는 경우는 상습적인 것으로 나타났으며, 상습적으로 피해를 당하는 대상의 모의 비율이 가장 높게 나타났다. 피해자 및 가족, 이웃의 대응을 살펴본 결과 신고 또는 고소한 경우가 270건 중 34건(12.6%)의 비율을 보이고 있으며, 신고자는 피해당사자(52.9%)가 가장 많았는데 이것은 상습성과 관계가 있는 것으로 나타났다.

피해자의 대응방법은 피해자가 직접 신고한 건수가 가장 많았으며, 특히 상습적인 학대를 경험한 노인의 경우 신고율이 높게 나타났다. 최근에는 경제적 학대의 경우 부양청구권 소송을 내는 등 적극적으로 대응하는 사례도 나타나고 있다. 그럼에도 불구하고 전체적으로 보면 가해자를 처벌해 주기를 원하는 사례는 매우 적었으며, 오히려 상당수의 노인들은 자신의 무능함을 이유로 들음으로써 객관적으로 저질러지고 있는 학대행위를 인정하지 않으려고 하는 태도를 보이는 경향이 높았다.

매스컴에 나타난 범죄사건의 보도내용을 분석한 연구들이기 때문에 극단적이고 드러난 내용만을 다루고 있다. 따라서 학대사례도 우발적이고 일회적 동기에 의한 경향이 높고, 가해자에게 특별한 문제(음주, 정신이상, 환각상태)가 있는 경우가 많았다. 그리고 여성노인이 남성노인보다 학대를 더 많이 경험한다는 연구결과들(성향숙 외, 1997)과 달리 남성이 피해자인 경우가 많았는데 이것 역시 범죄라는 극단적인 상황과 관계가 있는 것으로 보인다. 반면 존속유기의 경우 여성노인이 많고 범행원인도 모두 노화관련 문제이고, 가해자도 여성이 적지 않게 나타나는 것으로 보아, 부양상황으로 인한 학대가 적지 않을 것으로 보인다. 또한 존속유기의 피해의 경우 모두 노화관련 피해이고 그 중 치매가 가장 많은 비율을 차지한 것은 부양으로 인한 스트레스, 특히 노인의 인지적 손상으로 인한 스트레스가 많이 있음을 시사한다.

한편, 최근의 효 사상이 사라지면서 노인들 스스로가 자녀에게 부양부담이 되지 않기 위하여 자신의 목숨을 끊은 사례가 증가하고 있다. 즉 경제적 어려움에 따른 부양부담, 고령이나 질병 등으로 인하여 자녀에게 짐이 되기보다는 스스로 목숨을 끊고자 하는 것이다. 또한 핵가족 추세로 인한 가족관계의 변화로 인하여 노인의 외로움은 더욱 커지고 이에 따른 우울증이나 사회적 단절로 인하여 목숨을 끊는 경우도 빈번하게 나타난다.

3. 노인학대의 접근 실태

1) 노인학대에 대한 인식의 부족

노인학대는 자원을 가지고 있지 못한 노인에게 많이 자행되고 있으며 신체적·경제적으로 의존도가 높은 경우와 사회적 고립수준이 높은 상태를 지적할 수 있다. 특히 자녀로부터 학대를 많이 받고 있었으며 특히 노부모 부양과정에서 주로 방임되고 있으며 생존적 의존성이 높은 경우에 학대의 가능성이 높게 나타났다. 그러나 학대의 피해자인 노인의 경우 자신이 학대를 받고 있다는 사실을 인정하기보다는 학대사실을 은폐하고 자신의 입장을 숨기려고 하였으며, 오히려 이웃이나 주변의 목격자가 학대를 보다 못해 상담전화를 걸어오는 경우가 많았다(은빛여성복지상담소, 2001). 또한 독거노인의 경우 비록 자녀가 있어도 연락이 두절된 상태에서 '자식의 입장이 어려운데 내가 어떻게 자식에게 의존할 수 있겠는가'라며 자신의 노후를 비관하며 살아가는 경우도 있었다. 자신의 삶보다는 '나 하나 참으면 되겠지…'라는 가족 중심적 사고를 하고 있는 노인이 많으며 대부분 학대를 숨기려는 특징이 많았다. 학대라는 행위에 대한 인식보다는 자신의 탓으로 돌리고 참고 희생하는 경우가 높았다. 형법에 의한 처벌수준이 높은 경우는 거의 노부모가 자식으로부터 생명의 위협을 받아 어쩔 수 없는 극한 상황에서 경찰이 개입되는 경우였다.

학대자의 경우도 건강하지 못한 건강상태, 스트레스 수준이 높은 사람, 경제적으로 정신적으로 건강하지 못한 경우, 학대자 역시 사회적 유대관계가 왕성하기보다 고립된 상태, 가족력이 건강하지 못한 경우 등에서 학대행위가 많이 나타났다. 노부모에게 언어적 학대를 자행한다든지 신체적 학대를 자행하고도 자신이 그 행위가 학대라고 인정하려 하지 않는 경우가 많았다. 즉 "노인이 치매증세를 보인다", "노인이 너무고집이 세다든지, 단지 노인의 나쁜 습관을 고쳐주기 위해서이다"라는 말로 조사과정에서 벗어나는 경우가 허다하며, 노인의 의지와 관계없이 재산을 오용하는 경우와 부양행위를 방치하는 경우가 높았다. 학대자 역시 자신이 학대를 자행하고 있다는 인식이 낮았다. 또한 학대를 목격하게 되는 학대자 외의 노인과 관계되는 이웃가족, 기관에서도 노인학대를 노인의 인권적 측면에서 접근하기보다는 큰 사건으로 과시화되었을 때 개입의지를 보이고 있다는 것이며 노인학대에 대한 인식을 높이기 위한 홍보활동이나 노인학대의 이해를 높이기 위한 프로그램이 매우 부족한 실정이다.

2) 노인학대 과정에 대한 비효율성

노인학대에 대한 구체적 개입을 위한 근거제도가 2004년 7월에 제도화되었기 때문에 노인학대의 개입이 매우 어렵다. 결국 노인이 학대받았을 때 개입할 수 있는 권한부여 및 후속조치에 대한 대응방법의 선택적 제안이 될 수 있다. 즉, 노인학대 피해자의 쉼터, 입소시설 등의 확보, 학대 이후의 처리를 위한 병원비 등이다. 장애자 학대의 경우 상담원이 재판과정에 대리인 역할이 가능하나 노인의 경우는 그런 개입과정의 권한이 주어지지 않으므로 노인의 진술과정이 매우 혼동스러울 수 있다. 또한 법적인 개입을 위한 경우에도 현장을 목격하지 않고 증거가 부족할 때 소송관계가 쉽지 않다. 특히 노인의 재산이 오용되었을 때 노인의 재산을 되돌려 줄 수 없다는 한계점 등이 나타나 노인학대 개입의 한계점이 많이 나타나고 있다.

3) 노인학대에 대한 대응 시스템의 부재

아동학대나 아내구타와 같은 가정폭력 방지법에 의거한 법률과 달리 노인학대에 관한 구체적 법률의 시행의 판례가 존재하지 않고 노인학대의 대응방안이나 노인학대를 다루고자 하는 의지가 아직도 우리 사회는 낮다. 가정 내 폭력으로 보는 경우와 이를 대처하는 방안에 대한 정보가 없으며 노인의 입장에서 수용하고자 하는 의지가 약하다. 더욱이 노인학대 예방 및 방지를 위한 다양한 프로그램이 개발되어 노인의 사회적 예방을 위한 기관이나 노인의 효과적 커뮤니케이션의 방안을 지지해주는 예방적 차원의 교육 혹은 노인의 고립을 최소화할 수 있는 방안 등이 고려되는 예방 프로그램 역시 이루어지지 않으며 노인학대가 발생된 이후의 사례에서도 상담에 그칠 정도이지 구체적 도움을 줄 수 있는 서비스는 한계가 있음이 결국 노인학대에 대한 시스템적 접근을 어렵게 만들고 있다.

4) 노인의 인권에 대한 낮은 이해

사회복지의 핵심은 인권의 존중이고 보장이다. 그것은 인권이 최대한 지켜지는 형태인 것이다. 모든 국가의 헌법에는 인권존중의 이념, 인간답게 사는 권리, 자기답게 살아가는 권리가 강조되고 있으나 국민 개개인이 그 권리를 매일 확인하고 살아갈 수 있어야 한다. 여기에는 노인도 예외가 되어서는 안 된다. 고령화 사회의 진전은 빠르게 이루어지고 있음에도 불구하고 아직도 노인보건복지서비스가 노인의 인권적 측면의 접근이 이루어지지 않기 때문에 결론적으로 예산의 확보나 프로그램의 개발이 부족할 수밖에 없다. 노인이기 때문에 노인은 참아주어야 한다는 입장에서 노인이 누려야 할 진정한 삶의 추구를 박탈하는 경우가 쉽게 자행될 수 있다.

5) 노인학대 피해자 중 여성노인의 높은 비율

보건복지부(2002) 자료에 따르면 기초 생활보장 급여수급자 중 여성노인의 비율은 2001년의 경우 11.8%에 반해 남성노인은 6.5%를 보여 여성노인이 노년기 삶의 열악성을 보이고 있으며 노인학대 연구를 수행한 자료에서도 여성노인이 학대에 희생되는 경우가 높았다(한동희, 2001; 송영민, 2002). 한국의 여성노인은 유교적 이데올로기가 사회 전체에 만연되어 있던 가부장적 문화권 속에서 태어나 일제 식민지 시대, 해방 후 혼란된 시기, 6.25 전쟁 등을 겪은 세대이며 60년대부터 시작되어 오늘날 경제성장에 밑거름이 되어 준 하위직종, 미숙련 단순 노무직에서 '선 성장 후 분배'의 가치아래 저임금 노동자로 혹은 자녀교육과 가정의 가사노동자로 매진해 온 세대이다. 그럼에도 불구하고 여성노인은 과거에도 현재에도 소수를 제외하고는 혜택받지 못하면서도 침묵하고 있는 또 하나의 소외된 계층으로 남아 있다. 또한 그 삶에 있어 가족이나 국가로부터 많은 희생을 요구받아 왔으며 결국 노인이 되었을 때 가장 고립된 삶을 영위하고 있다.

배우자 상실과 함께 찾아드는 여성노인의 사회성의 결핍, 다산으로 인한 건강의 상실, 경제적 빈곤, 교육적 혜택의 저하 등이 여성노인을 더욱 취약한 사회계층으로 전락하게 한다. 특히 한국의 여성노인들은 교육의 기회 및 경제적 활동의 기회를 부여받지 못한 경우가 높아 노년기에 상당히 고립된 생활을 하는 경우가 많으며 여성노인의 하위문화를 형성하는 예가 많다. 가족과의 의사소통에 있어서도 사회적 기술이 낮아 노년기에 나타나기 쉬운 성격적 장애로 가족으로부터 학대를 받는 경우가 많았다(은빛여성상담소, 2001). 취약계층의 여성노인은 노년기에 들어서면서부터 자원의 열등함에 따라 학대에 희생되는 요소를 많이 가지고 있다. 그러므로 여성노인에 대한 심리적 지지망과 생의 주기별 여성의 삶에 있어 보다 구체화된 배려와 지지가 필요한데, 일반노인 문제와 함께 희석되어 여성노인의 학대문제가 전문적으로 다루어지고 있지 않다.

6) 시설 내 노인학대 연구의 미비

노인학대 관련 선행연구 및 신문기사에 나타나고 있는 사례는 아직도 시설 내의 노인학대에 관한 조사는 거의 수행되고 있지 않으며 가족간의 부양적 갈등과 가족의 관계의 질적 문제에서 발생하는 요소들을 학대의 위험요소로 다루고 있는 경향이 높다.

| Ⅳ | 노인학대 관련법

노인복지법에 의하면 '노인은 후손의 양육과 국가 및 사회의 발전에 기여하여 온 자이기 때문에 존경받으며 건전하고 안정된 생활을 보장받아야'(동 법 제2조)하며 국가와 국민은 '노인질환을 사전예방 또는 조기발견하고 질환상태에 따른 적절한 치료,

요양으로 심신의 건강을 유지하고, 노후의 생활안정을 위하여 필요한 조치를 강구함으로써 노인의 보건복지증진에 기여하여야'(동 법 제1조) 한다. 또한 '경로효친의 미풍양속에 따른 건전한 가족제도가 유지·발전되도록 노력해야 한다'(동 법 제3조). 따라서 '국가와 지방자치단체는 노인의 보건 및 복지증진의 책임을 가지고, 이를 위한 시책을 강구하여 추진해야 한다'(동 법 제4조 제1항)고 나타나 있다. 이처럼 노인은 법령에 근거해 보더라도 가정이나 사회에서 격리되지 않고 젊은 세대와 상호의존하며 활기차고 건강한 노후생활을 유지할 수 있도록 국가나 사회에서의 노력을 아끼지 말아야 함에도 불구하고, 우리 현실은 그렇지 못한 게 사실이다. 최근 노인인구가 늘어나면서 학대받는 노인이 점점 증가하고 있다. 그러나 현재 가정폭력에 대한 사회적 관심의 증대에 비하면 노인학대는 사회적 관심의 대상이 되지 못하고 있다.

이 장에서는 노인학대와 관련하여 노인학대 상담현장에서 활용할 수 있는 관련법들을 살펴보고자 한다.

1. 노인복지법

정부는 날로 증가해가는 노인학대를 제도적으로 방지하고 학대받는 노인을 보호할 수 있도록 2004년 1월 29일 노인복지법을 개정하여 노인학대 관련법률 조항을 신설하고, 이를 7월 30일부터 시행토록 하였다.

다음은 노인학대에 관련하여 신설된 구체적인 법안내용이다.

1) 용어정의(제1조의 2)

이 법에서 사용하는 노인학대 용어정의는 다음과 같다.

"노인학대"라 함은 노인에 대하여 신체적·정신적·성적 폭력 및 경제적 착취 또는 가혹행위를 하거나 유기 또는 방임을 하는 것을 말한다.

2) 노인보호전문기관

(1) 긴급전화설치(제39조의 4)

국가와 지방자치단체는 노인학대를 예방하고 수시로 신고를 받을 수 있도록 긴급전화를 설치하고, 설치·운영에 관하여 필요한 사항은 대통령으로 정한다.

(2) 노인보호전문기관의 설치(제39조의 5)

국가 및 지방자치단체는 노인보호전문기관을 설치토록 하여, 노인학대의 예방 및 방지를 위한 홍보, 학대받은 노인의 발견·상감·보호와 의료기관에의 치료의뢰 및 노인복지시설에의 입소의뢰, 노인학대행위자, 노인학대행위자로 신고된 자 및 그 가정 또는 업무, 고용 등의 관계로 사실상 노인을 보호, 감독하는 기관이나 시설 등에 대한 조사, 노인학대행위자에 대한 상담 및 교육, 그리고 그밖에 학대받은 노인의 보호를 위하여 필요한 사항 등 노인학대에 관한 업무를 담당하도록 하였다.

(3) 노인학대 신고의무와 절차(제39조의 6)

누구든지 노인학대를 알게 된 때에는 노인보호전문기관 또는 수사기관에 신고할 수 있으며, 의료기관에서 의료법을 행하는 의료인(의료법 제3조 제1항), 노인복지시설의 장 및 그 종사자, 장애인복지시설에서 장애노인에 대한 상담·치료·훈련 또는 요양을 행하는 자(장애인복지법 제48조), 가정폭력관련 상담소의 상담원 및 가정폭력 피해자 보호시설의 종사자(가정폭력방지 및 피해자보호 등에 관한 법률 제5조 및 제7조), 노인복지상담원 및 사회복지전담공무원(사회복지사업법 제14조)은 직무상 노인학대를 알게 된 때에는 즉시 노인보호전문기관 또는 수사기관에 의무적으로 신고하고, 이때 신고인의 신분은 보장되어야 하고, 그 의사에 반하여 신분이 노출되어서는 안 된다.

3) 응급조치의무 등(제39조의 7)

제39조의 6의 규정에 의하여 노인학대 신고를 접수한 노인보호전문기관의 직원이나 사법경찰관리는 지체 없이 노인학대의 현장에 출동해야 하며, 현장에 출동한 자는 노인학대 행위자로부터 분리하거나 치료가 필요하다고 인정될 때에는 노인보호전문기관 또는 의료기관에 의뢰해야 한다.

4) 보조인의 선임 등(제39조의 8)

학대받은 노인의 법정대리인, 직계친족, 형제자매, 노인보호전문기관의 상담원 또는 변호사는 노인학대사건의 심리에 있어서 보조인이 될 수 있다. 다만 변호사가 아닌 경우에는 법원의 허가를 받아야 하며, 이때 법원은 학대받은 노인을 증인으로 신문할 경우 본인·검사 또는 노인보호전문기관의 신청이 있는 때에는 본인과 신뢰관계가 있는 자의 동석을 허가할 수 있다. 그리고 수사기관이 학대받은 노인을 조사하는 경우에도 위의 절차를 준용한다.

5) 금지행위(제39조의 9) 및 벌칙(제55조)

누구든지 다음의 행위를 하여서는 안 된다.

- 노인의 신체에 폭행을 가하거나 상해를 입히는 행위
- 노인에게 성적 수치심을 주는 성폭행·성희롱 등의 행위
- 자신의 보호·감독을 받는 노인을 유기하거나 의식주를 포함한 기본적 보호 및 치료를 소홀히 하는 방임행위
- 노인에게 구걸을 하게 하거나 노인을 이용하여 구걸하는 행위
- 노인을 위하여 증여 또는 급여된 금품을 그 목적 외의 용도에 사용하는 행위 이때 노인에게 상해를 행한 자는 7년 이하의 징역이나 2천만 원 이하의 벌금에 처하며(제55조의 2), 노인에게 폭행이나 구걸을 하게 하거나 노인을 이용하여 구걸하는 행위를 행한 자는 5년 이하의 징역이나 1천500만 원 이하의 벌금에 처하도록 한다(제55조의 3). 또한 노인을 위하여 증여 또는 급여된 금품을 그 목적 외의 용도에 사용하는 행위를 행한 자는 3년 이하의 징역이나 1천만 원 이하의 벌금에 처한다(제55조의 4).

6) 조사 등(제39조의 10)

보건복지부장관, 시·도지사 또는 시장·군수·구청장은 필요하다고 인정할 때에는 관계공무원 또는 노인복지상담원으로 하여금 노인복지시설과 노인의 주소·거소, 노인의 고용장소 등에 출입하여 노인에 대한 폭행·상해행위 등을 조사·질문하게 할 수 있다.

7) 비밀누설의 금지(제39조의 11) 및 벌칙(제57조)

이 법에 의한 노인학대의 보호와 관련된 업무에 종사하였거나 종사하는 자는 그 직무상 알게 된 비밀을 누설하지 못하도록 하며, 이 규정을 위반하였을 때에는 1년 이하의 징역 또는 300만 원 이하의 벌금에 처한다(제57조).

이상과 같이 늦은 감은 있지만 지금이라도 노인복지법이 개정되어 노인학대를 방지하고 학대받는 노인을 보호할 수 있도록 긴급전화 및 노인보호전문기관을 설치하도록 하고, 노인학대에 대한 신고의무와 조치사항을 규정하는 등 노인학대의 예방과 학대받는 노인의 보호를 위한 제도적 뒷받침이 이루어지게 된 것은 다행이라고 본다.

그러나 천륜이 무너진 상황에서 법적 규제도 불가피하지만, 방임형 학대까지 처벌에 포함시킨 것은 진일보한 조치로 볼 수 있으나 명확한 기준이나 입증절차가 명시되지 않은 채, 다만 처벌위주의 법 집행이 가져올 후유증도 세심하게 고려해 보아야 할 것이다.

2. 가정폭력방지법

이 법은 1997년 제정된 「가정폭력범죄의 처벌 등에 관한 특례법」과 「가정폭력방지 및 피해자 보호 등에 관한 법률」(이하 '가정폭력방지법'으로 칭함)에 의하여 가족구성원 사이의 폭력에 대한 사법권의 개입을 가능하게 하고 있다. 현재 노인학대와 관련된 법률로는 가장 연관성이 많은 법률이다.

1) 가정폭력범죄의 처벌 등에 관한 특례법(이하 '가정폭력특별법'으로 칭함)

이 법은 가정폭력범죄를 다른 범죄와 같이 형사처벌로만 처리할 경우 가정의 평화와 안정보다는 도리어 가정의 해체를 가져올 수 있다는 위험 때문에 가정폭력이 근절될 수 있는 환경의 조성과 폭력행위자의 행실 교정을 위해 가정폭력범죄를 범한 자에 대하여 보호처분을 행함으로써 가정폭력범죄로 파괴된 가정의 평화와 안정을 회복하고 건강한 가정을 가꾸고 피해자와 가족구성원의 인권을 보호함을 목적(동 법 제1조)으로 특별히 제정된 법이다.

다음은 이 법에 근거하여 노인학대 관련 조항을 살펴보고자 한다.

(1) 노인학대의 이해

이 법에서는 별도의 노인학대에 대한 개념규정은 없고 단지 가정폭력의 용어정의를 "가족구성원 사이의 신체적, 정신적 또는 재산상 피해를 수반하는 행위"(제2조 제1항)라고 하였다. 이처럼 노인학대를 가정폭력의 한 영역으로 이해해야 하는 법적인 용어 정의상에서 학자들은 한국의 노인학대 유형은 신체적·정신적·심리적 학대,

경제적 착취, 성적학대, 방임, 자기방임으로 언급되고 있다. 이러한 측면에서 보면, 이 법에서 규정한 행위를 노인학대에 적용시키기 합당하지 않으며, 이러한 경우 노인학대를 「가정폭력범죄의 처벌 등에 관한 특례법」만으로 다루어질 수 없다.

또한 이 법 제2조 제2항에서 가정폭력이 발생되는 가족구성원의 범위를

- 배우자 또는 배우자 관계에 있었던 자
- 자기 또는 배우자와 직계존비속관계(사실상의 양친자관계)에 있거나 있었던 자
- 계부모와 자, 또는 적모와 서자관계에 있거나 있었던 자
- 동거하는 친족관계에 있는 자 등 비교적 가족구성원을 넓게 규정하고 있지만, 노인학대를 자녀나 배우자 등 가족구성원에 의한 가정폭력의 한 형태로만 국한시킬 때 자기방임이나 가족구성원이 아닌 다른 사람으로부터의 학대를 다루기가 어렵게 된다(우국희, 2001).

(2) 처벌

이 법에서 가정폭력범죄란 형법에서 가정폭력에 해당하는 죄의 항목(제2조 제3항)으로 해석되어 적용시키고 있다. 이 법의 처벌은 형법에서 다루고자 한다.

(3) 신고 및 조치

이 법 제4조에서는 누구든지 가정폭력범죄를 알게 된 때에는 이를 수사기관에 신고할 수 있으며, 노인학대의 신속한 신고를 위해 노인복지법에 따른 노인복지시설의 장이나 종사자, 가정폭력방지 및 피해자보호에 관한 법률에 따른 상담소 및 보호시설의 장이나 상담원, 치료를 담당하는 의료인 및 의료기관의 장에 대해서는 신고를 의무화하고 있다. 이에 반해 최근 개정된 아동복지법에서는 아동학대와 관련하여 신고의무자를 사회복지사에게까지 확대하고 있음(아동복지법 제26조)을 볼 때 노인학대의 경우 신고의무가 적용되는 대상이 제한되어 있음을 알 수 있다. 또한 신고를 접수한 사법경찰관리는 즉시 현장에 출동하여 범죄행위를 응급조치하도록 규정(제5조)함으로써, 노인학대를 발견한 자는 누구든지 신고할 수 있고 신고받은 경찰은 즉시 사건에 개입함으로써, 종래 가정폭력이 가정 내의 일로서만 취급되어 피해자, 이웃사회는 물론 국가기관인 경찰조차 소극적인 태도를 취해 오던 것에 경종을 울리고 있음을 알 수 있다.

그러나 신고의무자가 신고의무를 이행하지 아니하였을 경우, 처벌규정이나 제재조

항이 없기 때문에 강제조항이기보다는 권장사항이 될 수 있다. 따라서 신고자나 신고 의무자들은 법정에 출두해야 하는 문제, 학대를 입증해야 하는 부담감, 학대자로 몰린 가해자의 보복범죄 등으로 인해 신고를 기피할 수 있다는 점을 상기해볼 때 신고의무화는 강제조항이 되어야 할 것이며, 신고자에 대한 불이익이 가지 아니하는(제4조 제4항) 구체적인 규정이 없는 이상 이 법의 제4조는 유명무실하기 쉽다고 볼 수 있다. 또한 이 법에서 경찰이 신고를 받고 즉시 현장에 임하여 조치를 취하게 했지만, '즉시'라는 규정이 불분명하여 규정의 실효성이 의문시된다. 예를 들면 112신고센터의 경우 '신고 즉시 3분 이내 출동'이라는 규정처럼 즉각적으로 현장에 임해야 할 것이며, 폭력행위에 대한 각 조치를 취해야 함에도 불구하고 하지 않았을 경우 이에 대한 처벌이나 제재조항이 없다. 이러한 경우「폭력행위 등 처벌에 관한 법률」제9조의 사법경찰관의 직무유기에 적용해야 하는 등 가정폭력특별법의 미비점을 지적할 수 있다.

(4) 임시조치

사법경찰관리의 응급조치에 불구하고 노인학대가 재발할 우려가 있다고 인정될 경우에는 검사는 직권 혹은 사법경찰관의 신청(제8조)에 의해 판사는 피해자를 보호하기 위해 우선 가해자를 피해자나 가족구성원의 주거 또는 점유하는 방으로부터의 퇴거 등 격리시키거나, 주거, 직장 등으로부터 100미터 이내의 접근을 금지시킬 수 있고, 의료기관이나 기타 요양소에 위탁하거나, 경찰관서의 유치장 또는 구치소에 유치할 수 있도록 법원에 임시조치를 청구할 수 있도록 규정하고 있다(제29조).

그러나 임시조치의 내용이 제한되어 있고 이를 위반한 경우 제재조항이 없고 내용 또한 너무 제한적이다. 예를 들면 피해자를 의료기관이나 요양소 등에의 위탁뿐만 아니라 쉼터 등과 같은 심리적 정신적 안정을 취할 수 있는 시설에의 입소위탁, 가해자 외의 가족이나 친척에 의한 임시조치의 필요성 등의 도입의 검토가 요구된다. 또한 임시조치가 피해자 보호, 가해자 처벌, 격리의 형태로 규정되어 있으나 위 사항을 위반한 경우 제재조항이 없어서 위 규정이 유명무실할 우려가 있다.

(5) 고소 및 사건처리

노인학대 피해자 또는 법정대리인은 가해자를 고소할 수 있으며, 피해자의 법정대리인이 가해자인 경우 피해자의 친족이 고소할 수 있다. 또한 피해자는 일반 형법상의 범죄(형사소송법 제224조)와는 달리, 자기 또는 배우자의 직계존속도 이 법에 의해서 고소할 수 있으며, 만약 피해자의 고소할 법정대리인이나 친족이 없는 경우에 이해관계인의 신청이 있으면 검사는 10일 이내에 고소할 수 있는 자를 지정하도록 되어 있다(제6조). 학대와 같은 문제는 신속하게 개입되어야 하는 위기임에도 불구하고, 10일 이내의 고소는 최종판결까지의 기간이 길어질 가능성이 내재되어 있어, 그 동안 피해자에게 두려움을 증폭시킬 수가 있으므로 그 기간이 최소한 짧아야 할 것이다. 또한 검사는 노인학대 피해자의 의사를 존중하여 노인학대 범죄에 대한 사건의 성질·동기 및 결과, 가해자의 성행 등을 고려하여 이 법에 의한 보호처분에 처함이 상당하다고 인정할 때에는 가정보호사건으로 처리할 수 있다(제9조)고 하였다.

그러나 이 법에서 보호처분을 할 합리적인 기준제시가 없으며 또한 보호처분은 원래 소년법 제32조에 의거하여 미성년 범법자를 전과자로 만드는 것보다 교화를 위한 처분이기 때문에 성인폭력범죄자에게 소년법상의 소년처럼 취급받도록 규정하는 것이 과연 타당한가를 고려해야 할 것이다.

2) 가정폭력방지 및 피해자 보호 등에 관한 법률

이 법에서는 가정폭력을 예방하고 그 가정폭력의 피해자를 보호함으로써 건전한 가정을 육성함을 목적(제1조)으로 가정폭력의 예방과 방지를 위하여 조치하며, 피해자를 위해 상담소, 보호시설, 치료시설을 설치하여 가정폭력의 예방과 방지의 업무를 담당하도록 규정하고 있다.

이 법의 제9조는 '상담소나 보호시설의 장은 피해자의 명시한 의사에 반하여 피해자를 일시보호하거나 피해자를 치료보호할 수 없다' 고 규정하고 있다. 따라서 가정폭력의 피해자인 노인이 제대로 올바른 의사결정을 할 수 없는 경우에는 이 법의 시행이 타당성이 있을지 의문스럽다. 또한 노인은 시설의 입소를 꺼려할 수도 있어서 노인 보호에 미흡할 수 있다고 볼 수 있다. 이러한 경우 피해자의 의사의 존중 의무를 면제하도록 해야 할 것이다.

이상의 노인학대 행위에 대한 고소나 사건처리 후 과연 학대가정이 온전한 가족구성으로 앞으로의 삶을 제대로 영위할 수 있을지 의문스럽다. 따라서 노인학대의 특성에 맞는 보호조치의 내용, 학대노인들을 가정에서 분리하기보다는 가족을 보존시키는 방향의 정책이 마련되어야 할 것이다.

3. 형법

1) 범죄의 처벌

이 법에서 규정하고 있는 범죄행위 중 노인학대 범죄행위의 적용은 다음과 같다.

첫째, 노부모에 대한 신체적 학대행위로 인한 상해 및 존속상해(제257조), 중상해 및 존속중상해(제258조), 폭행 및 존속폭행(제260조), 상해치사 및 존속치사(제259조), 폭행 및 존속폭행(제260조) 등의 행위가 포함된다.

둘째, 노후·질병, 기타 사정으로 인하여 필요한 재화나 서비스 등의 부조가 필요한 노인을 보호·감독을 받아야 할 법률상 또는 계약상 의무가 있는 자가유기 및 존속유기(제271조), 학대 및 존속학대(제273조), 유기 등 치사상(제275조) 등의 죄를 범하는 경우를 말한다.

셋째, 노부모에 대하여 고의적으로, 또는 부당하게 체포, 감금, 존속체포, 존속감금(제276조)하거나, 중체포, 중감금, 존속중체포, 존속중감금(제277조)하여 가혹한 행위를 하며, 특수체포, 특수감금 등 위험한 물건 등을 휴대하여 죄를 범한 죄(제278조), 체포, 감금 등의 치사상(제281조)한 행위의 상습범(제279조), 미수범(제280조)도 처벌된다.

넷째, 노인을 협박, 존속협박(제283조), 특수협박(제284조)하거나 이러한 행위의 상습범(제285조), 미수범(제286조)도 처벌의 대상이 된다.

다섯째, 공연히 사실을 적시(摘示)하여 노인의 명예를 훼손하는 경우(제307조)와 모욕을 주는 행위(제311조)도 처벌된다.

여섯째, 노인의 주거나 방에 침입(제319조)하여 주거나 방 그리고 신체를 수색(제321조)함으로써 노인으로 하여금 정신적으로 고통을 주는 행위도 죄에 포함된다.

일곱째, 노인을 폭행 또는 협박하여 노인의 권리행사를 방해하게 하는 강요 그리고 미수범(제324조)도 폭력에 해당된다.

여덟째, 노인을 사기, 공갈하여 재물을 받거나 재산상의 이익을 취득한 자(제347조, 제350조), 그 미수범(제352조)도 죄에 포함된다.

아홉째, 노인의 자원을 불법적 혹은 부적절하게 사용하여 재물손괴(제366조)를 가져오게 하는 것도 죄에 해당된다.

열 번째, 위 형법의 죄로서 다른 법률에 의한 가중처벌되는 죄도 포함된다.

이상의 한국의 노부모학대에 관련된 형법상의 범죄행위는 신체적 위해행위에 국한하지 않고 유기 및 학대, 체포 및 감금, 명예훼손, 모욕, 협박, 주거침입 및 신체수색, 권리행사, 방해, 사기, 공갈, 재산의 손괴 등 소극적인 행위, 무작위적인 행위까지도 모두 포함하고 있음을 알 수 있다.

4. 민법

민법에서 '모든 사람은 생존하는 동안 자신의 권리와 의무의 주체가 되는 것'(제3조)이며 이러한 '권리의 행사와 의무의 수행은 신의에 쫓아 성실히 해야 한다'(제2조)고 하였다. 따라서 노인은 살아 있는 동안 존경받으며 건전하고 안정된 생활을 보장받아야 하는 권리가 있으며, 이에 가족들은 경로효친의 미풍양속에 따른 건전한 가족제도가 유지·발전되도록 노력해야 할 것이다.

그러나 노인이 사망하게 될 때 생존하는 한쪽 노부(모)는 재산상속문제에 따른 노인학대의 피해자가 될 수 있으며, 또한 경제적 능력이 없는 노부모는 자녀에게 부양부담에 대한 스트레스를 주게 되어 또한 학대를 받을 수 있다.

따라서 민법에 근거한 상속에 대한 기본적 내용과 부양에 대한 지식을 가짐으로 노인학대에 대처해 보고자 한다.

1) 상속

(1) 상속의 기본원칙

상속은 사망한 날짜를 기준으로 하여 적용함을 원칙(제997조)으로 피상속인의 직계비속, 피상속인의 직계존속, 피상속인의 형제자매, 피상속인의 4촌 이내의 방계혈족의 순위로 상속인이 되며(제1000조). 피상속인의 배우자는 그 직계비속과 직계존속과 동순위로 공동상속인(제1003조)이 되면서, 재산상속과 관련된 분쟁으로 생존노부(모)는 학대를 받는 경우가 많다.

(2) 상속분

피상속인은 상속인의 상속분을 지정해야 하며, 상속분을 제3자에게 위탁할 수 없다. 그리고 상속분의 지정에는 특별한 방식이 정해져 있는 것이 아니라 유언에 의하여야 하므로 피상속인의 상속분 지정은 유언의 방식대로 해야 한다.

표 1. 가해자 처벌관련조항

관련 조항	처벌 내용
제25장 상해와 폭행의 죄	존속상해 : 10년 이하의 징역 또는 1천5백만 원 이하의 벌금
상해 및 존속상해(제257조), 중상해 및 존속 중상해(제258조), 폭행 및 존속폭행(제260조),상해치사 및 존속치사(제259조), 폭행 및 존속폭행(제260조)	존속중상해 : 2년 이상의 유기징역 존속상해치사 : 무기 또는 5년 이상의 징역 존속폭행 : 5년 이하의 징역 또는 700만원 이하의 벌금
제28장 유기와 학대의 죄	존속유기 : 10년 이하의 징역 또는 1천5백만 원의 벌금
유기 및 존속유기(제271조), 학대 및 존속학대(제273조), 유기 등 치사상(제275조)	존속학대 : 5년 이하의 징역 또는 700만 원의 벌금 존속유기 및 학대에 의한 상해 : 3년 이상의 징역 존속유기 및 학대에 의한 치사 : 무기 또는 5년이상의 징역
제29장 체포와 감금의 죄	
체포, 감금, 존속체포, 존속감금(제276조), 중체포, 중감금, 존속중체포, 존속중감금(제277조),특수체포, 특수감금(제278조), 체포, 감금 등 치사상(제281조), 상습범(제279조), 미수범(제280조)	존속체포, 존속감금 : 10년 이하의 징역 또는 1천5백만 원 이하의 벌금 존속중체포, 중감금 : 2년 이상의 유기징역
제30장 협박의 죄	
협박 및 존속협박(제283조), 특수협박(제284조), 상습범(제285조), 미수범(제286조)	존속협박 : 5년 이하의 징역 또는 700만 원 이하의 벌금
제33장 명예에 관한 죄	명예훼손 : 2년 이하의 징역이나 금고 또는 500만 원 이하의 벌금
명예훼손(제307조), 모욕을 주는 행위(제311조)	모욕 : 1년 이하의 징역이나 금고 또는 200만 원 이하의 벌금
제36장 주거침입의 죄	주거·방 침입 : 3년 이하의 징역 또는 500만 원 이하의 벌금
주거·방 침입(제319조), 주거·신체수색(제321조)	주거·신체 수색 : 3년 이하의 징역
제37장 권리행사를 방해하는 죄	권리행사방해 : 5년 이하의 징역 또는 700만 원이하의 벌금
권리행사 방해(제323조), 강요, 미수범(제324조)	강요 : 5년 이하의 징역, 인질강요 : 3년 이상의 유기징역 인질상해·치사 : 무기 또는 5년 이상의 징역
제39장 사기와 공갈의 죄	사기 : 10년 이하의 징역 또는 2천만 원 이하의 벌금
사기(제347조), 공갈(제350조), 상습범(제351조), 미수범(제352조)	공갈 : 10년 이하의 징역 또는 2천만 원 이하의 벌금
제42장 손괴의 죄	재물손괴 : 3년 이하의 징역 또는 700만 원 이하의 벌금
재물손괴(제366조), 중손괴(제368조), 특수손괴(제369조)	중손괴(신체위험) : 1년 이상의 10년 이하의 징역 중손괴(상해) : 1년 이상의 유기징역 중손괴(사망) : 3년 이상의 유기징역 특수손괴(재물손괴) : 5년 이하의 징역 또는 1천만 원 이하의 벌금

형법

위 형법의 죄로서 다른 법률에 의한 가중처벌되는 죄도 포함된다.

출처 : 민법

피상속인이 유언을 통해서 공동상속인의 상속분을 지정하지 않았을 때에는 민법의 규정에 의하여 상속분이 정해진다. 이때 동 순위의 상속인이 수인인 때에는 그 상속분은 균분한다. 그러므로 호주승계인인 상속인과 호주승계인이 아닌 상속인 사이에 구별이 없고, 남녀 사이에도 동일 가적(家籍) 내에 있든 없든 불문하고 차별을 두지 않으며 혼인 중의 출생자와 혼인 외의 출생자 사이에도 차별이 없다.

피상속인의 배우자의 상속분은 직계비속과 공동으로 상속하는 때에는 직계비속의 상속분의 5할(割)을 가산하고, 배우자의 직계존속과 공동으로 상속하는 때에는 직계존속의 상속분의 5할을 가산한다(제1009조).

(3) 재산의 기여

제1008조의 2(기여분)에 의거하여 공동상속인 중에 피상속인의 재산의 유지 또는 증가에 관하여 특별히 기여한 자(피상속인을 특별히 부양한 자 포함)가 있을 때에는 상속 개시 당시의 피상속인의 재산가 액에서 공동상속인의 협의로 정한 자의 기여분을 공제한 것을 상속재산으로 보고 제1009조 및 1010조에 의하여 산정한 상속분에 기여분을 가산한 액을 그 상속분으로 한다.

2) 부양의무

부양의 의무는 부양을 받을 자가 자기의 자력 또는 근로에 의하여 생활을 유지할 수 없는 경우(제975조)에 직계혈족 및 그 배우자 간, 그리고 생계를 함께 하는 친족 간에는 부양의 의무(제974조)를 이행할 책임을 가진다. 이 때 부양의무자가 다수인 경우 부양을 할 자의 순위는 당사자간에 협정에 의하여 정하나 협정이 되지 않는 경우에는 가정법원(지방은 지방법원 가사부)은 당사자의 청구에 의하여 이를 정하며(제976조), 이 때 가정법원에서는 부양의 정도 또는 방법을 정하는 데 있어서 당사자들 간에 협정이 없을 경우에는 당사자들 각자의 재산과 수입을 부양받을 자의 생활정도와 그밖의 가정의 여러 가지 사정을 참작하도록 되어 있다(제977조). 부양은 부양필요 상태와 부양의무자 측의 부양가능 상태가 존재하여, 요부양자로부터의 부양의 청구에 의하여 구체적인 부양의무가 생긴다. 이 부양청구권은 그 정도와 방법이 구체화됨과 동시에 이행기(履行期)가 도래하여 부이행의 부양의무자에 대하여 이행강제를 할 수 있다. 시부모에 대한 부양의무는 며느리보다 아들이 우선하지만 며느리가 미망인인 경우 시동생들에게 시부모의 부양료를 청구할 수 있다. 만일 이에 응하지 않으면 가정법원(지방은 지방법원 가사부)에 그들을 상대로 시부모의 부양에 대한 조정을 신청할 수 있다. 또한 남편이 사망한 후에 재혼하거나 친가에 복적하지 않는 한 시부모와의 인척관계는 계속되므로(제769조, 제775조 제2항), 시부모와의 인척관계가 계속되는 한 부양의무가 있다(제974조 제1항). 마찬가지로 사위도 장인장모를 부양할 의무가 있다.

그런데도 자식들이 별거를 하고 있으면서 부양의 책임을 지지 않으려 하면 부양료를 받도록 부양청구 조정신청을 제기할 수 있다.

이상의 부양받을 권리는 양도·압류할 수 없으며 다른 채무와 상계할 수도 없다(제979조).

이상에서 살펴본 것과 같이 현재 한국의 노인학대에 관련된 법은 별도로 존재하지 않는다. 2004년 노인복지법이 개정되기 이전에는 가정폭력의 한 영역으로 한 대표적인 법으로 「가정폭력 범죄의 처벌 등에 관한 특례법」, 「가정폭력방지 및 피해자 보호 등에 관한 법률」과 노인학대 가해자에 대한 형사처벌에 관한 「형법」, 노인의 재산관계 및 부양 등에 관련한 문제는 「민법」 등의 법령에 따라 해석되고 다루어졌다. 그러나 노인복지법 개정에 따라 노인학대와 관련된 조항을 포함시켜 처벌조항과 일시보호시설인 노인전문보호시설과 24시간 상시 상담이 가능한 전화설치를 하도록 되어 있다. 이에 반해 아동학대는 가정폭력방지법과는 별도로 2000년 개정된 아동복지법에 아동학대 관련조항을 포함시킴으로써 보다 구체적으로 대응하며 개입방안과 치료 및 보호제도를 구체화하고 있다. 따라서 앞으로 노인학대법 역시 보호적 입장에서 학대노인 피해자를 위한 구체화된 법안이 마련되어야 할 것이다.

제3장

노인학대 상담

발달적 관점에서 볼 때 노인들은 생의 후반기 혹은 종말기에 달하여 신체적·심리적·사회적 의존성이 높아지고 가족의 보호와 사회적 보장에 대한 욕구가 증가하는 시기이다. 그러나 현대사회의 노인들은 가정과 사회, 그리고 각종 유용한 정보원으로부터 소외와 단절, 불평등을 경험하고 있을 뿐 아니라 경제적으로도 빈곤하여 매우 취약한 집단으로 전락한 소수집단(minority)이자 주변인(marginal man)이라고 할 수 있다. 따라서 노인들이 현대사회에서 삶의 질을 유지하기 위해서는 그들이 경험하는 소외감과 상실감에 대한 개별적인 '쓰다듬의 욕구'를 충족받을 수 있어야 하며, 가치 있고 유용한 정보에 대한 접근성이 제공되어야 한다. 노인상담은 스스로 해결하지 못하는 욕구와 문제들을 갖고 있는 노인들에게 자신의 문제나 욕구를 해결할 수 있는 잠재력을 개발해주고, 적절한 정보를 제공해주는 적극적인 대인복지 서비스의 역할을 담당하는 유의미한 통로가 되고 있다.

노인학대는 가정폭력과 마찬가지로 가해자와 피해자가 사실상 모두 피해자라는 점에서 매우 파괴적인 고령화사회의 사회문제 중 하나이다. 우리나라는 노인에 대한 경로사상과 효에 대한 사회적 가치가 아직도 명목상으로 유지되고 있어서 노부모에 대한 학대는 가해자나 피해자 모두 현실을 무시하거나 은닉함으로써 학대의 원인에 대한 정확한 진단과 이해의 기회도 없이 가족 내에서 악순환되는 경우도 적지 않은 실정이다. 피해자인 노인들은 가족과 사회에서 극도로 소외·단절되어 있으며 무기력하고 가해자들에게 더욱 의존적일 수 있다. 한편 가해자들은 능동적 학대과정을 통하여 자존감이 상실되거나 죄책감, 혹은 자기기만으로 인한 갈등과 인간성 상실로 인한 삶의 공동화를 경험할 수 있다.

이와 같은 맥락에서 볼 때, 현대사회에서 노인학대 상담은 위기에 빠진 노인과 그 가족에 대하여 구체적이고 즉각적인 도움을 줄 뿐 아니라 자원과 정보, 지속적인 지원을 제공하는 역할을 담당해야 할 것이다. 이에 제3장에서는 노인을 대상으로 하는 상담의 일반적인 특성 및 과정에 대하여 간략히 살펴보고, 학대노인에 대한 상담의 특성을 위기상담의 관점에서 고찰하고자 한다.

| I | 노인상담의 기초

1. 노인상담의 개념

1) 현대사회와 노인상담의 필요성

현대사회의 특성은 산업화와 그로 인한 일련의 변화, 즉 도시화와 핵가족화의 가속화, 생활수준과 교육수준의 전반적인 향상, 평균수명의 연장과 사망률의 저하로 인한 인구사회학적 변화, 여성취업의 증가, 그리고 개인 및 가족과 사회의 가치관 변화로 요약할 수 있다. 이와 같은 변화의 중요한 특성 중에서 개인의 노령화와 사회의 고령화는 노인과 관련된 크고 작은 현상들을 초래했으며, 이는 개인과 가족의 삶에 직 · 간접적인 영향을 미치면서 우리가 해결해야 하는 중요한 개인적 · 가족적 · 사회적 · 국가적인 문제로 부상하고 있다. 즉 질병과 빈곤, 소외와 무위로 요약되는 노인들의 문제는 노인이 개인적으로 직면하는 문제일 뿐 아니라 노인을 부양하는 가족과 지역사회의 문제라는 것이다. 다시 말하면 현대노인문제는 노인 개인의 독특한 특성과 상황에 기인할 뿐만 아니라 현대사회의 제반환경 가운데 노인들이 처한 공통적인 상황에 기인된 '사회성'을 갖고 있다는 것이다.

특히 노인의 심리적 · 사회적 위기는 대부분 소외와 고립에서 비롯되는데, 이는 노인 자신들의 신체적 쇠퇴로 인한 활동성의 저하와 같은 개인적인 이유도 있지만, 현대가족의 구조적 변화와 개인주의적 가치관, 세대간 차이의 심화 및 노인들이 느끼는 상대적 박탈감과 경제적 빈곤 등에 그 원인이 있다고 하겠다. 우리 사회의 가족과 사회의 구조적 변화 및 가치관의 변화가 우리 사회 노인들의 고립과 소외에 미치는 인과관계는 다음과 같다.

첫째, 가족의 규모와 구조가 핵가족화할 뿐 아니라 가족의 중심이 부모-자녀의 종적인 축에서 부부중심의 횡적인 축으로 전환하고 있다. 이러한 평등주의적 가치관에서 비롯된 가족관은 부부와 그 자녀로 구성된 핵가족에서 노부모는 가정 내적 중심역할을 상실하여, 노인은 가정과 사회에서 소외되거나 고립되게 되었다.

둘째, 젊음을 추구하는 사회의 가치관은 노인들의 과거 경험의 가치를 인정하지 않음으로 가족과 사회에서 노인들의 지위는 하락되었다. 경로와 효 사상을 근간으로 유지되어 온 우리의 전통사회에서 노인은 생활의 중심부에 위치하였다. 그러나 새로운 것과 능률을 가치롭게 여기는 현대적 가치관은 노인들을 삶의 중심부에서 주변으로 몰아냈으며, 노인들은 사회적 약자로서 현대사회의 대세에서 밀려난 주변인(Marginal Man)이 되었다. 당연히 그들의 욕구와 필요에 대한 관심은 적어지고, 노인들은 가정과 사회에서 고립되고 소외되었다.

셋째, 노인인구의 절대적인 수적 증가에도 불구하고 사회의 복지적 지원이 낙후하여 가족원은 노인에 대한 신체적·물질적·정서적 부양에 대해 더 과중한 부담을 느끼게 되었다. 그러나 현실적으로 노인을 부양하기에 어려운 처지에 있는 가족원들이 늘어나고, 이는 자녀세대에게는 정신적·물질적 부양부담이 되고, 심한 경우 노인세대는 경제적·신체적·정서적 상실을 경험하고 학대를 당하는 등의 가족문제를 초래하기도 한다.

넷째, 도시화에 따른 지리적 이동은 노인들에게 전통사회에서 누리던 친족관계망을 축소시켰다. 전통사회에서는 연로한 부모들은 주변의 친지와 가족, 친구들과의 친밀한 관계와 비공식적인 관계망을 통한 물리적 지지와 정신적 지원을 통하여 충족되는 것이 당연시되어 왔으며(Bengston & Deterre, 1980; Ward, 1985), 또한 그것이 가능하였다. 그러나 사회적·지리적 이동이 잦은 현대사회의 특성은 노인들로 하여금 자녀의 직장에 따라 자신의 거처를 옮기거나, 혹은 직장과 교육의 기회를 찾아 떠난 자녀들과 헤어져 홀로 혹은 부부만이 거주하는 경우가 많으며 노인들은 정서적 또는 사회적으로 소외되고 고립된다.

다섯째, 자녀와의 교육적·사회적·신분적 차이는 때로는 노인들로 하여금 가족 내에서 존경받는 부모와 조부모로서의 지위를 하락시키고 역할혼미와 허탈감과 심리적 상실감을 경험하게 한다.

요약하면 도시화로 인한 핵가족화의 가속화, 여성취업의 증가, 개인주의적 가치관이 팽배하고 경로사상과 효 의식이 변화되는 등의 가족의 구조적, 기능적 변화와 가치관의 변화는 가족의 복지적 기능-부양기능-을 약화시키고, 세대간의 고립과 소외를 가속화시키고 있다. 이와 같은 상황에서는 가족원과 친구, 친척, 이웃과 같은 1차 집단의 비공식적인 관계망을 통한 지원의 양과 질이 떨어질 수밖에 없으며, 따라서 전문상담원과 같은 공식적 관계망을 통한 지지와 지원의 필요성이 증대하고 있다. 이와 같은 맥락에서 노인상담은 다양한 문제에 직면한 노인들뿐만 아니라, 노인과의 관계를 통해 어떠한 문제를 경험하고 있는 자녀세대를 대상으로 하여 그들의 복지적 욕구와 필요에 대한 '정서적 돌봄의 행위'로서 매우 중요한 의미가 있다고 하겠다.

2) 노인상담

(1) 노인상담의 정의

상담은 스스로가 해결하지 못하는 욕구와 문제들을 갖고 있는 개인들에게 서로 이야기를 통하여 자신의 문제나 욕구를 해결할 수 있는 잠재력을 개발해주고, 적절한 정보를 제공해주는 적극적인 대인복지 서비스라고 할 수 있다. 그러므로 노인상담이란 도움을 필요로 하는 노인이 전문적 훈련을 받은 상담자와의 대면관계에서 개인적·가족적·경제적·신체적 문제를 해결하고 감정, 사고, 행동측면의 인간적 성장을 가져와서 성공적인 노후생활을 영위하기 위하여 노력하는 과정을 의미한다(김태현, 1997). 이와 같은 정의에 의하면 노인상담은 다음의 네 가지 특성으로 요약할 수 있다.

첫째로 노인상담의 대상은 도움을 필요로 하는 노인과 노인문제를 경험하고 있는 가족이나 가족원이다.

둘째로 노인상담의 주체는 전문적인 훈련을 받은 전문인이다.

셋째로 노인상담의 목적은 노인의 개인 및 가족의 제반 문제를 해결하고 이들의 심리적·사회적 복지감을 증진시키고자 한다.

넷째로 노인상담은 전문적인 관계-즉 도움을 주고받고자 하는 뚜렷한 목적적인 관계-하에 이루어지는 일련의 구체적이고 실제적인 서비스 과정이다.

(2) 노인상담의 목적

오늘날 상담은 문제의 해결과 치료를 목적으로 하는 치료적 모형에서 문제의 예방과 전인적 발달과업의 성공적인 성취를 위한 실질적인 도움을 제공하는 것으로 그 목적과 역할이 전환되었다. 따라서 노인상담의 목적도 노인이 생활 가운데 직면하는 다양한 문제들에 대해 발달적 시각으로 보고, 노인의 발달적 욕구를 이해하고 가족과 사회의 환경에 대한 노인들의 적응을 돕는 것을 일차적 목표로 하는 것이 바람직하다. 즉 은퇴 등의 역할상실과 역할재조정으로 인한 불안과 소외감, 죽음과 죽어가는 것에 대한 두려움, 혹은 질병으로 인한 내적·신체적·심리적 좌절 등의 문제들을 노인의 발달에 따르는 정상적인 과정으로 보고, 노인들로 하여금 이러한 문제들에 대한 객관적 시각을 통해, 자신의 심리적 · 사회적 · 신체적 상황에 대한 적절한 적응을 하도록 노인당사자와 가족원들에게 객관적이고 공적인 개입을 하는 것이 바로 노인상담이라고 할 수 있다.

우리 사회에서는 상담이라는 용어는 아직 상당히 생소한 편이며, 자신의 문제와 허물을 타인에게 털어놓으며 객관적인 의견을 듣고자 하는 자세도 매우 부족하다. 특히 지금의 노인들은 다른 세대에 비해 교육수준이 낮으며, 우리 사회의 격동기를 거치면서 자녀와 가족원을 위해 모든 것을 희생한 세대이다. 한편 이들은 성 고정적으로 사회화되었다. 즉 남성노인들은 모든 문제는 자신이 스스로 해결해야 하며, 남자는 강해야 한다는 성 고정관념이 강한 세대이며, 자신의 약점과 부족함, 정서적 불안과 두려움 등을 타인에게 솔직히 털어놓는 자기표현 훈련에 매우 미숙한 편이다. 또한 여성노인들의 경우도 마찬가지로 자신의 어려움과 고민을 타인에게 털어놓는 자기표현 훈련이 미숙하며, 평생의 삶에 대한 타성에 젖어서 이를 해결해 보려는 의지가 박약하다. 이러한 노인들의 교육, 심리상태는 노인들이 자신의 문제와 욕구를 전문적 상담을 통해 호소함으로써 위로나 격려, 지지받을 수 있으리라는 기대를 하지 못하게 하는 장애요인이 되며, 이는 상담의 동기부여에 방해가 된다. 이러한 상황을 고려해 볼 때, 상담을 찾는 노인들의 수가 여성이나 청소년 등의 다른 영역보다 적다고 하여 노인들의 문제가 상대적으로 적다고 판단할 수는 없다. 오히려 그렇기 때문에 노인들의 문제는 숨어 있으며, 노인의 욕구와 필요에 대한 적극적인 탐색과 연구가 필요하다고 하겠다.

그러므로 노인상담의 목적과 의의는 다음과 같다.

첫째, 노인상담은 종래에 가족과 친척, 가까운 친구들에 의해 이루어지던 정서적 지지와 지원, 문제해결과 예방의 역할을 객관적으로 대행해 주므로 현대사회에서 고립되고 소외된 많은 노인들에게 제1차적 사회관계망의 역할을 해준다.

둘째, 노인상담은 노인들로 하여금 변화하는 현대사회에 기능적으로 잘 대처할 수 있도록 새로운 정보를 제공함으로써 복잡하고 주눅들게 하는 현대인의 생활양식에 잘 적응할 수 있도록 해주는 정보제공자의 역할을 한다.

셋째, 노인상담은 노인뿐 아니라 노인을 부양하는 가족원들로 하여금 노인들에 대한 이해를 돕고, 서로 더불어 잘 지낼 수 있는 정서적 지지와 정보를 제공하고, 가족이 노인의 성공적인 노후생활을 할 수 있도록 돕는 사회 관계망의 역할을 잘 할 수 있도록 가족원들을 돕는 역할을 한다.

마지막으로, 노인상담은 노인의 숨은 욕구와 필요에 대한 실증적 탐색을 가능하게 한다. 현대사회는 젊음과 새로운 기술과 생각에 대한 예찬, 유용성을 숭상하는 사회이다. 따라서 노인들은 상대적으로 심리적 박탈감과 소외감을 느끼고, 이에 대해 여러 가지 방법으로 반응하게 된다. 상담은 이들의 다양한 증상에 대한 심리적·정서적 돌봄 행위를 통해 그들이 정말로 필요로 하는 욕구와 필요를 듣고 이해해 줌으로써 노인들의 문제를 예방 및 치료할 수 있게 하는 의미가 있다.

3) 노인상담의 기본가치와 전제

상담은 문제의 해결과 치료를 목적으로 하는 치료적 모형에서 문제의 예방과 전인적 발달과업의 성공적인 성취를 위한 실질적인 도움을 제공하는 것으로, 그 목적과 역할이 전환됨에 따라 노인상담 역시 내담자가 직면하는 다양한 문제들에 대해 발달적 시각으로 보고자 하는 가치가 전제되어야 한다. 여기서 발달적 시각으로 본다는 것은 은퇴 등의 역할상실과 역할재조정으로 인한 불안과 소외감, 죽음과 죽어가는 것에 대한 두려움, 혹은 질병으로 인한 내적·신체적·심리적 좌절 등의 문제들을 노인들만이 경험하는 병리적 시각으로 보지 않고 인간의 보편적인 발달에 따르는 정상적인 과정으로 평가해야 한다는 것이다.

많은 경우에 노인들은 '노인들은 다 그렇다'는 과잉 일반화나 '노인이면 다 그러니 참고 견뎌라'는 무관심과 몰이해와 같은 연령차별(age discrimination)을 경험한다. 그러므로 노인상담은 노인의 발달적 특성과 사회환경을 이해함으로써 노인 개인의 인간적 존엄성을 인정하고 개별적인 욕구와 상황적 특성에 대한 수용을 전제로 이루어져야 한다. 또한 노인상담은 노인의 능력이나 개별적인 욕구에 대한 과도한 일반화나 왜곡된 편견을 지양하고 그들이 여전히 자신과 환경에 대한 문제해결의 능력을 소유하고 있는 '기능적 개인'임을 인정하고 그들이 필요로 하는 서비스를 스스로 선택할 수 있도록 돕는 상호적 과정임을 기초로 이루어져야 할 것이다. 노인상담에서 전제되어야 할 기본적인 원칙과 가치는 다음과 같이 요약할 수 있다.

(1) 노인 내담자에 대한 존중과 수용

기본적으로 상담자는 모든 내담자가 성장과 문제해결을 위한 잠재적 동기와 능력을 소유한 유기체적 존재임을 인식하고 있어야 한다. 다시 말하면 모든 사람이나 집단은 있는 그대로 존중받고 이해받을 만한 자격과 능력이 있는 존재임을 인정하고, 내담자의 부정적인 현재 상황이나 문제에도 불구하고 내담자가 인간으로서 타고난 존엄성과 가치를 인정하는 것이다.

또한 내담자의 현재 상황에 대한 단면적이고 부분적인 특성보다 지 · 정 · 의와 사회적 · 영적인 영역, 그리고 과거와 미래에까지 이르는 전체로서의 인간에 대한 통합적 시각을 가질 필요가 있다. 이러한 내담자에 대한 통합적이고 비심판적인 수용적 태도는 내담자와의 진실된 관계형성의 토대를 형성함으로써 상담관계를 촉진시킨다.

(2) 노인 내담자의 개별화

상담자는 노인 내담자의 문제를 볼 때, 내담자 개인과 가족의 독특한 경험과 특성, 내담자에게 관련된 다양한 생태체계 내의 집단이나 지역사회의 특성을 고려하여 문제에 따라 내담자를 일반화시키지 않고 개별적으로 다루어야 한다. 즉 상담자는 언제나 '내담자가 있는 그 곳에서 출발하라'는 대 원칙을 염두에 두고 각각 독특한 존재로서 보아야 한다. 특히 노인들의 경우 그들의 세대가 겪었던 집단특성과 효과, 개인의 다양한 인생경험에 대한 고려가 요구된다.

(3) 노인 내담자의 참여촉진과 자기결정의 원리

상담자는 근본적으로 내담자의 문제를 해결해주는 마법사가 아니라 함께 문제를 풀어가는 사람이다. 따라서 상담의 효과를 극대화하기 위하여 내담자가 스스로 자신의 문제해결을 위한 변화과정에 능동적으로 참여할 수 있도록 촉진해야 한다. 또한 내담자는 자신의 문제를 직면하고 이에 대한 개입절차나 방법 등에 자신의 결정권과 선택권을 행사할 수 있도록 상담자에 의하여 안내받을 필요가 있다. 이는 내담자가 적극적이고 능동적인 참여자가 되게 하며, 자신의 문제에 대한 책임소재를 스스로 갖게 됨으로써 상담효과를 증대시킬 뿐만 아니라 결과에 대한 만족도를 높이게 된다.

(4) 비밀보장과 정상화의 원칙

상담자는 모든 내담자의 문제에 대한 비밀을 지키는 것을 기본적인 원칙으로 한다.

한편 노인과 같이 정신적·신체적 장애의 문제를 갖고 있을 가능성이 큰 내담자들에 대하여는 원칙적으로 정상화와 통합적 문제해결을 추구하려는 기본적인 태도를 갖고 있을 필요가 있다.

(5) 성실성과 전문적 능력

상담은 내담자와 상담자와의 인격적 신뢰와 존중을 통해 이루어지는 전문적 관계이다. 따라서 상담자는 기본적으로 내담자의 예상되는 문제들에 대한 전문성에 기초한 과학적이고 객관적인 지식과 기준, 그리고 문제해결에 유용한 기술을 잘 이해하고 있어야 한다. 반면에 상담은 모든 기술을 능가하여 상담자의 인간적 온화함과 일관적인 성실성과 진실함과 같은 인격적 자질을 기초로 하는 과정이라고도 할 수 있다.

2. 노인상담의 유형

1) 면접상담

(1) 면접상담의 특성 및 장단점

면접상담은 내담자가 상담자와 face-to-face의 직접적인 대면관계를 통하여 의사소통하는 상담의 기본형태이다. 면접상담은 상담자 측면에서 볼 때, 상담의 효율성과 정확성을 높여주는 장점이 있다. 즉, 면접상담은 상담자가 내담자의 언어적 메시지뿐 아니라 비언어적 메시지와 상황요인에 대한 직접적인 관찰이 용이하여 의사소통의 정확성을 증가시킨다. 노인 내담자의 경우 언어적 표현능력이 제한된 경우가 많아 언어적 메시지만을 갖고 내담자의 문제에 대하여 정확히 진단하기에는 무리가 있을 때가 많아서 면접상담을 통한 비언어적 메시지의 관찰은 상당히 유용하다. 특히 사회복지사가 내담자를 직접 내방하여 면접상담을 하는 경우, 내담자가 표현하지 않는 여러 가지 주변의 상황과 환경에 대한 이해가 증진되어 상담의 효과는 매우 크다.

또한 면접상담은 상담자로 하여금 면접 중에 다양한 기법(예를 들면, 적합한 심리척도를 통한 측정, 실험과 관찰 등)을 적용할 수 있어서 상담의 수준을 조절할 수 있다. 이는 내담자의 신체적·정신적 연령이나 내담자가 갖고 있는 문제에 따라 적합한 상담기법을 융통성 있게 적용할 수 있는 장점이 있다.

반면에 면접상담은 내담자가 스스로 상담자를 찾아가야 하는 자발적 의지를 필요로 하며, 직접적인 대면을 통하여 자신의 문제를 노출해야 하는 심리적 부담이 있다. 내담자의 집으로 상담자가 내방한 경우에는 자신의 물리적 공간까지 노출된다는 부담도 크다. 노인들의 경우 상담자를 스스로 찾아오는 것은 신체적 특성은 물론 심리사회적 특성상으로도 쉽지 않다. 그러나 노인상담은 대체로 직접적인 대면을 통하여 노인 내담자의 신체적 · 심리적 · 물리적 상황에 대한 정확한 사정을 하는 것이 바람직하다. 따라서 노인 내담자가 내방할 수 있도록 동기를 부여하는 기술이 요구되며, 쉽게 찾아올 수 있도록 교통편의를 제공하고 시간과 장소 등을 조절하는 것이 필요하다.

(2) 집단 · 개별상담

일반적으로 면접상담은 개별적인 상담일 경우가 많다. 면접상담은 내담자의 개인적 특성이나 다루어야 할 문제의 성질에 따라 집단상담보다는 개인상담이 더 적합한 경우에는 상담자는 내담자와 일대일의 관계를 통한 개인상담을 실시하는 것이 좋다. 즉 내담자의 문제가 개인의 은밀한 심리적 갈등이거나 복잡한 위기적 성질을 갖고 있을 때, 혹은 내담자의 정신적 능력이나 성격이 집단관계에 적합치 않다고 판단될 때에는 개인상담이 더 효과적이다. 대체로 개입의 초기단계에는 개인상담으로 시작하는 것이 일반적이지만 내담자의 특성이나 문제의 성질에 따라 때때로 집단상담을 필요에 따라 실시할 수 있다.

집단상담은 한 사람의 상담자가 동시에 몇 명의 내담자들을 상대로 각 내담자의 관심사 · 대인관계 · 사고 및 행동양식의 변화를 가져오는 노력이다. 즉 집단구성원 간의 상호작용적 관계를 바탕으로 내담자 개개인의 문제 해결 및 변화를 이루려는 집단적 접근방법이라고 할 수 있다. 집단상담에서는 전문적 훈련을 받은 한 명의 상담자가 동시에 여러 명의 내담자들과 대인관계를 맺음과 동시에, 내담자들 간의 상호관계를 촉진한다. 즉 내담자들을 자신들의 적극적인 상호관계를 통하여 자신들이 경험하고 있는 문제들 – 태도, 정서, 의사결정과 가치문제, 혹은 생활상의 대소사들 – 을 공유하고 다루게 된다. 따라서 집단상담의 일차적 목표는 개인들로 하여금 자기 이해와 대인관계의 능력을 향상시키고 생활환경에 보다 잘 적응할 수 있도록 하는 것이다. 노인 내담자는 그 일반적 특성으로 보아 집단의 상호관계를 통하여 상대방과 원활한 의사소통을 하기가 쉽지 않을 수 있다. 그러나 노인 내담자의 문제가 자신들의 소외감이나 상실감, 그리고 발달과정 상에 경험하는 공통적인 것일 경우, 유사한 경험을 서로 공유할 수 있도록 대화의 장을 만들어주는 집단상담은 매우 효과적이다.

2) 전화상담 · 전화방문서비스

(1) 전화상담의 특성 및 장단점

전화상담은 전화매체를 통하여 신속하고도 신뢰에 찬 관계를 통하여 인간의 위기에 개입하는 상담의 한 형태이다. 전화는 공간적으로 떨어진 사람과의 물리적인 거리를 단숨에 연결시켜 주는 기능을 갖고 있어서 도움을 청하는 내담자가 번거롭게 상담자를 찾아가야 하거나, 상담수속절차를 기다려야 하는 복잡함이 없이 즉시로 도움을 청하고 도움을 받을 수 있게 한다. 이와 같은 전화상담의 편리성과 즉시성은 전통적으로 위기대처기능으로서의 전화상담의 유용성을 높여주는 요인이 된다.

한편 전화상담은 자신의 신분을 노출시키지 않고 도움을 청할 수 있는 익명성으로 인하여 내담자는 체면이나 인습에서 벗어나 비교적 자유롭게 과감한 노출을 할 수 있다. 이와 같은 전화상담의 편리성과 유용성은 노인 내담자에게는 적절한 상담매체가 된다. 즉 거동이 불편하거나 상담수속절차상의 복잡함을 두려워하고, 직접적인 대면을 통한 자기표현의 장에 대한 심리적 부담이 큰 노인들에게는 상담에 대한 거부감과 부담감을 덜어주는 요인이 된다. 그러나 노인들의 경우, 전화 속의 익명의 개인에게 자신의 문제를 말한다는 것은 다소 추상적인 느낌을 주며 친밀감이나 신뢰감을 주지 못할 수도 있다. 더욱이 노인들의 청력장애와 이해력 및 정신적 기능의 약화 등의 개인차는 노인 내담자와의 전화상담 시 의사전달과 의사소통상의 중요한 장애요인이 된다.

노인 전화상담은 매우 중요한 역할을 할 수 있다. 초기면접 이후의 개입과정에 있어서 전화상담은 클라이언트의 상황에 대한 즉각적인 정보를 입수할 수 있는 통로가 되며, 정보의 제공이나 지시를 가능하게 하는 통로가 된다. 더욱이 전화상담은 노인을 부양하는 자녀세대나 그 밖의 노인관련 종사자들에게도 쉽게 노인에 관한 상담을 가능하게 하는 편리성을 갖고 있어서 앞으로 전화나 그 밖의 통신수단을 통한 상담은 더욱 활성화될 것으로 전망된다. 즉 정보통신기술의 발달에 따라 젊은 층을 대상으로 확산되고 있는 인터넷 상담 등도 조만간에 노인들도 주요한 고객으로 자리잡을 것으로 예상되고 있어서 다양한 매체를 통한 상담기술을 개발할 필요가 있다고 하겠다.

특히 전화나 통신망을 이용한 상담은 상담영역이나 대상별로 구분하여(예를 들면, 노인의 전화, 여성의 전화, 청소년의 전화, 부름의 전화, 혹은 가정폭력상담 등) 서비스를 제공해 줄 수 있어서 내담자들이 자신의 문제에 따라 쉽게 접근할 수 있게 하는 이점이 있다. 더욱이 앞으로 인터넷 등의 통신망을 이용한 상담은 내담자들끼리 익명으로 정보를 교환하고 서로의 문제들을 나눌 수 있는 대화의 장이 되므로 노인세대의 정보화가 이루어지면 매우 유용한 상담수단이 될 것으로 전망된다.

(2) 전화방문 서비스

한편 전화방문 서비스는 노인들의 고독과 소외문제를 완화시켜 주고, 유사시 필요한 조치를 취할 수 있게 하는 일종의 위기관리를 위한 능동적인 대인복지 서비스라고 할 수 있다. 즉 노인 전화방문 서비스는 노인들에게 말벗의 기능과 적절한 정보제공의 기능을 함으로써 노인들의 소외문제를 완화시켜 줄 뿐 아니라 사회적 통합을 촉진시키는 역할을 한다고 할 수 있다.

3. 노인 내담자의 특성과 상담

상담은 상담자와 내담자 쌍방의 전문적 의사소통 과정이다. 따라서 상담의 효율성을 높이기 위하여 상담자는 내담자의 일반적 특성과 개인의 독특성, 한계와 강점 등에 대한 종합적인 인식을 필요로 한다.

1) 노인 내담자의 신체적 특성과 상담

노화와 더불어 가장 먼저 지각하게 되는 것은 신체상 외모의 변화와 신체기능의 쇠퇴이며 1차적으로 신체를 구성하고 있는 세포가 노화에 의해 제 기능을 충분히 발휘하지 못함으로 시작된다(아산사회사업복지 사업재단, 1985).

첫째, 신체의 구조상의 쇠퇴로서 피부 및 피부지방조직의 감소, 세포의 감소, 골격 및 수의근의 약화, 치아의 감소, 심장의 비대 등의 증상이 나타난다.

둘째, 신체의 외면상의 변화를 들 수 있는데, 백발의 증가, 두발의 감소, 주름살의 증가, 얼룩반점의 증가, 신장의 감소 등이다.

셋째, 만성질환의 증가로서 동맥경화증, 고혈압, 당뇨병, 심장병, 신장병 등의 만성질환이 나타난다.

넷째, 생리적 기능의 저하가 두드러진다. 즉 소화기능, 호흡기능, 신진대사기능, 혈액순환기능, 수면과 배뇨기능 등의 생리적 기능의 저하는 만성질환의 높은 발병율과 직결된다.

이와 같은 노인의 신체적 기능의 변화 및 상실은 노인들의 활동성을 저하시키고, 질병과 죽음에 대한 두려움, 젊음을 잃었다는 구체적인 현실로 인한 상실감, 혹은 의존성의 증가 등의 심리사회적 변화를 경험하게 된다. 따라서 상담자는 노인의 일반적인 신체변화에 대한 지식을 갖고 있는 것이 좋다. 왜냐하면 노인의 심리사회적 문제가 신체적인 상실로부터 비롯된 것일 경우도 많기 때문이다. 한편 노인들이 질병이나 생리적 이상현상에 대한 상담 시에 준 전문가로서 적절한 전문가를 선택·의뢰하기에 필요한 정도의 지식을 갖고 있는 것이 좋다.

2) 노인의 심리적 특성과 상담

(1) 감각 및 지각기능의 변화와 상실

감각기능은 신체의 내적 및 외적 상황과 변화에 대한 정보를 수집하여 뇌에 전달하는 기능을 말하며, 시각, 청각, 미각, 후각, 촉각, 통각을 말한다.

노화와 더불어 수정체근육이 약해져 조절능력을 상실함으로 노안과 원시안이 나타나며, 백내장과 녹내장과 같은 질병 발병률이 급격히 증가한다. 특히 50세 이후에는 노인성 난청이 현저해지는데 이는 여성보다 남성이 더 심하며, 청각장애는 언어기능 및 의사소통장애를 유발하여 복합장애를 초래하는 원인이 되기도 한다.

이와 같은 노인의 감각 및 지각기능의 변화는 지각과정의 속도를 저하시킴으로 환경의 변화에 따른 적절한 반응과 대처를 하기 어렵게 하여 노인들로 하여금 일상생활에 자신감을 잃게 하거나, 대인관계를 어렵게 하는 원인이 되기도 한다. 노인들과 상담하는 상담자는 노인들의 감각기관의 상태에 대해 잘 파악할 필요가 있다. 특히 전화상담자는 상대방 노인의 청력정도에 따라 목소리의 고저를 조절해야 하며, 발음도 주의해야 한다.

(2) 정신기능의 변화

정신기능은 인간이 인간다운 기능을 하는 특징적인 기능으로 감각 및 지각기능을 기초로 하여 지능, 기억력, 학습능력, 사고력, 문제해결능력, 그리고 창의력 등으로

구분된다. 일반적으로 기억능력은 노화에 따라 감퇴된다고 하지만 아직 확실한 연구
결과는 없는 실정이며, 다만 노화에 따라 장기기억력보다 최근기억력이 더 감퇴되며,
논리적인 기억력이 기계적인 기억력보다 더 크게 감퇴되고, 들은 것이 본 것보다 더
심하게 감퇴된다는 연구가 있다(윤진, 1985). 이러한 기억력에 대한 연구는 상담과
관련하여 의미가 있다고 본다. 노인상담을 치료적 목적 외에 예방적 목적으로 볼 때,
노인집단상담이나 전화상담 등을 통해 노인의 기억 속에 있는 여러 가지 지식과 장면
들을 상담이라는 언어활동을 통하여 재연·회상시키는 것은 노인들의 정신기능에 활
력을 주기 때문이다. 최근 노인을 대상으로 한 회상요법도 이와 같은 맥락의 시도라
여겨진다.

사고능력과 문제해결능력, 학습능률이 노화와 더불어 저하된다는 통념이 있지만,
학습과 반응기간을 적절히 조정하고 학습의 과제와 동기가 분명한 경우, 노인들의
학습효과는 매우 크며 창의력과 통합적 능력은 노년기에 오히려 왕성한 것으로 알려
졌다(김태현, 1994).

상담의 중요한 기능으로 상담자는 내담자로 하여금 자신의 문제에 대해 개관적으
로 인식하고, 문제의 해결을 위한 실마리를 찾아 스스로 해결하려는 시도를 할 수
있도록 도와주는 기능이 있다. 이러한 목적을 위해 내담자의 정신기능은 상담에 매우
중요한 요소가 된다. 상담자는 노인 내담자의 교육정도와 경험, 정신적 에너지의 정
도를 잘 파악하여, 내담자로 하여금 자신의 내적 정신기능을 충분히 발휘할 수 있도
록 도와야 한다.

(3) 성격특성의 변화

Allport(1976)는 "성격(Personality)은 그 사람의 특징적인 행동과 사고를 결정하고
환경에 대하여 독자적으로 적응방법을 결정하는 개인의 정신적·신체적인 역동체제"
라고 정의하였다. 즉 성격은 일반적으로 그 사람의 행동양식이나 가치의식을 결정짓
는 개인의 욕구와 동기, 태도라고 할 수 있다. 일반적으로 성격은 아동기 중기에 안정
되어 가고, 그 이후로는 거의 변화하지 않는 연속성과 일관성을 갖고 있다고 하였으
나(Moss & Susman, 1980; Thomae, 1980), 최근 많은 연구들이 사람의 성격이 노화에
따라 변화한다고 주장한다(Woodruff & Birren, 1983).

노인의 발달적 심리특성은 노인의 신체적 건강상태와 심리적 특성, 그리고 사회와

가족 내에서의 관계와 역할특성에 따라 영향을 주고받으며 발달하게 된다. 개인차가 있음에도 불구하고, 노인의 성격특성에 대한 대부분의 견해는 신체적인 노화와 사회관계의 축소에서 오는 사회적·심리적인 변화와 관련지어 부정적 특성이 강조되어 왔다.

그러나 전생애적인 인간발달이론에 의하면 인간은 65세 이후에도 계속 발달하며, 노년기는 사람이 자신이 일생동안 배운 바를 이해할 수 있게 되고 그것이 가치 있는 것임을 발견하는 긍정적인 발달단계라고 정의한다(Butler & Lewis, 1982). 노년기를 인생에 대한 통합(Erickson, 1959)과 자아실현(Maslow, 1970), 그리고 죽음과 삶의 본질에 대한 이해와 통찰(Jung, 1961) 등을 통하여 자신의 삶을 정리하는 바람직한 발달단계로 보고자 하는 견해들과 함께, 많은 학자들 – 헤빙거스트(Havighurst), 듀발(Duvall), 펙(Peck) – 은 노년기의 성공적인 적응을 위해 바람직한 발달과업들을 제시하고 있다. 그들은 인생주기의 마지막 단계인 노년기를 신체적 활동이 축소되고 심리적으로 위축되는 시기로 보고, 이 시기에 적당한 과제를 얼마나 잘 수행하느냐의 정도에 따라 노년기의 성패가 달려 있다고 하였다.

노년기의 발달과업은 사실상 노인상담에서 추구해야 할 궁극적인 목표가 된다. 〈표 1〉은 노년기의 발달과업을 정리, 비교한 것이다. 노인상담자는 노인들의 상담내용을 그들의 욕구와 상황의 독특성을 고려하여 당면문제를 해결하기 위하여 가져야 할 일차적인 상담목표로서 발달과업의 세부내용 중의 하나에 중점을 두고 하나씩 해결해 나갈 수 있다.

(4) 노인의 정신장애

노년기의 정신장애는 첫째는 정서적 측면으로 성격, 생활경험 등과 관련되는 기능적 장애이며, 둘째는 신체기관의 기능과 구조적인 변화에 따른 병적인 기질적인 장애이다. 노년기의 기능적 정신장애는 노인성 정신분열증, 정동장애, 우울·편집장애 등의 정신병(Psychotic disorders), 건강염려신경증, 강박신경증, 히스테리성 신경증과 공포신경증(neurosis)과 같은 신경증, 자율신경조직의 장애와 관계된 정신신체장애(psychosomatic disorder) 등이 있다. 노년기의 기질적 정신장애는 뇌조직 기능의 손상에 의하여 발생되는 것으로 급성기질성 정신장애, 만성기질적 정신장애, 그리고 전노인성 치매로 분류된다. 이들 가운데 급성기질성 정신장애는 급격한 발병과 더불어

표 1. 헤빙거스트, 듀발, 김종서 외의 노년기 발달과업 비교(윤진, 1985; 40-47)

헤빙거스트	듀발	김종서
성숙기(60세 이후)	노년기	노년기 (60세 이후)
신체적 영역 신체적 능력과 건강쇠퇴에 대한 적응	신체적 영역 신체적 변화수용과 적응 신체관리 및 새로운 운동학습	신체적 영역 줄어가는 체력과 건강에 적응 노년기에 맞는 간단한 규칙적 운동 건강유지에 필요한 알맞은 섭생 지병과 쇠약에 대한 올바른 처방
사회적 영역 동년배들과의 유대관계 강화 사회적 역할에 융통성 있게 적응 생활에 적합한 물리적 환경의 조성	사회적 영역 변화하는 사회집단과의 관계 유지	사회적 영역 동년배 노인들과 친교유지 가정과 직장에서 책임을 합당하게 물려주기 가정과 사회에서 어른구실하기 자녀, 손자들과 원만한 관계유지
	지적 영역 물질계(외부세계)에 대한 이해와 조절학습 양심의 발달과 도덕적 통합 적절한 상징체계와 개념능력의 발달 질서정연한 통일체로서의 우주와의 관계	지적영역 세대차와 사회변화 이해 은퇴생활에 필요한 지식과 생활 배우기 정치·경제·사회·문화에 대한 최신동향 알기 건강증진을 위한 폭넓은 지식 알기
정의적 영역 정년퇴직과 수입감소에 대한 적응 배우자 죽음에 대한 적응	정의적 영역 적절한 의존-자립형태의 수립 적절한 애정교환형태의 획득 배우자 상실감에 대한 보상 성인자녀와의 관계수립 손자녀 및 기타 확대가족과의 관계	정의적 영역 적극적으로 알고 생활하려는 태도 유지 취미와 여가생활 정년퇴직과 수입감소에 적응 배우자 사망 후의 생활에 적응 동료 또는 자신의 죽음에 대하여 심리적으로 준비

회복이 가능하기도 하지만, 만성기질적 정신장애와 전노인성 치매는 장기간에 걸쳐 발생하여 오래 계속되고, 회복이 힘든 것으로 알려져 있다.

고령화 추세에 따라 노인성 정신질환의 발병률이 급속히 증가함에 따라 노인 개인은 물론 노인 부양가족들에게 있어서 노년기의 정신적 질병에 대한 종합적 대책에 대한 문의는 매우 중요한 노인상담의 분야가 되고 있다. 따라서 노인보호 전문가들은 특히 이러한 영역에 있어서의 종합적인 지식과 사례관리적인 상담방법을 도입하여 체계적인 상담을 시도해야 할 것이다.

3) 노인의 사회적 특성과 상담

(1) 가족 및 사회적 역할의 축소와 상실

현대사회 노인의 사회적 특성은 가족 내외적으로 역할이 축소 내지 상실되고 새로운 노년기의 역할의 적용에 따르는 과정에서 비롯되는 갈등과 심리적 스트레스에서 출발된다. 즉 성인자녀와 노부모와의 관계는 부양자와 피부양자의 관계로 역전되고, 가정의 중심이 성인자녀세대로 옮아감에 따라 노인들은 가정 내의 주도적인 가장과 주부의 역할을 상실하면서 정체감의 위기에 직면하게 된다. 한편 배우자의 사망과 더불어 아내와 남편으로서의 역할이 상실됨과 동시에 그 동안 부부로서 함께 가졌던 사회관계망이 단절되어, 노년기는 사회적 소외와 심리적 고립감이 증가하는 시기이기도 하다.

더욱이 우리 사회의 노인들은 조부모역할에 대한 분명한 역할기준이나 기대가 확립되지 않았으며, 부부간의 수평적 관계에도 익숙하지 않다. 남성노인들은 가정 내에서 남성의 역할에 대해 무지하고, 여성노인들은 가정 밖의 활동에 대해 무지하여 변화하는 성역할 태도와 가족간의 관계의 융통성에 쉽게 적응하지 못하여 갈등을 겪게 된다.

또한 남성들의 경우 사회적으로는 은퇴와 더불어 직업적인 역할이 상실되고, 이와 더불어 다른 사회적인 역할이 축소되어 사회활동의 반경이 제약된다. 이는 경제적 능력의 상실뿐만 아니라, 산업사회의 성역할 분업에 따라 행하던 고정적 역할에서 탈피하게 되어 재적응의 문제를 불러일으킨다. 이와 같은 상실감과 무위감은 노년기 우울증 및 무력감의 주요한 원인이 된다. 남성노인들의 경우 은퇴 후 생활의 적응에 대한 상담적 도움이 필요할 뿐 아니라, 노년기 부부간의 새로운 역할적응과 재조정에 대한 상담도 매우 중요하게 된다.

(2) 여가와 무위

현대 노인들은 너무 많은 여가시간을 갖게 되고, 이는 무위와 상실감을 더해주는 요인이 된다. 노인들에게 여가는 쉬는 시간이 아니라 무엇을 해서라도 없애주어야 하는 시간이 되었다. 따라서 현대의 노인들은 늘어난 여가시간에 대한 바람직한 대책을 찾아 적절한 사회적 활동을 재개할 수 있도록 돕는 체계적이고 공적인 지원이 필요하게 되었다. 노년기의 심리적·신체적·사회적 욕구에 대한 적절한 대처방안으로서 노년기의 발달과업에 관심을 갖고 계획된 많은 노인교육 프로그램 등은 노인의 사회적 역할과 지위의 회복, 새로운 역할탐색을 통한 건설적인 적응을 위한 지원이라고 할 수 있다. 특히 노년기의 보람된 여가활동에 대한 정보제공은 매우 중요한 상담적 역할이라고 할 수 있다.

4. 상담자의 역할과 자질

일반적으로 노인상담의 전 과정에서 상담자의 역할은 매우 중요하다. 접수에서 자료의 수집 및 사정 그리고 종결에 이르기까지 요구되는 구체적인 상담적 역할과 자질의 특성은 다음과 같다(Sheafer et al, 1997; pp. 57-70).

1) 임상가로서의 상담적 역할과 자질

내담자가 자신의 감정을 보다 잘 이해하고 행동을 수정하며, 자신의 문제상황에 적절하게 대처할 수 있는 기술을 학습할 수 있도록 도움으로써 그들의 사회적 기능 수행능력을 향상시킬 수 있는 기회를 제공하는 것은 상담자에게 있어서 가장 중요한 임상적 역할이다. 이러한 역할을 수행하기 위하여 상담자는 기본적으로 인간행동에 관한 지식과 환경 속의 개인과 개인의 행동 및 동기를 관련하여 볼 수 있는 지식과 기술이 필요하다. 즉 노인 내담자의 개별적 상황을 철저히 이해하고 그들의 욕구와 기능을 정확히 사정하여 개입전략을 확립하고 내담자를 계획된 변화과정에 적극적으로 참여시킬 수 있는 능력이 요구된다.

2) 중개인으로서의 상담적 역할과 자질

상담의 중요한 역할 중 하나는 내담자의 욕구를 충족시켜 줄 수 있는 인적·물적 자원을 발굴하여 연결시켜 주는 것이다. 이러한 역할을 감당하기 위하여 상담자는 내담자의 욕구와 자원의 활용에 대한 동기와 능력을 철저하게 사정할 수 있어야 한다.

인간서비스의 중개자로서 상담자는 다양한 사회적 서비스와 활용 가능한 프로그램의 내용 및 접근절차 등에 대한 풍부한 지식을 갖고 있어야 한다. 따라서 효과적인 중개인은 내담자의 지적손상, 문화, 자원, 언어적 능력, 정서적 안정성, 지능, 변화하려는 동기요인 등에 대한 정확한 사정기술을 갖고 있을 뿐 아니라 내담자가 활용 가능한 다양한 자원-예를 들면 관련기관의 서비스의 내용과 질, 수혜조건과 비용 등-에 대한 정확하고 포괄적인 사정능력을 소유할 필요가 있다. 이와 같은 내담자의 자원에 대한 정확한 사정에 근거하여 중개인으로서의 상담자는 내담자의 상황과 욕구에 적합한 서비스 체계에 대한 정보를 제공 또는 의뢰하거나 지속적인 상호작용을 촉진시켜 줄 수 있다.

3) 교사로서의 상담적 역할과 자질

노인 상담의 중요한 목적 중의 하나는 내담자가 삶의 여러 영역과 상황에서 직면하는 어려움을 인식하고 이에 대처할 수 있는 적절한 지식과 기능을 가르쳐 줌으로써 궁극적으로 문제해결능력을 향상시키는 데 있다. 이를 위하여 내담자가 사회의 다양한 규칙이나 법, 규범을 인식하고, 사회기술을 개발하고 역할상의 기능수행을 학습하고, 자신의 행동에 대한 통찰력을 기를 수 있도록 가르칠 필요가 있다. 이러한 교육적 과정은 면접상담 동안 보다 구조화된 활동을 통하여 이루어질 수 있으며, 이는 상담자의 능력과 기술에 따라 좌우될 수 있다.

상담에 있어서 교육적 역할이란 내담자가 이해할 수 있는 방식으로 관련된 정보를 제공하고, 권고와 제안을 하며, 대안과 그 가능한 결과를 확인하고, 행동을 시범보이고, 문제해결기술을 가르치고, 인식을 명확하게 함으로써 필요한 적응기술을 가르치는 책임이라고 정의한다(Barker, 1995; Sheafer et al., 재인용). 노인들은 급변하는 사회환경에서 사회생활과 일상생활을 원활하게 유지하는 기술을 습득하는 것은 매우 중요하며, 갈등해결을 위한 의사소통능력, 금전관리, 대중교통 및 새로운 거주환경에의 적응, 개인의 보호와 위생상태의 유지 등에 대한 기술 등은 매우 중요한 일상적 기술이다. 물론 신체적 보호 및 관리의 요구가 큰 노인들의 경우 스스로 활동에 상당한 제약을 받고 있는 경우가 많지만, 가능한 한 그들에게도 위와 같은 개인과 사회적 환경에 대한 적응기술을 적극적으로 학습시키는 것은 매우 중요한 일이라고 할 수 있다. 특히 일상생활의 수행능력이 현저히 떨어지는 노인들의 경우, 이러한 능력의 회복을 위하여 구체적인 역할시범이나 행동수정기술 등을 이용한 행동변화를 위한 개입은 노인을 대상으로 하는 상담자들에게 적극적으로 요구되는 역할이 아닐 수 없다.

4) 사례관리자로서의 상담적 역할과 자질

노인 상담자의 상담적 역할의 독특하고도 핵심적인 특성으로써 사례관리자의 역할에 있다. 사례관리자로서의 상담적 역할이란 상담을 통하여 내담자를 적합한 서비스에 연결시키고 그러한 서비스를 활용하도록 조정하는 과정에서 노인 내담자 개인은 물론 가족에게도 지속적으로 서비스를 제공하고, 이를 위하여 관련된 기관 혹은 영역의 전문가들과 유기적 연계를 통한 통합적인 지지서비스를 제공하는 과정을 강조하는 것이다. 노인이나 아동 혹은 장애로 인하여 의존성이 큰 내담자들처럼 다양한 프로그램과 기관의 다중적 서비스 활용의 필요성이 높은 경우, 상담자의 사례관리적 역할의 중요성은 더욱 더 강조될 필요가 있다. 왜냐하면 사례관리 기술과 역할을 동시에 수행하는 상담과정은 선택된 여러 서비스를 통합하여 포괄적인 서비스를 체계적으로 적용시키고자 하는 노력을 통하여 내담자의 다양한 상황에 대한 욕구를 충족시키는 다각적인 대안을 제시할 수 있기 때문이다.

5. 노인상담의 활성화 방안

노인인구가 급속도로 증가하고 있는 현 시점에서 노인들이 직면하게 될 문제들의 다양성과 복잡성의 정도도 앞으로 매우 세분화될 것은 당연하다. 따라서 여성상담이나 청소년 상담이 내담자의 특성에 따른 상담의 특수성을 고려하여 세분화되어 관심의 대상이 된 것과 같이 노인상담도 노인들의 특성에 따른 전문적 상담영역으로 발전되어야 할 것으로 보인다. 이러한 시점에서 노인상담의 활성화를 위하여 다음과 같은 점을 제언하고자 한다.

1) 노인세대의 상담에 대한 인식재고

노인들 자신이 경험하고 있는 문제를 직시하고 스스로 해결해 보려는 적극적인 의지와 의식을 함양할 수 있는 환경을 제공해 줄 필요가 있다. 노인을 대상으로 하는 전화상담의 사례수를 비교해보면 지역적인 격차가 현저하다. 즉 지방보다는 서울지역이

월등하게 많은 상담사례를 보이고 있다. 노인 내담자의 사회적 · 경제적 지위나 성격적 특성 등의 세부적인 특성에 대한 분석이 아직 미비하지만, 분명한 것은 상담의 경험이 있었던 내담자들의 내담 방문 비율이 높을 것이라고 추측할 수 있다. 다시 말하면, 상담이란 전문적 관계를 통하여 자신의 문제가 호전되거나 해결되었던 긍정적인 경험이 있었던 노인들은 상담의 기회를 더 적극적으로 활용할 것이라는 것이다. 그러므로 노인들에게 상담을 통한 문제해결 경험의 긍정적인 사례에 대한 홍보 등을 통한 노인들의 인식재고를 꾀해야 할 것이다.

2) 예방적 상담의 조직적 활성화 방안

전반적인 상담의 흐름이 치료적 모형보다는 예방적 상담모형으로 전환되고 있는 시점에서 노인상담은 인테이크 수준의 단순정보수집에 따른 시설의 연계 및 의뢰정도에 머무르고 있다. 따라서 노인상담도 발달모형과 생태체계적 모형의 관점에 따른 예방적 상담으로 전환될 필요가 있다. 즉 치료나 처치목적보다는 예방적, 교육적 목적을 강조하여 지역사회의 노인교육기관이나 복지기관들을 통한 노인집단 프로그램 – 심성훈련, 노인집단상담훈련, 노인부부교육 등 – 을 개발하여 평생교육 차원의 예방적 상담 프로그램의 다양화를 모색해야 할 것이다.

3) 노인상담의 기법과 기술의 개발

노인상담에 적용되는 이론과 기술 등을 우리나라 노인들의 실정과 정서에 적합하도록 개발하고 연구할 필요가 있다. 성격검사 혹은 정신건강정도를 사정하는 척도들을 우리 노인들이 이해하기 좋은 문항으로 표준화하는 작업도 요구되며, 다양한 목적의 문제 체크리스트들도 표준화되는 작업이 필요하다. 또한 앞으로 정보화시대가 가속화됨에 따라 노인세대가 컴퓨터를 이용한 사이버 상담을 활용할 수 있는 시기도 멀지 않다고 생각된다. 이에 대한 적절한 대처방안도 요구된다.

4) 상담기관과 기타서비스 기관의 연계 강화

노인들의 욕구가 복합적인 문제로 인한 것이 될 가능성이 증가함에 따라 적절한 통합적 서비스를 제공하기 위하여 상담기관은 실제적인 서비스 기관 – 병원, 요양소, 복지기관과 보건소 등 – 과의 연계를 원활히 해야 할 필요가 증대된다. 민간과 민간 기관 혹은 민간과 관의 연계영역 기관들끼리의 상호지지와 프로그램의 공유를 통하여 상담이 다차원적인 복합적 서비스로 연결될 수 있도록 체계화될 필요가 있다.

5) 전문적인 인력의 확보와 훈련

전문적인 노인상담요원을 훈련하고 체계적인 상담 및 원조서비스 훈련을 제도적으로 제공·관리함으로써 상담의 질을 향상시킬 필요가 있다.

Ⅱ 노인상담의 과정

1. 상담의 과정과 기술

1) 접수면접과 관여

일반적으로 상담의 초기 접수는 전화상의 면접으로 시작될 때가 많다. 전화면접으로 접수할 때는 간단하고 쉬운 용어로 내담면접에 대한 소개와 일시, 장소 등을 설명하는 것이 좋다. 내담면접의 초기에 상담자는 내담자의 일반적인 정보에 대한 사전지식을 갖고 있을 필요가 있으며, 이는 초기의 라포형성과 내담자를 이해하는 데 도움이 된다. 그러나 때로는 이러한 사전정보는 상담자로 하여금 내담자에 대한 주관적인 선입관을 형성하게 하여 내담자를 오해하게 하는 요인이 되기도 한다.

관심집중(주목)은 상담자와 내담자와의 첫 대면 시의 중요한 문제가 된다. 상담자는 내담자가 호소하는 문제와 상황에 대한 진실한 관심을 표명하고 그에 경청해야 한다. 이 시기는 상담의 초기단계이므로 무엇보다도 내담자가 상담자에 대한 신뢰감을 획득하고 긍정적인 라포가 형성될 수 있도록 노력해야 한다. 이를 위하여 상담자는 내담자의 연령, 성별, 사회경제적 지위와 삶의 경험들을 고려하여 내담자의 심리적 긴장을 완화하고 자기노출에 대한 두려움을 없앨 수 있는 물리적·언어적·사회적 환경을 조성할 수 있다. 예를 들면, 친근한 음악이나 그림, 그 시대의 사건이나 이야기들을 끄집어내어 이야기를 유도하는 것들이다. 또 상담자는 내담자의 긍정적인 관심을 끌 수 있는 옷차림이나 신뢰할 수 있는 자격증 등으로 전문성을 강조함으로써 신뢰형성을 도모할 수도 있다. 상담자는 의심이나 호기심이 많거나, 비자발적으로 내방한 노인 내담자들에게 그들의 관심과 욕구를 충족시킬 수 있는 초기관계 형성을 위한 구조화방안을 강구할 필요가 있다.

한편 이 단계에서 상담자는 내담자의 문제와 상담에 대한 내담자의 기대를 확인하고 상담과정 동안의 상호역할과 책임성, 상담과 원조의 방법, 한계 등에 대하여 논의해야 한다.

2) 자료수집과 사정

내담자가 호소하는 문제와 감정을 경청함으로써 내담자가 처한 상황에 대한 객관적인 정보를 수집하고, 내담자의 욕구를 파악하여 문제를 사정하는 단계이다. 상담자는 내담자와의 언어적·비언어적 의사소통과정을 통하여 내담자의 표면적인 문제와 정서적 문제를 인지해야 한다(감정듣기와 공감). 이때, 상담자는 경청과 공감, 자기노출, I-Message 기법 등을 충분히 활용하여 내담자의 진정한 문제에 접근해야 한다. 적극적인 경청방법과 초점화된 질문 혹은 투사적 질문 등을 적절히 활용함으로써 내담자의 이야기의 핵심선을 가려나가는 기술이 요구된다.

내담자의 문제에 대한 정확한 사정과 개입계획을 위하여 객관적이며 과학적인 자료와 정보의 수집이 필수적이다. 따라서 이 단계에서 상담자는 경험과 직관에 의한 주관적 느낌 등에 의지하려는 태도를 지양하고 보다 객관적인 자료수집을 위한 노력을 해야 한다. 예를 들면, 문제 체크리스트나 다양한 척도나 검사도구들을 활용하거나, 직접적 혹은 간접적인 관찰방법을 활용할 수 있다. 이러한 방법은 자기 표현력이 부족한 어린이나 노인 혹은 자신의 문제를 노출하기를 꺼리는 내담자들에게 자신의 문제를 일반화시키거나 객관화된 간접적인 방법으로 노출함으로써 유용하게 사용될 수 있다. 노인 내담자들의 경우, 관련된 그림이나 가계도 등의 간단한 도구나 비디오 등을 활용하고 회상적 대화를 통하여 편안하게 많은 내용의 대화를 유도해낼 수도 있다.

3) 상담의 목표설정 및 대안모색

내담자의 문제에 대한 사정을 통하여 드러난 문제들 가운데 상담과정을 통하여 해결할 수 있거나(가능성), 해결해야 하는(긴급성 혹은 필수성) 표적문제를 설정하고 이에 대한 대안을 모색하는 단계이다. 상담의 표적문제와 대안을 모색하는 데 있어서 상담자는 내담자와 함께 풀어가는 과정을 강조한다. '지금, 여기서' 다루어야 할 것과 다룰 수 있는 것에 대하여 상담자는 내담자와 상의하며, 내담자와의 상호역할과 행동에 대하여 논의하고, 내담자의 강점과 자원을 충분히 활용할 수 있는 대안을 설정한다.

이때 상담자는 내담자가 결정한 대안에 대하여 적절한 과제를 부여하거나 상호역할을 수행하게 된다.

4) 종결 및 추후평가

상담목표와 목표달성여부에 대한 진단과 더불어 시기적절하고 책임감 있는 상담과정의 공식적인 종결과정이 중요하다. 내담자의 정서가 안정되었다고 느낄 때나 표적문제의 객관적 해결이 성취되었을 때, 혹은 내담자의 문제가 상담자의 능력을 벗어난다고 판단될 때는 상담을 마무리짓는 것이 좋다. 다른 기관이나 상담자에게 의뢰할 때에는 내담자에게 충분히 설명하고 내담자의 동의가 있으면, 전문적 관계의 종결을 의미하는 전환의식을 거친 후 의뢰하는 것이 바람직하다.

2. 노인상담

상담이 언어와 비언어적인 상징을 통한 의사소통 과정을 통하여 직면한 문제에 대한 공통된 이해를 도모하고 해결점을 찾는 일련의 과정이라 할 때, 노인 내담자의 발달적 특성과 그들의 문제점에 대한 특성을 감안하여 그들에게 가장 효과적인 도움을 줄 수 있는 상담의 하드웨어와 소프트웨어를 개발하고 적용할 필요가 있다. 여기서는 노인들에게 가장 적합하고 많이 활용되는 상담으로 기초적인 면접상담과 전화상담, 그리고 전화상담 서비스의 사례를 통하여 실제적인 노인상담의 실례를 제시하고자 한다.

1) 면접상담의 사례

(1) 사례개요

① 인테이크

내담자는 73세의 여성으로 맞벌이 부부인 맏아들 내외와 함께 살고 있으며 손자를 키워왔다. 최근 건망증이 심해지고 집안일을 하다가도 자주 그릇을 깨는 등의 실수를 거듭하면서 며느리와의 갈등이 심해지고 소외감이 커지면서 우울증 증세를 보이게 되었다. 고등학교 동창친구의 소개로 상담실을 찾게 되었으며, 2회 상담 후 며느리와 함께 내방하여 상담하고 당면문제가 많이 해결된 사례이다.

② 개인 및 가족력

- 내담자의 인적사항

  73세 여성이며 일제시대에 여고를 졸업하였으며 5년 전 남편과 사별하였다. 슬하에 아들 하나, 딸 하나를 두고 있으며 현재 아들부부와 동거 중, 고혈압과 관절염을 앓고 있다.

- 가족관계

  회사원인 맏아들(45세)과 대학병원의 수간호원인 며느리(42세), 손자(14)와 함께 살고 있다. 시어머니인 내담자는 며느리가 최고 학부를 우수하게 졸업한 수재로 학력이나 재력이 뛰어나다.

- 내담자의 현재 상태

  내담자는 며느리보다 자신의 아들이 여러 가지 면에서 뒤떨어지고, 결혼 후 가세가 점점 기울고 며느리의 수입이 아들보다 더 나은 것 등에 대하여 자존심이 상해 있다. 이에 대한 반동으로 자신이 유식한 시어머니이고 살림이나 손자녀 양육 등에 기여를 많이 한다는 것으로 보상하려고 한다.

  최근 기억력이 급격히 쇠퇴하고 집안일을 하면서 실수를 거듭하게 되자 며느리는 시어머니에게 부엌일을 맡기기를 꺼려 이를 자신이 전적으로 맡게 되고, 손자녀도 성장하여 돌볼 필요가 적어지면서 소외감에 빠지게 되었다.

  집안에서 할 일이 없어지자 자신이 무용지물이라는 느낌이 들고 자기 방에서 나오기를 꺼리고 누워 있는 시간이 많아지면서, 점점 정신이 흐려지고 우울하고 비관적인 생각으로 인해 우울증세가 심하게 되고, 아들과 며느리를 비난하고 자괴감에 빠지게 되었다.

- 내담자의 약점과 강점

  - 기본적으로 지적인 능력이 있고 자신에 대한 자존감이 높은 편이다.
  - 자신의 감정적·신체적 변화에 대하여 스스로 인지하고 있으며, 적극적인 변화의 노력이 없으면 문제가 심각해질 것으로 위기의식을 가지고 있다.

- 동창회 등의 사회적 지지망이 있다.
- 신체적으로 쇠약해지고 있으며 경제적 자원이 약하다.
- 여러 가지로 부족한 집에 시집왔다고 생각해 왔으며, 이로 인해 언제나 며느리에게 자존심이 상하고 떳떳하지 못한 느낌을 받아왔다.

(2) 내담자의 사정

① 자신의의 건강에 대한 불안(치매, 우울증)

② 며느리가 자신을 무시하고 멸시하는 것에 대한 분노

③ 가족 내의 역할상실에 대한 소외감 호소

상담자가 본 내담자의 문제

- 우울증과 치매증세가 있어서 건강진단이 시급하다.
- 며느리에 대한 열등감으로 인한 심리적 부담과 갈등이 발생하였다.
- 일상생활 수행능력에 대한 자신감이 결여되어 있다.

(3) 상담과정

① 상담의 목표

- 우울증과 치매증세에 대한 전문적인 진단을 받게 한다.
- 내담자와 가족원들에게 내담자의 신체적, 심리적 상태에 대하여 바르게 인식하게 한다.
- 일상생활 수행에 있어서 자신감을 회복하게 한다.
- 가정 내 역할에 대한 재구조화와 가정 밖의 관계망 형성과 참여를 촉진시킨다.
- 내담자의 며느리에 대한 열등감과 갈등으로 인해 상한 감정에 공감해준다.

② 1차상담의 내용

내담자의 친구분이 상담소에 미리 연락을 해왔고, 내담자는 친구의 소개를 받고 오게 되었노라고 하면서 상담실에 들어옴. 눈의 초점이 조금 흐리고 매우 우울한 표정으로 들어옴. 어서 오시라고 친절히 맞아들이고 손을 잡아 앉혀드

리자 조금 긴장이 풀어진 듯하며 웃음. 친구분으로부터 연락받았다고 하면서
내담자와 같은 동창임을 이야기하자 자존감이 좀 살아난 듯 표정이 많이 좋아
짐. 내담자는 요사이 자기가 일상적으로 해오던 설거지를 하다가 네 번이나
그릇을 깨뜨렸다는 이야기를 함. 그에 대한 이유를 묻자, 갑자기 손에 힘이
없어졌다고 하고 그러다가 갑자기 며느리에 대한 욕을 함. '며느리가 평생 자
기를 부려먹더니 이제 쓸모가 없으니까 박대한다'고도 하고, 또 '내가 얼마나
헌신적으로 했는데 실수 몇 번 했다고 그러냐'는 등의 분노와 섭섭함을 나타내
며 그 동안에 있었던 며느리와의 관계에서 섭섭하고 무시당했던 이야기들을
장황히 말함. 한참 이야기한 후 기분이 많이 좋아진 듯하면서 며느리가 시집와
서 못난 남편과 살면서 직장생활로 힘들게 지냈다고 하면서 며느리를 약간 두
둔함. 아들에 대한 못마땅함과 안쓰러움, 미련 등의 복합된 감정을 나타냄. 내
담자의 감정이 많이 가라앉은 듯하여 최근의 건강에 대하여 언급하고 질문함.
구체적으로 어떤 증세를 보였는지를 말하게 하고, 간략한 치매테스트인
K-MMSE(한국판 Mini-Mental State Examination)를 실시함. 테스트 결과 상태
가 비교적 양호한 것으로 나타났으나 좀더 전문적인 점검과정이 필요한 것으
로 판단되어 완곡하게 병원에 가볼 것을 권유하자, 그렇게 하겠다고 하면서
과도하게 걱정하는 태도를 보임. 감정의 굴곡이 매우 심한 것처럼 보임. 며느
리에게 이를 이야기하면 어떻겠냐고 하자 강하게 거부하며 병원을 소개해 달
라고 부탁함(관련병원에 관한 정보를 드리고 연결해 드리겠다고 함). 그러나
오늘 상담을 통하여 속이 많이 후련해졌다고 감사해 하면서 2주일 후의 면담
을 약속하고 감.

〈1차상담의 결과와 개입〉

- 상담에 대하여 긍정적인 태도와 신뢰를 갖게 되었다.
- 내담자의 억눌렸던 감정에 대한 공감과 적극적 경청을 통하여 정서적 정화과정
  을 유도하였다.
- 치매 테스트를 통하여 간략한 진단을 실시하고 이를 근거로 건강에 대하여 인
  식하게 하였다.
- 병원을 연결해 드렸다.

③ 2차상담의 내용

내담자는 지난번보다 훨씬 친숙한 태도로 방문함. 잘 지내셨냐고 묻자 밝게 웃으며 병원에 다녀간 후 기분이 한결 나아졌다고 말하며 고마워 함. 그에 대해 내담자 본인이 지혜롭고 똑똑하여 어려움 속에서도 꿋꿋이 이겨낸 것이라고 칭찬하자 만족해 함. 병원에 다녀온 결과를 묻자 진단상 심각한 상태는 아니라고 함(진단서를 가져왔다고 하며 보여줌. 경미한 우울증세가 있다고 함).

요사이 집안에서의 생활은 어떠하시냐고 질문하자, 조금 표정이 어두워지시면서 "산송장이지 뭐" 하고 과격하게 이야기하셔서 아직 응어리진 것이 많이 있음을 알게 함. 어떻게 지내셨냐고 질문하면서 은근하게 집안에서의 역할에 대하여 탐색하려고 함. "한 번 부엌일을 놓으니까 다시 며느리 살림에 끼어드는 기분이 들어 부엌 근처에 가기도 힘이 들고, 방에만 앉아 있자니 아직은 팔다리 멀쩡한데 갑갑하고" "그렇다고 며느리 없을 때 밥이라도 해놓고 싶어도 혹시라도 실수할까봐 염려가 되어서… "깜박깜박하니까 뭐라도 태울까봐 겁도 나고" "영 자신감이 없어져서" 등의 이야기하시면서 한숨 지음(내담자에게 새로운 역할과 활력이 필요하다고 생각되어서 내담자가 가지고 있는 자원에 대하여 탐색해 보기로 함). 동창회에 대하여 질문하자, 내담자는 갑자기 활기를 띄면서 자신의 여학교(고등학교) 동창들과 동창모임에 대하여 이야기함. 그 연세에 여학교 동창모임에 나갈 수 있는 사람이 많지 않다고 하면서 인정해주자 매우 기분좋아함. 그 모임에 얼마나 자주 나가시냐고 하자, 최근 1년 동안 잘 못나가고 있다고 하여 그 모임에 더 적극적으로 나가볼 것을 권유함. 그밖의 사회적 집단에 소속된 곳이 없나 탐색해 본 결과, 동네 노인정에도 한두 번 나간 적이 있음을 알게 되었으나 내담자는 노인정은 무식한 노인네들이나 다니는 곳이라는 편견이 있음을 알게 됨. 노인정에 대한 부정적 인식을 바꿀 수 있도록 여러 가지 예를 들어 이야기해 봄. 지역 노인복지관에서 하는 노인대학과 노인 건강교실에 대한 정보를 드리자 매우 관심을 보이시면서 자세하게 질문하여 시간표와 약도 등을 드리고 원하시면 관계자에게 연락처를 드리겠다고 하자 생각해 보겠다고 함. 내담자의 건망증과 건강약화는 심리적인 요인이 많다고 이야기해 드리고 이제는 가정 밖의 역할을 통하여 활발하게 지내는 것이 가족원이나 내담자 본인에게 더 좋을 것이라고 이야기하면서 그렇게 노력해보시라고 권유하자 그렇게 해 보겠다고 함.

〈2차상담의 결과와 개입〉

- 내담자의 마음에 응어리진 며느리에 대한 섭섭함을 노출하게 하고 이에 공감해 줌으로써 자신이 이해받고 있다는 느낌으로 인해 상당히 긍정적인 반응을 보였다.
- 새로운 역할에 대한 모색과 인식을 유도하였다.
- 새로운 관계망 형성의 필요성을 강조하고, 관계망에 대한 정보를 제공하였다.

2) 전화상담의 사례

(1) 사례개요

본 사례의 72세 된 할아버지는 아내가 돌아간 후 자신의 주택을 팔아 큰아들의 집을 넓은 곳으로 옮기고 동거하게 되면서 아들내외와 심리적으로 불편함을 하소연하기 위하여 전화상담을 요청하였다. 내담자인 할아버지는 자신이 경제적 능력이 많이 있었을 때와 비교하여 아들내외의 태도가 돌변하였으며, 자신을 무시하는 태도에 대하여 어떻게 대응해야 할지를 질문하였으나, 상담자는 할아버지가 심리적으로 위축되어 있고 아들 내외에 대하여 섭섭한 마음이 있다는 내면적인 감정에 공감하고 이해하여 줌으로, 내담자의 하소연에 응답하고 성공적으로 소기의 상담목적을 달성하였다.

(2) 상담과정

내담자는 72세의 할아버지이며, 외로운 듯하나 차분하고 침착함이 함께 조화를 이룬 말투가 교육정도와 인품을 대강 짐작하게 한다.

상담자 : 여보세요. 노인의 전화입니다.

내담자 : 저, 거기 노인의 전화지요? (잠시 머뭇거린다)

상담자 : 그렇습니다. 무슨 어려움이 있으신지요?

내담자 : 아니, 뭐 어렵다기보다는… 이럴 땐 어떻게 하면 좋을지 한번 의견을 듣고 싶어서 전화했어요(내담자는 상담자의 의견을 듣고 싶다고 완곡하게 자신의 고민을 이야기하기 시작한다).

상담자 : 예, 한번 말씀해 보세요…

내담자 : 나는 지금 큰아들네랑 같이 살고 있다우. 집사람은 한 5년 전에 먼저 돌아가고, 나는 집을 팔아서 아들네랑 합쳐서 살게 되었고…

상담자 : 예, 그래서 지금은 아들내외랑 함께 사시는군요.

내담자 : 그래요, 나는 아직 건강하고 경로대학도 나가고 제법 친구도 좀 사귀었어요. 그런데 오늘은 마침 경로대학에 가는 날인데 아침부터 몸이 영 안 좋은 거에요.

상담자 : 저런…

내담자 : 그래서 경로대학에 나가는 동료에게 전화해서 오늘은 못 가겠다고 다 이야기해 놓고 방에 있는데, 오늘따라 에미가 부엌에서 무슨 음식을 막 하더라구. ‘그런가 보다’ 하고 있다가 화장실에 가려고 마루에 나가니 맛있는 음식냄새가 나는데 은근히 좀 출출하기도 하고… 내가 오늘 아프니까 무슨 음식을 하나 보다고 생각도 했지요.

상담자 : 몸도 편찮고 입맛도 없던 차에 요리냄새를 맡으니 조금 식욕이 나셨나 봐요.

내담자 : 그런가 봐요. 그래서 “무슨 음식이냐?” 하고 물었더니 에미가 오늘 손님이 온다고 하더군요. ‘그래 그런가 보다’ 하고 내 방으로 들어왔는데…

상담자 : 그래서요? 시장기가 도시면 좀 달라고 하시지 않구요.

내담자 : 아, 뭐 아직 점심때는 아니고 해서 ‘나중에 주겠지’ 하고 방에 있는데, 에미가 부르는 거에요. ‘아버님, 오늘 경로대학 안 가세요?’ 하고요. 그래서 “내가 오늘은 몸이 좀 아파서 못 간다고 했다”고 대답했더니, 에미가 다시 “어디 많이 아프세요? 오늘 아버님이 경로대학 가신다고 친구들이 오기로 했는데… 많이 안 좋으신가 보죠?” 하고 다시 재차 묻는데 기분이 좀 이상해집디다.

상담자 : 아, 며느님은 아버님이 경로대학 가시고 집에 안 계시는 날이라고 친구들을 초대했나 보군요.

내담자 : 그런가 봅디다. 그래서 나는 내가 있으면 불편하다고 할까봐 “아, 나는 내 방에만 있으면 소리도 안 들리니까 걱정하지 말고 마음대로 놀아라”라고 했지요. 그런데 그렇게 말했는데도 에미가 다시 “많이 편찮으세요? 그래도 사람들이 많이 오면 아버님도 시끄럽고 사람들도 아버님이 계시면 불편해

할 텐데…" 하며 은근히 내가 나가기를 바라는 것처럼 또 말하지 뭡니까?

상담자 : 아이고, 할아버지 좀 당황하시고 어색하셨겠어요. 기분도 상하시고…

내담자 : 글쎄, 참 기분이 묘하더라구요. 그래서 가만히 있다가 옷 갈아입고 훌쩍 나와 버렸어요.

상담자 : 그럼, 점심은요?

내담자 : 점심이고 뭐고 기분이 착잡해서 그냥 나와서는 소주 한 병 사가지고 저기 뒷산에 가서 혼자 앉아 있으려니 처량합디다.

상담자 : 그러니까 가뜩이나 몸도 안 좋으신데 점심도 굶으시고 하루종일 속상하신 채로 밖에서 지내셨군요.

내담자 : 그런 셈이지요. 한참을 그러고 앉아 있다가 야생화가 좋은 게 있길래 꺾어다 동네 친구집에 들러 심어주고 집에 갔는데, 솔직히 아들이고 며느리고 다 밉고 야속하기만 합디다. 어제 같을 때는 어떡하는 것이 좋겠수?

　　(할아버지는 자신의 상황에 대한 자세한 설명과 더불어 자신의 처지에 대한 공감을 원하고 있었다)

상담자 : 글쎄요, 할아버지. 며느님이 그렇게 몇 번이고 아버님이 안 계시기를 바라는 기색이라면, 웬만한 눈치 있는 분이라면 우기고 있어도 마음이 별로 편하지 않았을 거에요. 아마 며느님도 예상치 않던 일이라 아버님의 상태에 대한 고려는 전혀 할 수 없고 자신의 입장만을 생각하고 아버님의 기분을 미처 헤아리지 못했을 가능성도 많구요.

내담자 : 그건 그럴지도 모르지. 저도 홀시아버지 모시고 산다고 어쨌든 불편할 테고 또 모처럼 홀가분하게 친구들이랑 놀려는데 주책없이 자꾸 있겠다고 했으니, 오히려 답답했을지도 모르는 일이지…

상담자 : 그래도 며느님이 일단 실수하셨던 것은 분명하네요. 평소에도 며느님이 아버님께 그런 식으로 자주 섭섭하게 해드리나요?

내담자 : 아니 뭐, 효부는 아니지만 언제나 그런 것은 아니죠. 물론 내가 서울에서 내 집 갖고 있었을 때와 비교하면 영 소홀해진 것은 사실이지만… 그냥 그런 대로 잘 지내는 편이지.

상담자 : 그렇다면 혹시 이러셨으면 어떨까요? 할아버지 생각에 '그래, 에미가 그러는 것을 보니, 내가 있으면 영 불편하겠다는 뜻이겠구나'라는 생각이 드시

면, 솔직하게 말해보시는 거지요. "그래, 내가 있으면 아무래도 서로 불편하겠구나.. 친구들도 아무리 그래도 신경이 쓰일 테고… 그런데 어쩌냐, 내가 오늘은 몸이 아파서 경로대학은 못 가겠고… 그럼 그 음식이나 좀 싸다오. 소주나 한 병 사서 요 앞 노인정에나 가서 할아버지들과 몇 시간 보내다 오면 어떻겠냐?" 하구요.

내담자 : 글쎄요…

상담자 : 아마 그랬다면 며느님도 아버님 점심도 안 드리고 쫓아 보낸 느낌이 없어서 친구들과 놀아도 편하게 놀았을 테고, 아버님은 아버님대로 춥고 몸도 아픈데 점심도 굶고 길거리에서 하루종일 계시지 않아도 좋으니, 서로에게 덜 미안하고 덜 화가 나지 않았겠어요?

내담자 : 듣고 보니 그럴 것도 같구려. 그런데 그 당시에는 치사하고 서러운 생각도 들고, 화도 나서 아무 말도 안 나오더라구요.

상담자 : 왜 안 그러셨겠어요. 그래도 아무 말도 안 하시고 참으면서 속으로 섭섭한 마음을 삭이는 것보다는 할아버지의 생각을 솔직하게 표현하시는 것이 서로에게 도움이 될 때가 많아요.

내담자 : 그래, 그런 것 같아요. 어쨌든 이야기라도 하니 속이 시원하고 괜한 자존심 싸움보다 서로 속을 터놓고 사는 편이 더 지내기 좋다라는 생각도 드네요. 장시간 내 이야기를 들어줘서 고마웠어요. 안녕히 계세요.

(3) 사례의 분석

본 사례는 전화상담에서 대표적으로 다루어지는 공감과 이해, 반영적 경청 등의 기법을 통하여 내담자가 호소한 문제에 대하여 감추어진 내면의 감정을 읽고 이해해 줌으로써 내담자에게 감정적인 정화효과를 부여한 예이다.

|Ⅲ| 노인학대 상담과 위기개입

1. 노인학대 상담의 기초

1) 노인학대 상담의 필요성

노인학대의 개념적 정의와 범위를 규정하는 것이 상대적으로 복잡하고, 가해자나 피해자가 공생적 역학관계에 있거나 가해자의 일방적인 권력으로 인한 피해자의 무기력이 팽배하여 노인학대에 대한 사례는 실제보다 월등히 적게 보고되고 있다. 그러나 노인학대의 대표적인 장소를 가정과 시설로 분류할 때, 점점 더 많은 수의 노인들이 성인자녀와 배우자, 친지, 친구, 시설종사자 등의 보호제공자로부터 의도적이고 적극적인 폭력과 학대, 방임과 착취와 유기와 기본적인 인권침해를 경험하고 있다. 미국의 국립 노인학대 센터(NEA ; National Center on Elder Abuse)에 의하면 1994년 24만 1000건의 가정 내 노인학대가 보고되었으며, 이 중에 노인의 자기방임에 의한 학대유형이 포함되어 있다고 보고되고 있다(알란 켐프, 이화여대 사회사업연구회 역, 2000). 이는 최근 노인학대 유형이 가정 내 학대와 시설학대와 더불어 노인의 자기방임에 의한 학대유형으로 확대되고 있음을 시사해준다. 더욱이 시설노인들의 생활에 대한 옴부즈맨 프로그램 등의 실행이 실질적인 효력을 발휘하고 있지 못한 현실에서 시설학대의 범위와 실태를 정확히 아는 것은 사실 불가능하다고 해도 과언이 아니다. 한 연구에 의하면 노인학대 경험과 신고와의 관계는 3%의 추정치로의 환산이 가능하다고 하고 있어서(Pilferer & Finkelhor, 이화여대 사회사업연구회 역, 1998, p. 388에서 재인용) 노인학대의 실제적 피해자는 적지 않은 것으로 추정된다. 더 나아가 노인의 사회적 지위가 하락한 현대사회에서 대부분의 노인들은 정도의 차이는 있지만 심리적·사회적·정서적 홀대를 받고 있다고 한다면, 우리 사회에서 노인들의 문제는 결국 홀대와 학대의 문제라고 할 수 있다.

그러나 노인학대는 아내학대나 아동학대에 비하여 사회적인 노출의 기회가 적다. 이는 대체로 학대의 대상이 되는 노인들은 신체적·정신적으로 취약하며 외부활동도 적으며 사회적 관계망도 제한되어 있는 경우가 많아, 이들에 대한 방임과 학대는 쉽게 노출되지 않기 때문이다. 또한 가정 내 학대노인들은 가해자와의 공생적 관계에 있거나, 의존할 수밖에 없는 구조적 환경에 처해 있다. 가정 내에서 학대를 경험하는 노인들의 양가감정도 문제가 되며, 자신의 약점과 외부의 도움에 대하여 거부적인 태도를 갖는 문화와 정서도 노인학대를 은닉하게 되는 요인이 된다. 한편 일부 노인들은 학대에 가족구성원이 관련되었을 때, 다양한 종류의 보복을 두려워하거나 자신이 문제에 책임이 있다고 자책하는 경향도 있다. 시설노인들은 심리사회적으로나 물리적으로 격리되어 있어서 이들의 학대상황이 노출되기 어렵다.

따라서 노인학대 상담은 무기력한 피해노인들에 대한 위기개입적 특성을 갖고 적극적이고 예방적인 차원에서 이루어져야 할 필요가 있으며, 내담자의 자발성보다는 상담자의 계획적이고 적극적인 계획 아래 이루어져야 할 필요가 있다.

2. 위기개입

1) 위기개입의 개념 및 필요성

위기개입이란 crisis management 혹은 crisis intervention이라고도 하며, 비정상적이고 돌발적인 일상생활 중의 사건이 개인이나 집단, 혹은 지역사회에 감당하기 힘든 스트레스와 불균형상태를 야기시킬 때, 이들의 항상성을 회복시키기 위하여 의도적이고 즉각적으로 개입하는 원조과정을 의미한다(Greenstone & Leviton, 2001). 위기개입은 또한 돌발적인 혹은 비정상적인 사건에 의하여 정서적 · 신체적인 파괴가 일어나기 전에 그와 같은 일이 일어나지 않도록 잠재적인 위험에 놓여 있는 상황을 제거하는 예방적인 목적을 갖고 있기도 하다.

대체로 개인에게 있어서 위기는 스트레스를 유발하는 뚜렷한 생활상의 사건이 선행되면서 발생하여 신체적 · 인지적 증상, 그리고 관계 속에서 얻는 고통이 드러나게 된다. 이러한 위기적 사건으로 인한 위기는 적절한 개입을 통한 중재과정이 없으면 위기에 처한 당사자가 스스로 위기를 극복하는 데에는 많은 제약과 한계가 있게 된다. 그러나 스트레스를 유발하는 일련의 사건과 문제들은 위기에 처한 당사자의 위기대처능력, 다양한 자원과 태도에 따라 그 파괴력은 차이가 있으며, 위기는 기회로 전환되는 경우도 있다. 위기를 극복하는 자기능력의 관점에서 볼 때, 노인들은 젊었을 때보다 사회적 · 경제적으로 취약하고 심리적으로도 위축되었을 뿐 아니라, 신체적 · 정신적으로도 쇠퇴해져 있어서 위기대처 능력이 약화되고 사회자원을 활용할 수 있는 기회와 정보가 제한되어서 타 계층보다 위기로 인하여 더 부정적이고 위험한 상황에 빠지기 쉽다. 그러므로 노인들에게 있어서 위기에 대하여 좀더 적극적인 중재가 필요하다고 할 수 있다.

2) 위기개입이론

(1) 위기의 정의와 특성

위기는 발달과정상의 위기와 상황적 위기로 나누어진다. 결혼, 자녀출산, 은퇴 등의 사건은 전자에 포함되며 폭력노출, 실업, 재해, 이혼, 교통사고 등은 후자에 속하게 된다. 특히 병리적 특성을 갖는 후유증은 급성 스트레스 질환 및 외상 후 스트레스 장애(PTSD ; post traumatic stress disorder)라는 명칭으로 특별한 위기로 다루어진다. 다음은 일련의 학자들이 위기에 대하여 다양한 관점에서 정의한 것이다.

① 사람들은 중요한 삶의 목적달성에 방해가 되는 해결하기 어려운 장애물에 직면하면 위기상황에 놓이게 되며, 이러한 장애물을 극복하기 위하여 시도하는 다양한 시도과정에서 분노와 혼란을 경험하게 된다(Caplan, 1961, p. 18).

② 위기란 사람들이 삶의 목적을 이루기 위하여 달성해야 하는 과업에 대하여 일상적인 선택과 행동을 통하여 극복할 수 없다고 믿는 장해가 발생함으로써 생성되는 것이다(Caplan, 1964, p. 40).

③ 위기는 개인이 위기생성 상황을 다루는 대처방안에 대하여 알지 못하기 때문에 위기가 된다(Carkhuff & Berenson, 1977, p. 165).

④ 위기는 사람들을 마비시키고 의식적으로 자신의 삶을 통제할 수 없게 만드는 상황 혹은 개인적 어려움이다(Belkin, 1984, p. 24)

⑤ 위기는 사람들로 하여금 중요한 삶의 목적을 이루지 못하여 일어나는 좌절상태, 혹은 생활주기상의 결정적인 단절과 스트레스에 대처하는 방법이 결핍된 상태로부터 생기는 혼란상황이다(Brammer, 1985, p. 94).

⑥ 위기의 4단계 발달은 개인의 정상적인 대처기제가 적용될지의 여부를 판단하기 어려운 결정적인 사건의 발생, 긴장의 증가와 사건을 둘러싼 혼란의 증가, 부차적인 자원(상담과 같은)에 대한 욕구발생, 상담가, 의사, 사회복지사와 같은 개입중재자에 의한 개입요구 등으로 이루어진다(Marino, 1995).

위기에 대한 여러 학자들의 정의를 요약해보면 위기는 개인이 갖고 있는 문제해결 능력의 범위를 넘어서서 참을 수 없는 고통을 수반하게 되는 생활상의 사건이나 상황을 경험하는 것 혹은 그러한 상태를 인식하는 것이라고 할 수 있다. 또한 위기는 다음과 같은 특성들을 갖고 있다.

① 위기는 위험과 기회의 양면성을 갖고 있다.

② 위기는 이해하고 정의하기 어려운 개념으로 단순하지 않다. 위기는 개인의 환경 가운데 얽혀 있으며, 다양한 증상을 드러내고 있다.

③ 위기와 더불어 존재하는 불균형상태는 불안을 수반하게 되며, 이러한 불안으로 인하여 위기감은 더 증가하고 변형된다.

④ 위기에 처한 사람은 일반적으로 단기상담(치료)과 같은 중재방법을 통하여 중재 받고 있다. 그러나 오랫동안 지속된 문제들에 있어서는 만병통치약이나 초고속 문제해결방안은 존재하지 않는다.

⑤ 위기상황에서 사람들은 결국은 선택이라는 종점에 달하게 된다. 어떤 것을 선택하지 않는 것은 결과적으로 하지 않는 선택을 하는 것이며, 대체로 이는 부정적인 결과를 초래하는 경우가 많다. 따라서 '무엇인가를 하도록 선택하는 것'은 위기상황의 개인이 위기를 극복할 수 있는 기회를 제공하고 딜레마를 극복하는 것이다.

⑥ 위기는 보편적이고 또한 매우 개인적인 성격이 있다. 즉 모든 사람이 다 삶의 어려움에 직면하게 되므로 보편적이지만, 직면한 어려움에 대한 대처방법은 매우 다양하므로 개인적인 사건이라는 것이다.

(2) 위기개입의 기본 가정과 목표

위기개입모델은 위기는 특정한 기술을 사용하여 의도적으로 관리할 수 있다는 것을 전제로 한다. 위기개입에 적용되는 위기이론은 다음과 같은 가정을 내포하고 있다.

① 개인은 일상생활에서 내·외적 스트레스가 심하고 균형상태가 파괴되는 기간이 있으며, 이러한 상황은 대체로 결정적인 사건에 의하여 생성된다.

② 위기상황은 발달과정상의 미해결된 갈등이나 감정, 사건에 대한 반응일 수 있으며, 이러한 경우 위기는 미해결된 감정이나 갈등을 처리할 수 있는 기회를 제공하기도 한다.

③ 위기란 본질적으로 스스로 한계성(소멸)을 갖고 있으므로 개입의 시기와 때는 위기개입의 결정적인 요소이다.

④ 위기상황의 시작과 해결 간의 기간은 위기의 심각성, 위기에 대한 개인의 반응 정도와 유형, 위기를 통하여 성취해야 하는 과업의 특성 등에 따라 다르다. 경우에 따라서는 몇 분이나 몇 십 초에 불과한 순간일 수도 있으며, 4주에서 6주 정도 지속될 수도 있다.

⑤ 위기개입의 일차적인 목적은 혼란상태가 가능한 한 빠르게 정리되도록 돕는 것이며, 더 나아가 현재의 어려움을 관리하는 능력뿐 아니라 더 효과적이고 적응적인 대처기제를 사용함으로써 미래에 직면하게 될 어려움을 극복할 수 있도록 돕는 것이다.

⑥ 위기개입에 직면한 인간은 누구나 위기 이전의 상태로 돌아가기를 희망하며 위기개입의 과정 동안 위기에 처한 개인은 도움에 순응적이며 외부의 도움과 개입에 대하여 개방적으로 되는 경향이 있다. 따라서 위기개입상담자는 적극적인 태도로 임함으로써 최소한의 노력으로 최대한의 개입효과를 얻을 수도 있다. 그러나 때로는 개입 후에도 상황이 더 나아지지 않을 수도 있음을 명심해야 한다.

(3) 대표적인 위기개입모델

① 개별 위기개입모델

이 모델은 정신역동이론에 기초하고 있으며 위기를 개인의 불균형상태를 초래하는 스트레스로 정의한다. 위기로 말미암는 고통과 어려움은 개인의 무의식적인 사고과정과 과거의 정서적 경험을 알 때 이해할 수 있으며, 이런 고통은 과거적응과 기능수준 및 문제해결능력에 따라 좌우된다고 본다. 이 모델에서 치료는 위기 이전의 기능수준으로 회복하는 것이며, 위기에 처한 개인이 문제에 대한 통찰력을 갖고 문제해결능력을 학습하게 함으로써 스트레스에 대한 저항력을 강화시키고자 하는 데 주요한 목적이 있다. 개별모델은 정신보건복지 분야의 임상적 개입에서 활용되며, 외상 후 스트레스 장애 치료의 효과적인 방법으로 활용되고 있다.

② 행동 위기개입모델

이 모델에 의하면 개인의 위기는 어떠한 새로운 자극이 기존의 위기유발 행동을 촉진시키고 개인의 부적응적인 행동, 부정적 사고 및 파괴적인 방어기제들에 의하여 유지되는 성질이 있음을 강조한다. 그러므로 성공적인 위기극복이란 위기극복에 관련된 과업을 성공적으로 치루어낼 수 있는 방법들을 학습하는 것이며, 이는 병리학 지향적인 개별모델과는 달리 행동주의와 학습이론에 기초하며 기능지향적이라고 할 수 있다.

③ 체계 위기개입모델

이 모델은 개인 및 위기자극이 존재하고 있는 사회적 맥락을 강조한다. 이는 스트레스적 사건에 대한 개인의 지각은 이러한 사건이 유발되는 사회환경과 맥락 가운데 형성되기 때문이며, 위기를 성공적으로 극복하는 개인의 능력 또한 개인이 처한 사회적 맥락의 지지정도와 직결되기 때문이다. 결론적으로 체계 위기개입모델에서는 사회체계가 위기형성 및 위기해소 과정에 중요한 맥락을 제공하며, 이러한 사회체계의 불균형이 위기상황 창출과 직접적인 상관관계에 있음을 강조하고 있다.

④ 생태계 위기개입모델

이 모델은 위기상태에 대한 문제해결보다는 위기상황의 주요 요소로서 스트레스적 사건에 관련된 의미와 사회지지체계의 개념에 초점을 둔다. 또한 사회경제적 지위, 성 역할, 연령, 결혼상태 등의 다양한 인구사회학적 변수 등에 기인한 대처행동의 차이를 인정한다. 이 모델에서는 위기서비스의 전략 및 기법은 상황을 통하여 직면하는 대처과업과 과정을 강조하는 것이다.

3) 위기개입의 실제

(1) 위기개입의 주요원칙(김기태, 1998; p. 32-36)

위기개입의 실천은 위기사건의 특성, 대상, 방법과 전달체계가 다양하지만 유사한 특성과 원칙을 갖고 있다.

① 신속한 개입의 원칙

② 행동원칙 : 적극적인 행동과 개입의 원칙

③ 희망과 기대

④ 지지원칙

⑤ 초점적인 문제해결의 원칙

⑥ 긍정적이고 건전한 자아상 확립의 원칙

⑦ 자립원칙

(2) 위기개입과정

위기개입과정에 대하여 두 가지로 살펴보고자 한다. 첫째는 위기개입의 4단계로 사정 - 치료개입의 계획 - 개입 - 위기의 해결 및 향후계획으로 나누었으며, 둘째는 위기개입의 6단계로, 듣기단계에 속하는 3가지, 즉 문제의 정의 - 내담자의 안전보장 - 내담자에 대한 지지제공, 행동개입단계에 속하는 3가지, 즉 대안의 탐색 - 계획의 수립 - 내담자의 헌신과 신뢰확보의 6단계로 나누었다(James & Gilliland, 2001, p. 31-35)

① 위기개입의 4단계 과정(Aguilera, 1998 p. 20-21; 김기태, 2002, p. 427~428에서 재인용)

- 사정
  - 상담자는 사건 및 위기의 정확한 사정을 위하여 초점화 기술을 사용한다.
  - 클라이언트가 자살 혹은 타살의도를 가졌는지 판단해야 한다.
  - 위의 의도가 잠재적으로라도 있음이 밝혀지면 정신과의사에게 의뢰한다.
  - 입원이 불필요하면 개입을 시작한다.
- 치료개입의 계획
  - 최소한 위기 이전의 균형상태로의 회복을 목표로 치료를 계획한다.
  - 위기발생이 개인의 생활 및 환경에 미친 파괴의 정도를 파악한다.
  - 개인이 가진 강점, 과거에 성공적으로 사용되었던 대처기술과 지지자 등을 찾는다.
- 개입
  - 개인이 위기에 대한 인지적 이해를 얻도록 원조한다.
  - 개인이 자신의 현재 느낌을 깨닫도록 원조함으로써 내담자의 긴장을 완화시킨다.

- 대처기제들을 탐색하여 내담자가 대안적 방법들을 검토하도록 돕는다.
  - 중요한 타인의 상실로 인한 위기였다면 빈 자리를 채울 수 있도록 가능한 사회적 관계망을 보충해준다.
- 위기의 해결 및 향후계획
  - 긴장과 불안을 감소시키는 데 성공적이었던 개인의 적응적 대처기제들을 강화시킨다.
  - 미래에 관한 현실적 계획을 하도록 돕는다.
  - 현재의 경험이 미래의 위기직면 시 도움이 될 수 있도록 방안을 모색하고 논의한다.

② 위기개입의 6단계 과정

위기개입의 전 단계에 걸쳐서 현저하게 활용되어야 하는 전략은 사정 (Assessment)이다. 행동 지향적이고 상황에 근거한 위기개입과정의 방법론은 사정이라는 대전제 아래 각각 2개의 축-듣기와 행동하기-으로 그리고 그 밑에 각각 3개의 하부과정에 의하여 이루어진다(그림 1).

- 문제의 정의
  - 드러난 문제를 내담자의 관점에서 정의하도록 한다. 공감, 진실성, 긍정적 수용과 같은 듣기기술을 적극적으로 활용해야 한다.
- 내담자의 안전보장
  - 위기개입의 전 과정을 통하여 내담자의 안전에 대한 욕구와 염려를 보장하고 확신시키는 것은 매우 중요하다.
- 내담자에 대한 지지제공
  - 위기개입의 전 과정을 통하여 위기상담자는 내담자를 돕고 지지하며 관심을 갖는 사람임을 확신시키도록 노력해야 한다.
- 대안의 탐색
  - 내담자와 상담자는 모두 내담자가 활용 가능한 대처방안들에 대하여 적극적으로 탐색해야 한다. 유능한 상담자는 가능한 한 많은 대안들을 모색하되 내담자에게는 활용 가능한 최소한의 대안을 제시한다.
- 계획의 수립
  - 대안을 탐색한 4단계로부터 자연적으로 연결되는 단계이다. 계획은 적

어도 다음과 같은 내용을 포함하고 있어야 한다. 즉각적인 도움을 제공할 수 있는 사람, 집단, 기타의 참조인과 내담자가 현재 할 수 있는 구체적이고 긍정적인 대처기제들을 포함하고 있어야 한다.

- 내담자의 헌신과 신뢰확보
  - 내담자와 상담자 모두가 계획된 개입과정에 적극적으로 참여하고 헌신할 것을 확신한다.

그림 1. 위기개입의 6단계 과정(James & Gilliland, 2001, p. 32)

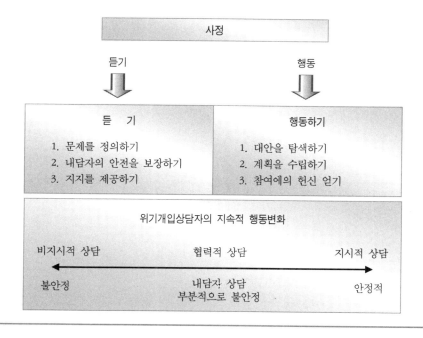

제4장

노인학대 상담의 실제

현재 우리나라는 고령화 사회로 진입하면서 노인인구가 급증하고 있고 가족에 의해 학대받는 노인 또한 증가하고 있어서 노인학대 문제는 더 이상 사회적으로 간과할 문제가 아니며 시급한 대책이 필요한 영역이라 하겠다.

따라서 제4장은 노인학대 상담의 실제를 크게 두 부분으로 나누어 하나는 노인학대 상담의 사례에 관한 부분을 다루고 또 하나는 노인학대 방지 프로그램을 다루고자 한다. 또한 노인학대 방지 프로그램은 노인학대 예방 프로그램과 치료 프로그램으로 나누어 노인학대 예방 및 상담의 실제를 이해하는 데 도움이 되고자 하였다.

│ I │ 노인학대 상담의 사례

1. 노인학대 상담의 사례

1) 노인학대의 다양한 사례

(1) 한국 노인학대의 사례

한국의 노인학대는 학대를 판별하는 과정에서부터 노인이 학대라고 인식하거나 또는 학대로 신고되는 데까지의 절차수행에 많은 어려움이 따르고 있다. 그러나 노인의 인간답게 살아가고자 하는 의지를 상실하게 하고 자녀로서, 가족으로서의 최소한의 의무를 수행하지 않고 노인이 방치되어 있을 때 우리는 학대를 의심하고 노인을 지지할 수 있어야 할 것이다. 사례개입은 각 개인마다 특이한 가족력과 환경을 가지고 있으므로 개입과정도 매우 개별화되어야 한다. 노인학대의 이해를 돕고자 몇 가지 사례를 아래에 제시한다.

사례

➡ 1.

• 신체적 학대
• 73세 여성노인

● 사례 :

　김 노인은 시장에서 과일과 채소장사를 하면서 생계를 유지하는 중 둘째아들이 동거를 요구하자, 둘째아들의 딱한 사정을 염려하여 이를 받아들였다. 평소 용달차 운전을 하며 생계를 유지해오던 둘째아들은 가출이 잦은 동거녀와 잦은 싸움이 있었고 술을 먹으면 갖은 행패를 부려 노모를 위협하곤 하였다. 그렇게 하던 중 둘째아들과 동거하고 있는 여자가 새로운 가게를 열어야 한다는 이유로 김 노인에게 가게 전세금을 요구하였고, 김 노인은 이들의 방탕한 생활과 믿음이 가지 않는 그들의 요구를 거부하자 둘째아들로부터 폭언과 신체적 학대를 받아야만 했다. 심지어 둘째아들은 김 노인을 치매환자로 내몰고 겁에 질려 있는 노인의 목을 조르기도 하고 돈을 주지 않으면 무슨 일이 일어날지 모른다고 협박을 하며 끝내는 타박상을 입을 만큼 구타를 하였다. 이를 보다 못한 이웃들이 경찰에 신고를 하였으나 증거가 없다는 이유와 노인의 진술이 앞뒤가 맞지 않다는 이유로 사건처리를 하지 않았다. 날이 갈수록 둘째아들의 신체적 폭력이 심해졌으며 김 노인의 몸은 멍 투성이로 변했다. 결국 김 노인이 원하는 바는 전세금을 빼서 절에라도 들어가 둘째아들의 협박을 피해서 살고 싶은 것이었다. 둘째아들은 친구집으로 피신한 노인을 찾아다니고 있었으며, 결국 이웃들이 그 둘째아들을 경찰에 신고하여 다시금 수사를 시작하였다. 그러나 피해자인 노인은 신체적 · 심리적 상해를 입고 앞으로의 살길에 대한 두려움에 가득 차 있었다.

- 노인생활과학연구소, 2003

▶ 2.

● 방임 및 정서적 학대
● 78세 여성노인
● 사례 :

　이 할머니는 친구나 이웃과 말 한마디를 나누지 않는다. 며느리와도 사이가 좋지 못하여 아침시간이면 어김없이 집을 나와 길거리에 앉아 있다. 며느리는 자신의 시어머니와 시선을 맞추어 주지도 않으며 집에서 살아 있는 존재인지 아닌지 모를 정도로 관심을 주지 않았다. 아들은 매번 그런 부인과 싸웠는데, 할머니는 자신으로 인해 아들내외가 싸우는 것 같아 집에 있기가 싫다고 한다. 할머니는 먹고 싶은 것도, 하고 싶은 것도 없으며, 아무런 생의 의미를 찾지 못할 만큼 우울한 상태에 놓여 있었다. 딸들은 연락이 두절되고 아무런 선택상황이 없는 할머니는 아들의 어쩔 수 없는 가난과 며느리의 무관심에 의해 방임되고 있다.

- 노인생활과학연구소, 2003

3.

- 방임
- 75세 여성노인
- 사례 :

이 할머니는 자신이 낳은 자식은 없고 아이가 4명이 있는 할아버지와 함께 살았다. 모든 어려운 처지를 극복하며 4명의 자식을 친자식처럼 키워왔으며 호적에 올려준다는 할아버지 말을 믿었지만 할아버지가 죽고 난 뒤 자신의 이름이 호적에 올려져 있지 않은 것을 알았고, 할아버지가 돌아가시자 아들들은 모두 할머니를 보지 않으려고 하여 할머니는 살고 있는 집까지도 내어놓고 그 어디에도 갈 수 없는 처지가 되어 시설로 입소하게 되었다. 그러나 그 곳에 찾아오는 자식도 없고 한평생 살아온 자신의 삶에 한이 맺혀 삶의 의미를 전혀 찾을 수 없으며 한평생이 너무도 불행하다고 생각하고 있다. 또한 정성으로 키어온 자식들이 시설로 찾아와주지 않는 서글픔에 눈물로 생을 보내고 있다.

- 노인생활과학연구소, 2003

4.

- 경제적 학대
- 77세 여성노인
- 사례 :

이 할머니는 일생동안 모은 돈을 자식들에게 영문도 모른 채 빼앗겨 버린 사연을 가지고 있다. 할머니는 일생동안 모은 5천만 원을 자신이 관리하지 못하여 큰아들에게 맡겼지만 큰아들은 할머니 돈을 자신의 것으로 생각하고 마음대로 주식투자를 하였으며 결국은 할머니 재산을 모두 날려버렸다. 할머니는 아들에게 돈을 내어달라고 했지만 돈이 어디에 있냐며 할머니에게 윽박지르고 돈을 달라는 말을 할 때마다 할머니에게 언어적 학대를 일삼았다.

또한 할머니를 오히려 자신을 귀찮게 만드는 어머니라면서 돈 이야기는 하지도 말라고 고함을 지르며 며느리조차 할머니를 업신여기는 행동과 말을 하여, 노인은 자신의 노력으로 모은 재산도 잃게 되고 자식으로부터 언어적·정서적 학대를 받아오고 있다.

- 노인생활과학연구소, 2003

▣ 5.

- 언어적 학대
- 80세 남성노인
- 사례 :

　이 할아버지는 치매로 인해 인지적 기능이 일시적으로는 정상이었다가 또 어떤 때는 그 기능을 상실하고 만다. 며느리는 할아버지의 간호에 한계를 느끼고 있으며 늘 할아버지에게 좋은 말씨를 사용하지 않고 "빨리 죽어라", "먹거리는 좋아 가지고" 등의 말을 사람들이 있든지 없든지 간에 노인에게 함부로 퍼부음으로써 이 할아버지의 자존심을 상하게 한다. 할아버지는 자신의 신세를 비관하여 자살을 기도하기도 했으며 눈물을 흘리는 모습이 이웃이나 친척들을 종종 안타깝게 한다. 그러나 며느리가 아니면 수발을 받을 수 있는 입장이 아니므로, 어쩔 수 없이 노인을 싫어하는 며느리와 함께 살아야 하는 할아버지는 언어적 학대뿐만 아니라 며느리로부터 신체적 돌봄도 받지 못하고 방임되어 있는 상태다. 그러나 며느리 자신도 너무나 어려운 부양에 시달려야 하는 부담감 때문에 가족들이 며느리를 탓하는 경우는 드물고 오히려 며느리 눈치를 봐야 하는 상황이며 모두 할아버지가 빨리 돌아가실 날만 기다리고 있다.

- 노인생활과학연구소, 2003

(2) 사례개입

상담의뢰 : 성폭력 상담소 상담 이후 의뢰된 사례

피해자　　: 73세 여성노인

피의자　　: 둘째아들과 동거 중인 40대 며느리

학대유형 : 신체적·언어적·경제적·정서적 학대 및 방임 등의 복합형

가족관계 : 슬하에 2남 1녀의 자녀를 두고 있으나, 할머니를 부양해주는 가족원은 없으며 할머니 혼자 생계를 유지해 나가고 있다. 큰아들과 작은아들의 사이는 매우 좋지 못하고 작은아들은 학력 등의 모든 조건이 큰아들보다도 떨어지는 편이며, 큰아들은 가족에 대한 관심이 전혀 없었다.

배우자　　: 없다.

노인학대 전문상담

피해자의 요구사항 : 아들에게 빼앗긴 집문서와 절에서 거처할 수 있는 비용을 되돌려 받고 혼자 살고 싶어 한다.

상담횟수 : 3회

주요 상담처리 : 위기상담 이후의 피해자의 지지를 위한 상담형태로 진행하였다.

사례내용 : 김 노인은 시장에서 과일과 채소장사를 하면서 생계를 유지하는 중 둘째아들이 동거를 요구하자, 둘째아들의 딱한 사정을 염려하여 이를 받아들였다. 평소 용달차 운전을 하며 생계를 유지해오던 둘째아들은 가출이 잦은 동거녀와 잦은 싸움이 있었고 술을 먹으면 갖은 행패를 부려 노모를 위협하곤 하였다. 그렇게 하던 중 둘째아들과 동거하고 있는 여자가 새로운 가게를 열어야 한다는 이유로 김 노인에게 가게 전세금을 요구하였고, 김 노인은 이들의 방탕한 생활과 믿음이 가지 않는 그들의 요구를 거부하자 둘째아들로부터 폭언과 신체적 학대를 받아야만 했다. 심지어 둘째아들은 김 노인을 치매환자로 내몰고 겁에 질려 있는 노인의 목을 조르기도 하고 돈을 주지 않으면 무슨 일이 일어날지 모른다고 협박을 하며 끝내는 타박상을 입을 만큼 구타를 하였다. 이를 보다 못한 이웃들이 경찰에 신고를 하였으나 증거가 없다는 이유와 노인의 진술이 앞뒤가 맞지 않다는 이유로 사건처리를 하지 않았다. 날이 갈수록 둘째아들의 신체적 폭력이 심해졌으며 김 노인의 몸은 멍투성이로 변했다. 결국 김 노인이 원하는 바는 전세금을 빼서 절에라도 들어가 둘째아들의 협박을 피해서 살고 싶은 것이었다. 둘째아들은 친구집으로 피신한 노인을 찾아다니고 있었으며, 결국 이웃들이 그 둘째아들을 경찰에 신고하여 다시금 수사를 시작하였다. 그러나 피해자인 노인은 신체적·심리적 상해를 입고 앞으로의 살 길에 대한 두려움에 가득 차 있었다.

(3) 개입절차

- 1회차 :

상담전화를 받고 피해자가 은신해 있는 곳으로 찾아갔다. 이미 몇 차례의 신체적 학대의 흔적이 있었으며 온 몸에는 피멍이 들어 있었다. 혼자 살고 있는 이웃할머니 집에 피신해 있었으며 주거환경도 쾌적하지 못하고 계단도 많고 새로

개조한 건물에 피신하고 있었다. 그 곳은 겨울임에도 불구하고 난로와 전기장판으로 온기를 지키고 있었다. 내담자는 정리된 내용을 나열하지 못하고 횡설수설하며 자신의 입장을 설명하였다. 증거를 남기기 위하여 사진을 몇 장 찍었으며 병원 진단서, 가족력, 작은아들의 폭행사실, 이웃사람의 목격 등을 중점적으로 파악하고 할머니의 심리적 지지와 요구사항을 분석하였다. 현재 함께 생활하고 있는 할머니도 피신해 있는 피해자 할머니를 더 이상은 돌볼 수 없는 상태라고 하였다. 할머니는 오직 바라는 것은 혼자 여생을 절에서 보낼 수 있는 경제력의 확보로, 자신의 이름으로 되어 있는 줄로만 알았던 전세금 계약서가 아들의 이름으로 된 것을 다시 본인의 이름으로 환원시켜 달라고 의뢰하였다.

- 2회차 :

관할 경찰서를 방문하여 상담의뢰 사례에 대하여 구체적으로 조사해 줄 것을 요청하고 전세금 계약서에 관한 부분을 의논하였다. 현재 우리나라 법에 의거하여 계약 당시 비록 아들이 어머니를 속였다 하더라도 서류증거에 따라 다시 환원시켜 줄 수 있는 방법이 없다고 하였다. 이 가정은 몇 차례 파출소에서 이전에 싸움이 있을 때 현장에 출두한 경우가 있었다. 그러나 아들의 증언에 따라 어머니에게 약간의 치매 증세가 있었고 가족 내 일이라는 할머니의 증언에 따라 문제화되지는 않았다. 경찰조사를 요구했지만 현장증거가 없었기 때문에 조서작성에 매우 어려움이 있었다.

- 3회차 :

피해자 할머니에게 사건 경위를 알려 드렸으나 본인은 아들을 구속시킬 마음이 없음을 표명했다. 아들이 포악하기는 하지만 천성이 그런 것이 아니라 며느리가 잘못 들어와서 그렇다고 말했다. 또한 큰아들도 있지만 둘째아들이 너무 포악하여 간섭을 할 수 없다고 했다. 상담소에서는 둘째아들을 만나려고 했으나 가해자의 거절로 인하여 만날 수 없었으며, 단지 이웃집 증언을 통하여 아들이 할머니를 협박하고 싸움도 잦고 할머니가 채소장사를 하여 끼니를 이어가고 생계를 책임졌다는 사실을 알게 되었다. 상담소의 의뢰로 경찰의 조서가 꾸며져 아들과 할머니는 경찰조사를 받았다. 아들은 가해자 신분으로 검찰로 넘겨져 입건되었으나 아들의 선처를 할머니가 부탁함에 따라 아들은 풀려나고 할머니는 친구 집에서 나와 큰아들집으로 가게 되었다.

● 사례정리 :

노인학대 개입의 한계점을 느낄 수 있는 사례였으며 실제로 처벌을 중심으로 이끌어가는 데는 노인학대의 한계점이 있음을 알 수 있었다. 특히 서류중심, 증거중심 등 형벌처리과정에 있어 수사의뢰 역시 어려운 점이 많았다. 상담을 이끌기보다는 사건의 처리나 내담자의 욕구에 부합되는 과정을 상담소에서 적절하게 행할 수 없는 입장에서 개입의 과정은 매우 어려울 수밖에 없으며 후속적 관리가 개인상담소에 위임되어 내담자에 대한 후속사례관리 역시 어려웠다.

위에서 제시되고 있는 사례는 노인학대가 분명한 경우이지만 상담의 개입과정이 매우 어려운 경우이다. 첫째는 노인과 가족들이 학대에 대한 인식이 낮고 학대를 자행한 자식들도 어려운 처지라는 이유로 노인을 방임하고 있으며, 특히 노인이 일시 피신할 수 있는 쉼터가 없으므로 학대의 현장인 가족 속에서 계속 방치되거나 가족이 있어도 찾아오지 않는 자녀들에게 방치되고 있는 경우가 많다. 노인의 정신적 안정과 정서적 지지를 제공하고 노인이 가정에만 머물지 않게 하거나 고립된 생활을 하지 않도록 배려하고 지역네트워크 형성, 종교단체, 자원봉사자 연결이 가능하다면 연계를 통한 지지방안도 학대받는 노인을 위해 필요한 지지망이다. 또한 주변의 노인, 이웃이 노인을 보호할 수 있는 연계를 형성해주는 방안을 고려함이 바람직하다. 노인학대가 되기까지는 가족의 다양한 갈등구조가 있기 때문에 노인이 결과적으로 학대에 희생되기까지의 가족적 상황분석 및 노인의 자원정도를 파악하고 이용가능한 자원의 활용을 지역사회에서 구축하여 더 이상 고립되지 않는 환경을 만들어주는 접근이, 노인학대피해자에 대한 제도적 법적 지지망이 전무한 우리나라에서는 우선적으로 할 수 있는 개입방안이 될 수 있다.

2) 외국의 노인학대 개입사례

1980년대부터 노인학대를 다루어온 미국의 노인학대 개입과정을 살펴보고 우리나라 문화와 가족구조에 적절한 개입과정의 모형이 개발되고 또한 활용될 수 있어야 할 것이다.

(1) 개입의 차원에 따른 분류

① 연방정부 차원의 개입

　　미국은 1992년 현재 42개 주에서 피해노인들에 대한 보호규정을 명시하는 노인학대 개입을 위한 법령을 시행하고 있으며, 이 법에 의하여 노인학대에 대한 강제적인 보고의무가 시행되고 있다. 한편 미국 노인복지법에 의하여 설립된 노인국은 주정부와 지역의 노인대상 복지서비스를 조정하고 원조하며, 연방정부와의 연계기능, 조사와 교육기능을 하고 있다. 대표적으로 국립노인학대센터는 노인학대에 대한 보고서를 개발하여 배포하고, 국제회의, 교육훈련, 워크숍 등의 다양한 전문적 활동을 하고 있다.

② 주정부 및 지역사회 차원의 개입

　　연방정부의 거시적 개입정책에 힘입어 주정부 및 지역사회차원에서는 성인보호 서비스와 장기보호 옴부즈맨 프로그램을 통한 직접적인 개입을 실시하고 있다. 이 프로그램들은 학대의 장소에 따라 성인보호 프로그램에서는 가정 내의 학대와 방임에 대한 개입 프로그램을, 장기보호 옴부즈맨 프로그램에서는 시설에서 발생하는 노인학대에 대한 전문적 개입을 하고 있다.

(2) 미국의 노인 학대지표

① 노인학대의 행동적 지표

　　학대노인들은 혼란한 상황에 놓인 사람들이 보이는 우울과 불안의 징후 및 증상을 보인다.

- 수면장애(매우 많거나 적은 수면)
- 섭식장애(식욕의 증가나 감소)
- 에너지 손상과 무기력
- 주관적인 우울, 불안, 분열 등의 감정
- 사물에 대한 관심의 감소
- 격리 및 철회

　　이러한 증상과 더불어 학대노인들은 빈번한 응급실 방문, 빈번한 주 보호제공자의 변화, 의료원조 요청의 지연, 쉽게 놀라거나 당황함, 동요와 떨림, 대화 회피와 주저, 받아들이기 어렵거나 모호한 설명 등의 행동적 증상을 보인다.

② 신체학대의 지표

다른 신체학대와 마찬가지로 학대노인들은 다음과 같은 신체적 학대의 징후를 갖을 수 있다.

- 손목과 발목, 가슴주위, 팔 아래 부위의 상처
- 때리기 밀기, 차기, 주먹치기 등으로 발생한 멍든 상처
- 피부탈색, 고의로 남겨진 화상흔적
- 골절, 염좌, 찢긴 상처, 찰과상 등

한편 방임으로 인하여 다음과 같은 신체적 지표가 발견될 수 있다.

- 심각한 영양부족, 탈수현상
- 처방전과 불일치하는 혈액수준
- 야뇨, 피부발진, 창백한 피부, 눈동자의 함몰
- 안경, 보청기, 의료도구의 부족
- 비위생적이거나 열악한 주거환경

③ 재정적 혹은 물질적 착취

의료 혹은 사회서비스 담당자들은 재정적 자원에 대한 질문에 익숙하지 않으므로 재정적 혹은 물질적 착취는 간과하기 쉽다. 우리나라의 경우 자녀들에 대한 무분별하고 무조건적인 사랑과 자녀들의 잘못된 인식은 부모의 재산에 대한 유기와 착취를 노인학대와 연결시키지 못하고 있었으나, 최근 이러한 문제들이 사회적으로 문제화되기도 한다. 그러나 대부분의 노인들은 그들의 신뢰를 받는 보호제공자 이외의 사람들에게 사기를 당하거나 착취를 당할 위험이 있으며 다음과 같은 징후가 있다.

- 은행계좌의 이상
- 노인재정상태에 대한 보호자의 과도한 관심과 관여
- 특정 노인과 친분을 과시하는 과도한 관심
- 가족의 다른 구성원, 오랜 친구, 사회적 접촉으로부터의 노인의 고립
- 노인에 대하여 평생을 보장하는 보호약속
- 집 혹은 주요자산에 대한 양도요구
- 서명의 불일치
- 부적절한 재정관리계획

(3) 가정 내 노인학대에 대한 개입과정

① 사례가 보고되면 성인보호서비스센터는 사회복지사를 즉시 파견한다.

② 파견된 사회복지사는 보고된 사례를 조사하여 개입정도를 결정한다.

   • 사법권으로부터 독립적 활동을 하며 노인의 자발적 참여가 전제된다.

③ 사례가 확인되면 표준화된 지침서에 따른 과학적 사정이 이루어진다.

   • 임상적 진단과 의료기관과의 협력체계가 이루어지며, 환자차트의 재검토, 의료전문가의 의견, 환자와의 면담, 병력조사가 병행된다.

   • 사회복지적 사정을 돕는 구조화된 면접전략이 이루어진다.

④ 구체적인 개입이 이루어진다.

   • 개입은 차별화 · 개별화된다.

   이 프로그램은 노인의 독립적인 삶을 최대한 보장 · 유지할 수 있도록 원조하는 것이며 노인의 의지에 반한 서비스를 제한하며, 때로는 사회복지사는 학대 가해자에 대한 중재인의 역할을 하기도 한다.

   주요 서비스로는 가정원조 서비스와 가정의료 서비스, 단기보호 프로그램, 게이트 키퍼 프로그램 등이 있다.

(4) Missouri 주의 개입과정 예

지역전화번호부나 안내에 지역 노인학대 hotline 번호를 안내하게 한다. 전화가 걸려오면 훈련된 노인학대 사례상담자가 받으며, 극도로 심각하고 위험한 경우들은 가장 짧은 시간 내(24시간 이내)에 대처하게 된다.

〈초기질문 사항〉

• 노인의 이름

• 주소(만약 장기요양시설에 있다면 방 호수 포함)

• 나이

• 전화번호

• 구체적으로 현재 일어나고 있는 일(오늘 전화하기를 결정한 이유)

미주리 주에서 뿐만 아니라 미국은 거의 가정폭력이나 노인학대에 희생되는 자를 보호하기 위해 성인보호법(adult protective services)의 적용을 받게 된다. 노인학대와 유기에 대해 조사와 진술을 받도록 고안되어 있으며 지역의 전화번호부나 전화안내원들은 해당 지역의 전화번호를 안내해 주어야 한다.

〈참고할 사항〉

- 지역법의 강화

: 911 혹은 지역경찰서의 번호

〈노인이 시급한 위험상황에서 전화하기 가장 좋은 장소 안내〉

- 장기요양 옴브즈맨 프로그램

: 너싱홈 내에서 학대나 유기가 일어나는 경우에 도움을 제공할 수 있도록 고안되었다(지역 전화번호부와 전화 안내원 혹은 노인담당 주 요원은 지역 전화번호를 제공한다).

- 노인담당 지역요원

: 노인담당의 모든 지역요원들은 60세 이상의 개개인이 이용할 수 있는 프로그램과 서비스의 범위와 관련된 정보를 제공하는 역할을 한다.

2. 노인학대 상담의 실무

외국에서 제시된 것처럼 한국의 경우도 노인학대의 개입의 다양한 프로그램이 개발되어야 하는 시급성이 요구되고 있다. 현장에서 노인학대를 상담할 경우 우선 각 기관의 특성에 따라 지침을 만들고, 전문가들과 의논할 수 있는 체계를 형성하여 노인학대 상담의 개입과정을 수행하여야 한다. 아래 제시된 것은 노인학대 상담에서 고려되어야 하는 제반과정 중에 필요한 질문과 정보들이다.

1) 상담사례를 접했을 때 상담원이 고려해야 할 사항

- 누가 처음에 전화를 하도록 만들었는가?
- 노인과의 관계는?
- 더 많은 정보를 얻기 위해 노인이 평소에 찾았던 의사가 있는가(결정적인 증거를 제공하는 사항임)?
- 노인에게 사회적 서비스가 제공되고 있는가?
- 노인의 권한정도는 어떠한가?

- 노인학대를 일으킬 위험요소와 관련된 것들이 무엇인가?
- 부양자가 있는가?
- 부양자와 관련된 위험요소는 무엇인가?
- 노인을 학대하고 유기하는 또 다른 사람이 있는가?
- 지지체계가 있는가? 개인적 도움뿐만 아니라 가족·친구 등 주변사람이 있는가, 없는가? 만약 있다면 누가 제공해주며 어떤 방식으로 제공되는가?
- 고립정도는 어느 정도인가?
- 학대에 대한 일괄사건기록에 대하여 이전부터 알고 있었는가?
- 이전에 학대, 방임, 유기에 대한 관련된 경험이 있었는가? 만약 있었다면 누구에 의해 어떤 방법으로 있었는가?
- 위기를 측정할 필요가 있는가?

상담자 스스로가 학대라고 사료된다면, 사건의 흐름을 단계별 또는 위기정도에 따라 접근하여야 할 것이다. 이때 상담자들은 비록 교육이나 사례접근의 경험이 있어도 노인학대의 범위에 대하여 많은 의문을 가지게 될 것이다. 보통 내담자인 노인이 자신의 삶을 살아갈 수 있는 정당함을 잃었을 경우, 박탈당하고 있다고 여겨지면 위에 제시된 질문을 상담자 스스로에게 던져보고 우선 학대인가 아닌가에 대한 본인의 생각을 정리한다. 이로써 보다 전문적 지식으로 관리해 줄 수 있는 전문가에게 도움을 구하고 노인을 보호할 수 있는 첫 번째 개입준비를 해야 한다. 노인학대의 개입과정은 위기개입, 학대현장이 목격되고 병원에 이송되어야 하는 경우나 쉼터로 피신을 해야 하는 경우(현재 우리나라의 경우는 가정폭력방지법에 의거한 위기개입의 방법을 이용함), 단순노인학대로 인한 노인상담이나 가족상담의 유형에서 제시되고 있는 경우를 따라야 하는 경우, 잠재적 노인학대의 가능성이 있기 때문에 계속적 관리가 필요한 경우가 있을 수 있다.

2) 노인학대를 평가하는 과정에서의 개입평가와 치료과정

① 고려사항
- 피해자와 관련된 유용한 사람들, 가족, 또는 도움을 줄 수 있는 사람들과 인터뷰를 한다.

- 피해자의 유용한 생리적, 정신적, 사회적 자원을 요약하고 자료를 모은다.
- 부양자에 대한 생리적, 정신적, 사회적 자원에 대하여 조사한다.
- 의심스러운 학대에 대한 특성을 정의해본다.
- 치료계획을 개발해보고 바람직한 방향을 모색해본다.
- 임의로 개발된 치료계획을 수행해보고 처음 개입의 적절한 기간 동안 노인의 높은 위험요인에 대한 변화를 평가하고 치료계획을 완료한다.

② 구체적 개입의 평가방법

- 피해자의 육체적 건강, 행동 혹은 학대나 방임이 일어났을 때 집안에서의 증거가 있는가(한국의 현실적 상황에서 신체적 학대의 경우 경찰의 현장목격이 노인학대 증거 제출의 용이한 부분으로 작용됨)?
- 피해자가 즉각적인 위험에 처해 있는가(위기개입이 필요하여 학대현장에서의 위기를 피신할 수 있는 쉼터가 필요한가)?
- 가족 내에 학대나 방임에 대한 과거력이 있는가(노인학대의 경우로 발각되는 경우는 과거력을 항상 가지고 있으며 원인적 가족력이 많은 경우가 대부분이다)?
- 학대나 방임에 대한 가능한 원인은 무엇인가(가족관계, 힘의 관계, 학대의 용이한 요소 등을 관찰함)?
- 가족들은 문제를 해결하기 위해서 시도와 노력을 하고 있는가?
- 어떤 가족원이 문제를 해결하기 위한 시도가 있었는가?
- 학대나 방임에 대한 피해자의 태도와 느낌은 무엇인가?
- 해결을 위한 피해자의 목표는 무엇인가?
- 피해자의 결정과정에 대한 이해를 적절하게 할 수 있는가?
- 피해자와 가해자 모두는 자신을 보호할 수 있는 상태인가?

개입평가의 단계 동안, 피해자와 가해자를 분리하여 면담을 해본다든지 그들이 함께 어떻게 작용하는지를 관찰해보는 것은 중요하다. 피해자의 건강상태, 기능적 상태(ADL), 주거환경, 경제적 상태, 사회적 지원, 감정, 심리적 상태와 스트레스 등이 평가요소가 될 수 있다. 이 단계에서는 학대에 대한 모든 증거의 기록과 홀대에 관계하는 직접적 질문을 묻도록 유도하고 기록하고 기억될 수 있도록 한다.

이 과정에 있어서도 노인학대 사례를 전문가팀과 의논할 수 있는 유기적 관계를 갖고 정보를 얻을 수 있는 네트워크 구축이 바람직하다.

③ 개입목표

- 폭력순환을 소멸시킨다.
- 서비스나 자원을 정확하고 효율적으로 제공해준다.
  (지역자원, 법적·정책·위기 측정 등)
- 스스로의 결정권에 대한 효율적 판단을 존중해준다.
- 치료계획의 개발

④ 피해자가 확실한 경우의 개입선택

- 노인에게 신뢰관계를 형성시켜 준다.
- 노인희생자의 권리와 이용가능한 행위에 대한 변화과정을 알려준다.
- 법적인 것을 포함하여 모든 선택을 할 수 있다는 확신을 준다.
- 학대 없이 생활할 수 있는 방법을 노인이 배울 수 있도록 지지해준다.
- 치료계획을 결정하고 개입절차의 계획형태를 완성한다.
- 피해자가 진행과정을 통해서 보호될 수 있다는 것을 확신시켜 준다.
- 노인학대의 다학제적인 전문상담팀과 전문적 개입기관임을 확신시켜 준다.
- 사례를 주기적으로 관리할 수 있어야 한다.

⑤ 학대자로 의심되는 가해자를 위한 개입선택

- 학대적 행위에 대한 원인을 규정하게 한다.
- 가해자의 약물, 알콜, 정신적 문제 등 해결할 수 없다고 믿고 있는 상황에 대한 적절한 자원에 대하여 언급해준다.
- 가해자의 행위가 노인에게 얼마나 치명적이며 또한 가정폭력과 인권적 침해행위임을 알려준다.
- 가해자가 부양의 기술이 부족하거나 위축되어 있다면, 지역사회나 부양기술의 도움을 얻을 수 있는 개인적 자원을 찾게 해준다.
- 지지서비스와 일시휴식 서비스를 제공하게 한다.
- 부양자 지지그룹에 대한 조언을 해줄 수 있는 자원을 모아 전달한다.
- 긍정적일 수 있도록 지지한다.

피해자와 가해자 모두에게 상담원의 개입이 결코 해를 주는 것이 아니며 서로를 도울 수 있음을 확신시켜 주는 것도 중요하다. 한국의 노인학대 개입과정은 처벌위주보다는 학대상황의 보다 적극적 변화를 만들어 주어야 한다. 또한 가족관계의 악순환적 관계모형을 새롭게 구축할 수 있는 정보와 자원의 구축이 필요하며, 학대로부터 희생되는 취약한 노인에게 진정한 선택의 기회를 자유롭게 제공해 줄 수 있는 상담의 배려가 필요할 것이다.

3) 상담과정에서 필요한 관계 기관

① 전화상담

현재 1588-9222번은 사회복지 공동모금회에서 전국 네트워크를 형성하여 상담을 받고 있으므로 활용가능하며, 또한 여성단체의 가정폭력상담소 1366번도 활용가능하다. 가까운 복지관이나 노인상담을 하고 있는 기관에서도 노인학대 전문상담원이 활동함으로써 서로 유기적인 연계를 하여 정보교류 및 연대를 이룰 필요가 있다.

② 위기개입

현장보존이나 증거를 확보하기 위하여 사건발생 신고가 들어왔을 때는 파출소, 경찰서의 협조를 구하고 또한 119조치를 활용할 수 있다. 여기서 상담원 단독의 결정이 아니라 관계기관의 효율적 협조를 받아 증거수집, 쉼터활용 등을 이용하도록 한다.

③ 법적 도움

법적 대응이 필요할 때 국가에서는 무료법률공단 132번을 통해 법적 대응을 무료로 할 수 있는 방안이 있으므로 각 지역의 법률구조공단의 무료법률상담소의 활용도 필요하다.

4) 노인학대상담에 필요한 기록

① 노인학대 전화의 상담기록

- 분류번호 : 기관별로 다를 수 있으나 연도, 사례고유번호의 특색을 의미할 수 있도록 한다.
- 접수일 : 연도, 월, 일, 시간을 표시하도록 한다.

- 상담원 : 상담원명을 제시한다.
- 내담자 : 내담자에 관한 정보(성별, 연령, 관계, 연락처)를 간략히 적는다.
- 피해자, 가해자에 관한 정보 : 성별, 연령, 가족관계, 학대정도, 개입요구정도
- 상담내용 : 육하원칙에 따라 구성을 하고 학대의 정도를 잘 정리할 수 있도록 한다.
- 기타 : 도움이 될 수 있는 특이사항을 기록한다.
- 상담조치 : 1차 조치는 단순한 기관 연계, 정보제공일 수 있으나 보다 구체적으로 지지할 수 있었던 내용을 기록하도록 한다.
- 상담의 종결유무를 표시하고 특이한 사항이나 계속적 관리가 필요한 사례는 파일을 따로 정리할 수 있도록 하며 다시 전화가 왔을 때 다시 처음부터 시작되지 않도록 유의한다.

그 외에도 노인학대 현장조사서 및 종결보고서 사후관리결과 보고서 등이 필요하며 각 기관의 특색에 따라 유형을 만들어 사용하도록 한다.

Ⅱ 노인학대 방지 프로그램

1. 노인학대 예방 프로그램

노인학대에 효과적으로 대처하기 위해서는 노인학대 문제의 원인과 심각성에 대한 대중인식의 명료화를 먼저 생각하지 않으면 안 된다. 이런 관점에서 노인에게 나타나는 일반적인 특성을 바탕으로 하여 피해자인 노인 측면, 가해자 측면, 피해자 노인과 가해자와의 상호작용 측면, 가정환경요인 측면, 사회문화요인 측면 등의 다면적인 접근을 통해 다면적인 개입과 대책을 강구하는 프로그램 및 서비스의 실시 등 노인학대 문제에 대응하는 구체적인 방안이 있어야 할 것이다. 또한 우리나라가 고령화 사회로 접어들면서 만성적인 질환을 가진 의존성 노인도 이에 비례하여 증가하는 추세를 보이고 있으며 장기간 보호를 받아야 하는 만성질환 노인 중에서도 가족에 대한 의존성이 가장 높은 질환이 바로 노인성 치매질환을 가진 노인이다. 따라서 노인학대 예방 프로그램으로서 일반노인가족과 함께 치매노인가족을 다루어 볼 필요가 있으므로 이

두 측면에서의 예방 프로그램을 살펴보고자 한다.

1) 일반노인가족의 노인학대 예방 프로그램

본 프로그램은 노인학대에 대한 올바른 이해와 노인학대 방지라는 관점에서 멋진 노후보내기라는 노인학대 예방 프로그램의 모형개요를 다음과 같이 제시하고자 한다.

(1) 노인학대 예방 프로그램의 대상과 운영

노인학대는 다른 가정폭력의 문제와 마찬가지로 주로 가정 내에서 가족원, 특히 그들의 자녀들에 의해서 가장 많이 발생하는 것으로, 본 노인학대 예방 프로그램의 대상은 노인학대 예방에 관심이 있는 일반노인가족, 예비 노령층 또는 현재노인 모두가 해당된다. 본 과정은 일주일에 1회로 7주간으로 하여 총 7회로 하고, 매회 교육의 시간은 2시간 30분 정도로 한다. 1회 교육은 2~3교시로 나누어 진행하며 중간에 휴식시간을 둔다. 프로그램의 내용은 크게 주제별 강의와 활동(실습), 과제, 종결로 구성되어 있다. 강의는 주제별에 따라 전문가와 교육자가 팀교육으로 실시한다.

(2) 노인학대 예방 프로그램의 목적

노인학대 예방 프로그램은 노인이 학대를 당하지 않도록 예방하는 교육으로 노인학대에 대한 이해와 노인에 대한 긍정적인 경험, 이에 대처할 수 있는 지식과 태도를 가지게 하는 것을 목적으로 하고 있다.

이 같은 목적을 달성하기 위하여 본 프로그램은 다음과 같은 목표를 갖는다.

첫째, 노인학대에 대한 이해와 인식을 증진시킨다.

둘째, 노인의 특성에 대한 이해를 증진시킨다.

셋째, 가족관계의 특성에 대한 이해를 증진시킨다.

이러한 목표를 달성하기 위해 각 단계에서 이루고자 하는 구체적인 목표는 다음과 같다.

목표 1 : 노인학대의 이해를 통해 대접받는 노후생활에 대한 이해를 증진시킨다.

하위목표 1 : 노인학대의 개념과 유형을 살펴본다.

하위목표 2 : 노인학대의 실태와 그 심각성을 살펴본다.

목표 2 : 노인의 특성을 살펴보고 학대유발이 될 수 있는 점을 방지토록 한다.

하위목표 1 : 노인의 신체적 노화의 특성을 이해하고 이에 대한 건강관리를 점검한다.

하위목표 2 : 노인의 정신적·심리적 특성을 이해하고 자신의 변화된 모습을 점검해 본다.

하위목표 3 : 노인의 경제적 대비의 필요성을 인식하고 노후를 대비한 계획을 점검한다.

하위목표 4 : 노인의 여가활동의 이해와 필요성을 인식시킨다.

목표 3 : 원만한 가족관계가 유지될 수 있도록 세대간의 화합방안을 모색한다.

하위목표 1 : 현대사회의 변화와 가족의 개념을 살펴본다.

하위목표 2 : 가족과 노인부모와의 역동적 관계를 살펴본다.

(3) 노인학대 예방 프로그램의 내용

본 프로그램의 내용은 전체적으로 노인학대를 이해하고 노년의 행복을 모색해본다. 이러한 접근을 위해 노인학대의 발생원인은 첫째, 노인의 특성에서 대부분 유발되는 것으로서 노인의 신체적·정신적·심리적·경제적·사회적 특성을 살펴보고, 다음으로 한국의 노인학대는 가족문화를 토대로 해석될 수밖에 없으므로 원만한 가족관계가 유지될 수 있도록 세대간의 화합방안을 모색한다. 마지막으로 교육을 받은 참가자로 종결에 대한 의식행사를 하여 이제 학대받지 않을 자신이 있는 멋진 노인이 될 수 있다는 확신을 갖게 하며 노인학대 예방을 위한 이웃의 홍보담당자가 된다는 마음을 심어주는 교육내용으로 구성되어 있다.

프로그램의 구체적인 내용은 제시된 「멋진 노후 보내기」 프로그램의 모형에 나타난 바와 같다.

1회 : 대접받는 노인이 되자(노인학대의 이해)

목 표	1. 대접받는 노후생활에 대한 이해 증진시키기 2. 노인학대의 개념과 유형 살펴보기 3. 노인학대의 실태와 심각성 살펴보기

진 행	소요시간	교육내용
도 입	40분	1. 프로그램 오리엔테이션 - 프로그램 소개 : 목적, 운영방법, 진행자 소개 2. 참가 규칙 설명과 서약 3. 참석자 소개 : 참가동기와 기대 발표

강 의	50분	1. 대접받는 노후를 위한 이해
		2. 노인학대의 이해
		  - 노인학대의 개념 및 유형
		  - 노인학대의 발생원인과 실태

휴 식	10분	간식 및 담소
활 동	40분	1. 노래부르기(제목 : 부모) 2. 노인학대 사례 발표하기 3. 경로헌장 및 노인강령 선서
종 결	20분	요점정리, 의문점 질문하기, 노인학대 심각성 강조, 소감발표
과 제		배운 노래 복습해 올 것
준비물		이름표, 필기도구, 규칙, 서약서, 교재, 경로헌장 및 노인강령 인쇄물, 노래가사, 음악테이프

2회 : 노년 건강 지키기(노인의 신체적 건강관리)

목 표	1. 노인의 특성 중 신체적 노화현상 이해하기 2. 노인의 건강관리를 점검하고 계획하기		
진 행	**소요시간**	**교육내용**	
도 입	20분	1. 전회 교육내용 점검 2. 서로 질병의 고통에 대한 의견 나누기	
강 의	50분	1. 노화란? 　– 노화의 개념 및 아름답게 늙어가는 법 2. 노화와 신체적 변화 　– 노화와 생리적 변화 3. 노화와 건강관리 　– 영양과 식생활 　– 운동	
휴 식	10분	간식 및 담소	
활 동	50분	1. 노화관련 비디오 시청 2. 다함께 건강체조하기	
종 결	20분	요점정리, 소감발표, 의문점 질문하기	
과 제		준비된 양식(식습관점검표, 건강점검표, 운동점검표) 작성해보기	
준비물		이름표, 필기도구, 교재, 각종 점검표 양식, 비디오테이프, 건강체조용 음악테이프	

3회 : 나이드는 것의 미덕(노인의 정신적 · 심리적 이해)

목 표	1. 노인의 정신건강에 대한 특성 이해하기 2. 노인의 심리적 특성 이해하기		

진 행	소요시간	교육내용
도 입	20분	1. 전회 교육내용 점검하기 2. 나이가 듦에 따라 나타나는 다양한 정신적, 심리적 변화에 대한 의 견 나누기

강 의	50분	1. 노년기의 정신건강
		   – 노화에 따른 정신적 문제와 행동상의 변화
		   – 건망증과 치매
		2. 노인의 심리적 특성
		   – 노인의 성격적 특성
		3. 노인의 정신건강과 심리적 변화에 따른 대처방안
		   – 아름답게 늙어가는 법
		   – 좋은 습관 만들기

휴 식	10분	간식 및 담소
활 동	50분	1. 정신건강과 심리적 변화에 대한 질의응답 2. 치매예방 비디오 시청하기 3. 치매예방 체조하기
종 결	20분	요점정리, 의문점 질문하기, 자신의 변화를 알고 이에 대한 대처방안을 탐구하여 효과적으로 적용함을 강조, 소감발표
과 제		배운 내용을 자신에게 적용해보기, 치매예방 체조 3회 하기
준비물	이름표, 필기도구, 교재, 비디오테이프, 건강체조용 음악테이프	

4회 : 나이가 들수록 있어야 하는 돈(노후의 경제적 대비)

목 표	1. 노후에 대한 경제적 대비의 필요성 인식하기 2. 노후생활자금 검토해보기	
진 행	**소요시간**	**교육내용**
도 입	20분	1. 전회 교육내용 점검하기 2. 나이가 듦에 따라 돈이 필요한 이유를 서로 의견을 나눈다. 3. 재산 및 용돈관리에 대한 경험을 서로 나눈다.
강 의	50분	1. 노후의 경제적 대비의 필요성 2. 노후의 경제적 대책 방법 모색 3. 소득과 지출의 균형 맞추기
휴 식	10분	간식 및 담소
활 동	50분	1. 노래 부르기('돈 앞에만 서면 나는 왜 작아지는가'라는 가사로 바꾸어 부르기) 2. 자신의 현재 재산 상태를 점검한다. 3. 누가 경제권을 가질 것인지 논의한다. 4. 자신의 노후준비는 어떻게 하고 있나 의견을 나눈다.
종 결	20분	요점정리, 의문점 질문하기, 노후의 빈곤예방을 위한 경제적 준비의 중요함을 강조, 소감발표
과 제	금전출납부(한달 소득과 지출 : 생활비, 용돈내역) 기록해오기	
준비물	이름표, 필기도구, 교재, 노래가사, 음악테이프	

5회 : 접었던 나의 꿈 다시 찾기(노인의 여가활동)

목 표	1. 여가의 개념과 의미 이해하기 2. 노인의 여가활동의 필요성에 대한 인식 증진시키기	
진 행	**소요시간**	**교육내용**
도 입	20분	1. 전회 교육내용을 점검한다. 2. 여가선용에 관련한 의견을 나눈다.
강 의	50분	1. 여가의 개념과 의미 2. 노인의 여가활동의 필요성과 유형 3. 자원봉사활동의 보람
휴 식	10분	간식 및 담소
활 동	50분	1. 노래부르기(인생은 즐겁다 또는 보람있다는 내용) 2. 여가활동의 경험 나누기 3. 여가활동 준비에 대한 계획 나누기 4. 자원봉사활동의 경험이나 계획 알아보기
종 결	20분	요점정리, 의문점 질문하기, 여가활동의 중요함을 강조, 소감발표
과 제		배운 노래 복습해올 것
준비물	이름표, 필기도구, 교재, 노래가사, 음악테이프	

6회 : 우리 가족 화이팅(가족기능 유지 강화)

목 표	1. 가족의 소중함 인식하기 2. 가족의 역할 인식하기	
진 행	**소요시간**	**교육내용**
도 입	20분	1. 전회 교육내용 점검하기 2. 가족에 관련한 의견 나누기

강 의	50분	1. 가족의 개념
		2. 현대가족과 노인
		  - 효 개념의 변화
		  - 핵가족화의 특성
		  - 세대차의 이해
		3. 가족과 노인부모와의 역동적 관계

휴 식	10분	간식 및 담소
활 동	50분	1. 가족의 좋은 점 나누기 2. 노부모(자녀)에게 하고 싶은 이야기 나누기 3. 자녀(노부모)에게 하고 싶은 이야기 나누기
종 결	20분	요점정리, 의문점 질문하기, 가족의 소중함을 강조, 소감발표
과 제		노부모(자녀)에게 호혜적으로 말하기
준비물	이름표, 필기도구, 교재	

7회 : 이제 안녕(종결에 대한 의례적 행사)

목 표	1. 멋진 노인이 될 수 있다는 확신 갖게 하기 2. 노인학대 예방을 위한 이웃의 홍보담당자 되기	
진 행	**소요시간**	**교육내용**
도 입	30분	1. 총 6회의 교육내용 점검하기 2. 노인학대에서 해방되는 멋진 노후를 예측하며 만족스러워 하기
강 의	40분	1. 멋진 노인행동지침 10가지 2. 젊음을 유지하는 10가지 방법 3. 활기찬 노년을 위한 10계명 4. 노후대책 꼭 알아야 할 10가지 5. 노인학대 요약정리 및 예방대책 점검
휴 식	10분	간식 및 담소
활 동	30분	1. 멋진 노인행동지침 10가지 읽기 2. 젊음을 유지하는 10가지 방법 읽기 3. 활기찬 노년을 위한 10계명 읽기 4. 노후대책에 꼭 알아야 할 10가지 읽기

종 결	50분	1. 종결행사
		  – 느낀 점 나누기 및 평가서 작성 및 제출
		  – 촛불의식(나를 위한 서약)
		  – 수료증 및 선물 증정

과 제		종결 후 멋진 노인이 될 것을 약속하기
준비물	이름표, 필기도구, 교재, 촛불, 평가서, 서약서, 수료증, 선물	

2) 치매노인 가족 교육프로그램

치매노인에 대한 사회적 서비스체계가 거의 마련되어 있지 않은 우리나라에서는 치매노인에 대한 부양이 전적으로 가족에게 부과되어 왔다. 치매는 만성적으로 퇴행하는 질병이므로 치매노인 가족은 노인의 치매발병사실을 알게 된 때부터 노인의 사망까지 장기간에 걸친 간호를 부담하게 되는 긴 여정에 있고, 신체적·정신적 건강, 사회적 활동, 재정적 상태 등의 모든 영역에서 부양에 관련된 많은 어려움을 겪고 있다.

더욱이 핵가족화, 여성의 사회진출에 따른 맞벌이 가정의 증가 등의 추세를 나타내고 있는 오늘날에 치매노인에 대한 부양은 가족 내의 심각한 갈등과 스트레스를 야기하며 이로 인해 가족전체의 복지에도 심각한 영향을 미친다.

특히 노인의 치매정도가 심할수록 부양기간이 길어질수록 노인의 의존성이 증가하면서 장기간의 간호와 부양으로 감당하기 힘든 부양부담과 심한 스트레스는 부양자에 의한 노인학대를 일으키는 원인이 된다. 더구나 치매로 인한 노인의 성격변화와 문제행동이라는 치매특성상의 문제는 돌보는 가족들에게 큰 고통을 주고 또한 과중한 경제적 부담도 스트레스의 원인이 되어 노인학대를 유발하는 원인이 되고 있다. 이러한 부양부담감은 노인에 대한 거부와 부양회피를 유발한다. 또한 이는 노인학대를 유발시키는 노인관련요인, 학대를 가하는 가해자 관련요인, 가해자와 노인과 상호작용요인, 가정환경요인, 사회문화적 요인 등과 직접적으로 연관되어 결국에는 전형적인 노인학대로 이어지는 고리를 갖게 된다(김혜순, 2002).

결론적으로 치매노인 증가와 사회적 부양체계 미비라는 이중적 문제로 인한 치매노인 부양자의 과중한 스트레스와 고통은 고령화 사회를 살아가는 우리 모두가 미래에 경험할 수 있는 문제이며 해결해야 할 중요과제이다.

치매노인 가족의 부양부담을 경감시켜 줄 수 있는 가정 봉사원 파견 서비스, 주·단기보호센터, 치매전문병원이나 노인전문요양시설의 확대 등의 다양한 방안은 동시에 노인학대를 예방하는 방안이 될 수 있다. 그러나 치매노인 가족의 사회복지서비스에 대한 욕구는 높은 반면 실제로 이용할 수 있는 사회복지 서비스는 제한되어 있는 실정이고 치매노인 가족이 부양으로 인한 고통을 겪으면서도 부양의지가 높고(장경남, 1997) 부양책임이 전적으로 가족에게 있으므로 가족의 부양부담을 줄여줄 수 있는 교육프로그램의 제공은 현실적으로 매우 필요하다.

따라서 치매노인 가족부양자를 대상으로 치매에 대한 이해를 높이고 부양부담을 감소시키기 위한 적절한 대처능력을 습득하여 치매노인 부양가족의 생활의 질을 향상시키고 더 나아가 노인학대를 예방하기 위한 예방적 차원에서 치매노인 가족교육 프로그램 모형을 개발하였다.

(1) 치매노인 가족 프로그램의 대상과 운영

치매노인을 부양하고 있는 주부양자 10~15명을 대상으로 주 1회 2시간 30분~3시간 동안 8회에 걸쳐 실시한다. 프로그램 내용은 치매의 이해, 문제유형과 대처방법, 치매의 부양현실 인식하기, 정서적 스트레스 돌보기 I · II, 자기관리, 대인관계와 대화기술 향상, 자원과 지지체계의 발달로 구성하였으며 교육방법은 주제별 강의와 비디오 시청, 사례분석, 토론과 발표 등의 활동과 종결, 그리고 과제로 구성되어 있다. 강의는 주제에 따라 치매전문가와 교육자가 팀 교육으로 실시한다. 본 프로그램은 치매노인을 부양하는 주 부양자를 주 교육대상으로 하였으나 일반 노인을 부양하고 있는 부양가족을 대상으로도 융통성 있게 실시할 수 있다.

(2) 치매노인 가족 프로그램의 목적

본 프로그램은 치매노인을 부양하는 가족으로 하여금 치매에 대한 올바른 이해를 도모하고 부양의 현실을 인식하도록 하여 부양스트레스에 보다 효과적으로 대처할 수 있는 방법을 학습하여 노인학대를 예방하는 데 목적을 두고 있다.

구체적 목적은 다음과 같다.

- 치매에 대한 정보를 제공하여 질병으로서의 치매노인의 증상과 문제행동을 이해하도록 한다.
- 치매노인 부양의 문제와 부양으로 인한 영향을 이해한다.
- 부양부담을 완화할 수 있는 개인적 · 가족적 대처방법을 모색한다.
- 치매노인 및 다른 가족과의 관계향상기술을 습득한다.
- 부양자 원조나 사회적 지지체계의 정보를 획득하고 활용한다.
- 부양자간의 관계를 형성하여 지지집단 구성을 촉진한다.

(3) 치매노인 가족 프로그램의 내용

치매노인 가족을 위한 교육 프로그램 내용을 구성하기 위해 치매노인 가족에 대한 선행연구들을 기초로 하였다. 치매노인 부양자들은 치매에 대한 이해가 부족하고 부양기술, 스트레스 관리, 지역사회 자원의 활용 등에 대한 지식이 부족하며 자신의 부양능력을 최대화시킬 수 있는 치매에 관한 정보를 필요로 하는 것으로 나타났다(김태현·전길양, 1995; Greene & Monahan, 1989; Richard & Hathaway, 1990). 따라서 치매노인 부양자를 위한 프로그램들은 대체로 신체적·심리적 부담을 완화시키는 데 목적을 두었으며 정서적 지지의 제공, 정보 제공과 대처전략의 제공의 내용으로 구성되어 있다(Toseland & Rossiter, 1989; Haley, Brown & Levine, 1987; Montgomery & Bogartta, 1989). 본 프로그램은 치매노인 부양가족이 가장 어려움을 겪는 노인의 문제행동에 대한 구체적 간호법 및 대처능력 향상과 심리적·정서적 갈등과 스트레스 감소에 중점을 두어 내용을 구성하였다.

치매노인 부양가족의 교육요구 분석에 의하면 노인의 부양지식 및 정보에 대한 필요성의 지각이 높게 나타난다(옥선화·이형실·이춘희, 1994). 실제로 치매노인이나 가족이 치매에 대한 개념이나 증상을 잘 인식하지 못하고 노인이 되면 나타나는 일반적인 망령으로 생각하여 부양자가 구체적으로 치매라고 알기까지 많은 시간과 심리적인 어려움을 겪는 것으로 나타난다(김태현·전길양, 1995). 대부분의 치매노인 부양가족이 치매의 원인과 치료, 그리고 앞으로의 전망에 대해 자세히 알고 싶어 하고 부양가족이 노인의 비정상적 행동을 이해할 수 있을 때 어려움을 더 잘 극복해 나갈 수 있으므로(이윤로, 1996) 실제 교육 프로그램 구성에 있어서 치매에 대한 정확한 이해는 가장 기본적으로 포함되어야 할 내용이다.

치매가 진행될수록 부양가족이 가장 참기 어려워하는 문제들이 노인의 공격적 행동과 망상적 행동, 그리고 실금증으로 나타나지만(이윤로, 1996) 개개인에 따라 나타내는 문제행동 유형이 다양하고 부양가족이 받는 스트레스도 차이가 있기 때문에 문제행동 유형별로 효과적인 대처방법을 알려주어 부양자가 노인의 문제행동에 대해 민감하게 반응하는 것을 막고 비현실적 기대를 바꾸어 잘 다루어 나갈 수 있도록 문제행동 유형과 대처방법에 대한 교육내용을 포함하였다. 이 내용은 노인의 문제행동 유형에 따라 부양가족이 적합한 행동목표를 결정하는 것을 도울 수 있을 것으로 생각된다.

치매노인 부양가족은 치매로 인해 부양노인과의 상호관계의 상실과 역할반전의 변화를 경험하며 복잡한 감정을 공유하는 것으로 나타난다(김태현·전길양, 1995). 부양부담으로 인한 노인과의 관계변화뿐 아니라 자신과 가족, 경제적 측면, 사회적 관

계에 이르기까지 광범위한 부양의 영향을 인식하는 것이 현재의 문제점에 대한 대처
능력뿐 아니라 앞으로의 문제점을 예측하여 현실적인 부양계획을 세우는 데 도움이
될 것이며, 노인의 의존성에 따른 부양스트레스는 학대를 초래할 수 있음을 인식하도
록 부양부담과 노인학대와의 관계에 대한 이해를 높이도록 하였다.

치매노인 가족이 겪는 스트레스 중 가장 일반적으로 발견되는 문제가 분노, 우울,
불안, 좌절 및 죄책감과 같은 복잡한 양가감정의 혼합으로 인한 정서적 긴장이고 주
부양자가 신체적·경제적 문제보다 정서적 긴장을 더 높게 경험하며(김혜순, 2002)
부양 이후 신경과적 질환을 앓는 것으로 나타나고 있는 만큼(황선욱, 2001) 치매노인
부양자를 위한 정서적 지지 및 경험의 공유를 통한 정서적 스트레스 돌보기는 중요한
교육내용이다. 부양자가 분노나 슬픔, 죄의식 등의 감정을 표현할 수 있는 기회를
제공해야 하며 정서적 지지를 해줄 필요가 있다. 또한 분노와 죄책감을 다룰 수 있도
록 비합리적 신념체계를 찾아내어 정서와 사고, 행동간의 연관성을 깨닫도록 하는
내용을 포함하였다.

치매노인 부양자들이 문제상황에서 회피나 비난, 또는 인내와 체념 같은 비난형의
부정적 대처전략을 사용하는 것으로 나타나는데(김태현·전길양, 1995) 이는 오히려
부양부담을 가중시킬 수 있는 전략이므로(Hinrichsen & Niederehe, 1994; Kramer,
1993) 보다 적극적이며 효과적인 대처전략을 습득하여 사용할 수 있도록 하였다. 그
리고 부양자들은 노인부양에만 전적으로 매달려 자신의 생활을 잃어버리기 때문에
노인부양이 더욱 힘들게 느껴지고 스트레스로 인해 노인이나 가족과의 관계가 악화
되기 쉬우므로 삶의 균형을 되찾고 유지하도록 자신을 위한 기분전환이나 휴식을 위
한 시간관리와 자신을 보호할 수 있는 자원을 점검하는 자기관리 내용을 강조하였다.

치매노인의 부양은 주 부양자의 힘만으로 담당하기에는 현실적으로 대단히 힘이
들고 가족의 지지나 부양책임의 역할분담, 가족관계의 만족도가 성공적으로 노인을
부양하는 데 필요한 조건이므로 다른 가족이나 친지들이 치매노인의 부양이 얼마나
힘든 일인지를 알게 하고 부양책임 분담을 촉진할 수 있도록 대화기술을 습득하도록
하였다. 또한 노인의 의존성이 노인학대 경험에 직접적 요인으로 작용하지만 노인과
부양자와의 관계, 그리고 다른 가족과의 관계가 원만하지 못할 때 더 많이 발생하는
것으로 나타나는 만큼(이선이, 1998) 노인과 다른 가족과의 관계를 개선하는 갈등해
결 방법과 대인관계 향상 기술을 학습하는 내용을 포함하였다.

치매노인 부양가족은 사회 관계망이나 지원이 없이 거의 전적으로 노인의 부양을 감당하는 고립된 상황에 놓여 있다(김태현·전길양, 1995). 따라서 부양부담과 고통을 줄여줄 수 있는 사회적 지지체계에 대한 욕구가 높게 나타나므로 사회적 지원체계에 대한 정보를 제공하는 내용을 포함하였다.

따라서 본 프로그램은 치매의 이해, 문제행동 유형과 대처방법, 부양현실에 대한 인식, 정서적 스트레스 돌보기 Ⅰ·Ⅱ, 자기관리, 대인관계와 대화기술의 향상과 지지체계의 발달을 주 교육내용으로 구성하였다.

1회 : 치매의 이해

목 표	1. 치매에 대한 이해 증진하기 2. 치매로 인한 뇌의 기질적 변화와 노인의 문제행동 이해하기	
진 행	소요시간	교육내용
도 입	40분	1. 프로그램 소개 2. 진행자 / 참석자 소개(관계형성 질문 활용) 3. 프로그램 참가동기와 기대발표 4. 참가규칙 설명과 서약 5. 기억 및 행동장애 사전검사, 부양부담 사전검사
강 의	50분	1. 치매의 개념과 종류, 원인, 진행과정, 결과 2. 치매의 진행단계에 따른 증상과 문제행동 3. 치매의 치료법 4. 치매의 예방법
휴 식	10분	간식 및 담소
활 동	60분	비디오 시청 - 치매 집단토의 및 발표 치매증상 이해와 느낀 점 발표
종 결	20분	요점정리, 소감발표, 다음시간 내용 소개
준비물	이름표, 서약서, 사전검사지, 강의자료 handouts, 비디오테이프	

2회 : 문제행동 유형과 대처방법

목 표	1. 치매노인의 일반적인 문제행동 유형과 간호법 및 대처방법 인식하기 2. 치매노인의 비정상적 행동을 이해하여 보다 효과적으로 대처하기	
진 행	**소요시간**	**교육내용**
도 입	10분	1회 내용에 대한 질문과 답변
강 의	60분	1. 치매노인의 문제행동 유형 　- 신체적 문제행동 : 수면장애, 식사장애, 간호에 대한 저항행위, 　　요실금 　- 정신적 문제행동 : 기억장애, 대화장애, 판단장애, 배회행위, 망 　　상, 환각, 난폭성, 공격성(폭력행위), 우울증, 편집증, 의심증, 일 　　몰증후군, 반복적 성가신 행동 2. 문제행동에 따른 간호방법 및 대처방법 　- 길거리 배회나 길을 잃는 경우 　- 실금하는 경우 　- 대화가 어려울 경우 　- 의심하는 경우 　- 공격적이고 화를 내는 경우 　- 안절부절하는 경우
휴 식	10분	간식 및 담소
활 동	60분	1. 치매노인이 나타내는 문제행동 사례연구들을 읽고 간호법이나 대 　처방법 논의한 후 발표 2. 문제행동 관련 부양자의 현재 관심사와 문제, 욕구, 질문과 답변
종 결	20분	요점정리, 느낀 점 나누기, 다음시간 내용 소개
과 제		가장 관심이 많은 노인의 문제행동에 대한 효과적 간호 및 대처방법 알아오기
준비물	이름표, 강의자료 handouts, 사례연구 자료	

3회 : 치매노인의 부양현실 인식하기

목 표	1. 치매노인 부양의 영향 인식하기 2. 치매노인 가족의 부양경험 파악하기	
진 행	**소요시간**	**교육내용**
도 입	20분	2회 내용에 대한 질문과 답변, 과제점검과 논의
강 의	40분	1. 치매노인 가족이 경험하는 부양문제 2. 부양의 영향 　– 개인적 · 가족적 · 경제적 · 사회적 측면 　– 부양부담과 노인학대와의 관계
휴 식	10분	간식 및 담소
활 동	80분	1. 부양동기, 부양에 대한 태도 점검 2. 치매노인 부양 경험나누기 　– 부양으로 인한 문제점과 변화된 측면 적어보기 　– 치매노인 부양에서 어떻게 대처해 왔는지 파악하기 　– 치매노인 부양에서 현재의 문제점과 비현실적 기대 파악하기 　– 바람직한 부양계획과 현재 부양행동에서 수정할 점 적어보기 　– 앞으로의 문제점 예측해보기 3. 비디오 시청 – 고령사회에 대한 질문(누가 이 노인을 돌볼 것인가?) 　집단 토의 : 비디오 시청 후 느낀 점 말하기
종 결	20분	요점정리, 느낀 점 나누기, 다음시간 내용 소개
과 제	자신의 부양행동에서 노인학대 관련 행동 및 태도 한 가지 이상 알아오기	
준비물	이름표, 강의자료 handouts, 비디오테이프	

4회 : 정서적 스트레스 돌보기 Ⅰ

목 표	1. 부양부담에 따른 부정적 감정이 보편적이고 정상적인 감정임을 알게 하기 2. 감정과 경험을 공유하는 정서적 지지 제공하기	

진 행	소요시간	교육내용
도 입	20분	3회 내용에 대한 질문과 답변, 과제점검과 논의
강 의	40분	1. 치매노인 부양의 정서적 스트레스 　- 분노, 갈등, 비난, 죄책감, 자기연민, 우울, 좌절감 등 2. 대처기술(이완훈련, 타임아웃 기법, 심호흡, self-talk)
휴 식	10분	간식 및 담소
활 동	80분	1. 부양경험에서의 지배적 정서상황과 자신의 반응 　- 어떤 상황에서 분노하고 비난하고 우울한지, 주로 어떻게 반응 　　하는지 빈 의자 기법 사용하여 상황 재연해보기 2. 부양경험의 감정 표현하고 정서적 지지 제공하기 　- 노인과 자신, 다른 가족원에 대한 분노, 비난, 죄책감 등 감정나 　　누기 　- 감정을 인정하며 서로 지지해주기 3. 이완훈련, 심호흡, 숫자세기, 자신의 내적 언어 바꾸기, 타임아웃 　기법 실습해보기
종 결	20분	요점정리, 느낀 점 나누기, 다음시간 내용 소개
과 제		정서적 스트레스 상황에서 배운 대처기술 적용하여 자신에게 효과적 인 방법 파악하기
준비물	이름표, 강의자료 handouts, 의자	

5회 : 정서적 스트레스 돌보기 Ⅱ

목 표	1. 분노와 죄책감의 원인과 영향 인식하기 2. 비합리적 사고를 긍정적으로 변화시키기	
진 행	**소요시간**	**교육내용**
도 입	20분	4회 내용에 대한 질문과 답변, 과제점검과 논의
강 의	60분	1. 분노와 죄책감의 CYCLE 2. 정서와 사고체계와의 상호관계 3. 비합리적 신념체계의 영향 – 사례소개 　(정서-지각 · 사고-행동의 관계)
휴 식	10분	간식 및 담소
활 동	60분	1. 노인의 부양과정에서 화가 날 때 죄책감을 느낀 경험 나누기 2. 자신의 분노와 죄책감에 선행하는 사고와 지각이 무엇인지 적어보기 3. 비합리적 신념체계의 영향으로 어떤 결과가 나타났는지 적어보기 4. 비합리적 신념체계 변화시키기 위한 전략 · 자원 적어보고 발표하기 　(예 : 가치와 의미 발견하기, 비합리적 사고를 긍정적 진술로 바꾸기)
종 결	20분	요점정리, 느낀 점 나누기, 다음시간 내용 소개
과 제		일주일간 비합리적 신념체계 변화시키기 위한 전략 실천하고 변화된 점 적어오기
준비물	이름표, 강의자료 handouts, 사례 handouts	

노인학대 전문상담

6회 : 자기관리

목 표	1. 자신의 욕구 파악하기 2. 적절한 대처기술을 습득하여 자기관리능력 향상시키기	
진 행	소요시간	교육내용
도 입	20분	5회 내용에 대한 질문과 답변, 과제 점검과 논의
강 의	40분	1. 스트레스의 단기적, 장기적 피해 2. 자기관리의 필요성 3. 대처유형과 긍정적 대처전략
휴 식	10분	간식 및 담소
활 동	60분	1. 자신의 욕구(신체적 · 정서적 · 사회적 욕구)를 차트에 적어보기 2. 스트레스 대처방법 점검하기 　- 자신의 대처유형과 효과성 검토하기 　(비합리적 신념체계 적용해보기) 3. 자기관리활동 　- 자신의 기분전환이나 휴식을 위한 시간관리 계획해보기 　- 자신을 위한 시간이나 활동에 장애가 되는 요소 적어보기 　- 자신을 보호하기 위한 자원점검과 개발하여야 할 자원 검토하기 4. 효과적인 대처 경험이나 자기관리기술 발표
종 결	20분	요점정리, 느낀 점 나누기, 다음시간 내용 소개
과 제		일주일간 자신의 기분전환이나 휴식활동한 내용과 느낀 점 적어오기
준비물	이름표, 강의자료 handouts, 욕구차트	

7회 : 대인관계와 대화기술의 향상

목 표	1. 효과적인 대화기술 습득하기 2. 치매노인 부양역할과 다른 가족원에 대한 역할과 책임감에 조화를 이루는 방법 모색하기	
진 행	소요시간	교육내용
도 입	20분	6회 내용에 대한 질문과 답변, 과제점검과 논의
강 의	50분	1. 치매노인과 자신, 가족간의 관계변화 2. '나' 전달법, 말하기 · 듣기 기술 3. 갈등해결의 DESC 모델
휴 식	10분	간식 및 담소
활 동	80분	1. 자신의 갈등상황에 DESC 모델을 적용하여 문제해결 방안을 제시해 보기 2. 말하기 · 듣기기술 실습하기 3. 말하기기술과 '나' 전달법을 사용하여 다른 가족에게 역할분담의 도움을 구하는 역할극 해보기
종 결	20분	요점정리, 느낀 점 나누기, 다음시간 내용 소개
과 제		일주일간 갈등상황에 말하기 · 듣기기술 적용하여 결과 적어오기
준비물		이름표, DESC 모델자료, 말하기 · 듣기 자료 handouts

8회 : 자원과 지지체계의 발달

목 표		1. 치매노인의 부양은 가족의 힘만으로 해결하기 어려움 인식하기 2. 사회적 자원에 대한 정보를 제공하고 활용하게 하기 3. 부양자의 욕구 파악하기
진 행	소요시간	교육 내용
도 입	20분	프로그램 참여에 대한 감사와 격려, 7회 내용에 대한 질문과 답변, 과제점검과 논의
강 의	30분	1. 치매노인 부양에 있어서 사회적 자원의 역할 2. 현 단계에서 사회적 지원체계의 문제점
휴 식	10분	간식 및 담소
활 동	90분	1. 부양자 요구조사 2. 치매노인을 도울 수 있는 방법(예 : 친구와의 만남 주선) 적어보기 3. 치매노인을 도울 수 있는 외부자원 검토해보기 　－ 지역사회기관 　－ 다른 가족이나 친척 역할분담 　－ 장애요소와 대안 찾아 적어보기 4. 비디오 시청 － 전국 요양원 및 복지시설 5. 현 단계에서 사회적 지원체계의 문제점과 보완할 점을 이해하고 문제해결적 접근으로 토론하고 발표하기
종 결	40분	요점 정리, 질문과 답변, 참가소감 나누기, 프로그램 평가
준비물		프로그램 평가지, 전국 치매클리닉 설치 병원 및 노인복지시설 자료 handouts, 비디오테이프

2. 노인학대 치료 프로그램

노인학대에 관한 선행 연구들을 살펴보면 노인학대는 피해자나 가해자의 개인적 특성뿐만 아니라 개인을 둘러싼 가족 및 환경에 의해서도 영향을 받는 것으로 나타나고 있기 때문에(김윤희, 1993; 최정혜, 2000; 한동희, 1996; 한국보건사회연구원, 1999) 노인학대 치료 프로그램을 개발하는 데 있어서도 가해자나 피해자를 둘러싼 환경에 대한 생태학적 접근이 필요하다고 본다(한은주, 2000). 노인학대 영역은 다른 가족학대 영역에 비해 훨씬 덜 연구된 분야로서, 지금까지 행해진 연구들을 종합하여 그 경향성을 살펴보면 노인학대의 원인과 관련된 요인으로 가해자의 개인적 특성, 상호 세대간의 전이문제, 피해자의 의존성, 외적 스트레스 등을 들 수 있으며(Pillemer & Wolf, 1986; Quin & Tomita, 1986; Pillemer & Suitor, 1992; 한동희, 1996; 김태현·한은주, 1997), 그 외 사회적 고립요인 등이 포함되어 있다. 그러나 기존의 선행연구들이 노인학대의 원인을 설명하는 데 있어 이론을 통한 경험적 검증이 없는 상태에서 주로 연구한 한계점을 가지고 있으므로(한은주, 2000) 본 프로그램에서는 노인학대를 종합적으로 분석할 수 있는 생태학적 관점을 이용하여 노인학대 가해자 치료 프로그램 모형을 개발하였다. 또한 본 노인학대 치료 프로그램에서는 일반적인 노인학대 가해자 치료 프로그램과 함께 노인의 만성질환 중에서 연령이 높아갈수록 비중을 높게 차지하고 있는 노인성 치매발병을 감안하여 치매노인 가해자 치료 프로그램을 함께 개발하였다.

1) 노인학대 가해자 치료 프로그램

(1) 일반 노인학대 가해자 치료 프로그램

노인학대는 어떠한 형태로든지 노인의 심리적 안녕을 저해하는 것으로 신체적·심리적·사회적·정신적 상해를 입히는 것으로써 그 행위가 거듭될수록 더욱 심각한 형태로 변화되어 간다(Wolf, 1986). 그럼에도 불구하고 우리나라에는 아직 노인학대에 대한 전문적인 대응시스템이 없어 노인들이 심하게 학대를 당하면서도 마땅히 어떤 대안을 강구하지 못하고 있는 실정이다. 더구나 노인학대는 가족 내에서 일어나는 일이라 더 노출이 되지 않고 있으며, 이로 인해 고통받는 노인의 실태조차 제대로 파악하지 못하고 있다. 그러나 노인학대는 더 이상 간과될 수 없는 문제이며 노인학대 가해자를 파악하여 치료 및 교육이 이루어져야 할 시점이 되었다.

따라서 노인학대 가해자를 대상으로 노인학대에 대한 이해를 높이고 부양부담을 감소시키기 위한 적절한 대처능력을 습득시켜 노인학대를 예방하고자 노인학대 가해자 치료 프로그램 모형을 개발하였다.

노인학대 가해자 치료 프로그램 모형은 Kemp(1998)의 생태학적 모델(ecological model)을 기초로 하였는데, Kemp의 생태학적 모델은 가족 내 학대를 이해하는 데 특히 유용한 것으로 알려져 있다. 가정폭력 또는 가정학대에 대한 생태학적 접근은 폭력이 발생하는 즉각적 상황, 그 가족들의 상황, 이웃, 사회적 연결망, 그리고 폭력을 발생시키는 문화적 가치관 등이 영향을 주어 가정폭력이 발생한다고 보기 때문에 폭력 또는 학대의 원인을 개인적 차원, 가족체계적 차원, 사회적·문화적 차원으로 설명하고 있다. 따라서 노인학대의 배경을 이 이론에 접목시켜 보면, 노인자신이나 부양자의 개인적인 특성, 그리고 가족체계의 특성에 초점을 두는 동시에 더 큰 사회적인 맥락에서 노인학대 문제가 초래된 본질적인 원인이 어디에 있는가를 다루게 되어, 노인만의 특성이나 부양자만의 특성만 살펴보는 기존의 단편적인 접근방법보다는 좀더 거시적으로 노인학대의 원인을 규명할 수 있다고 본다. Kemp는 생태학적 틀을 미시체계, 중간체계, 거시체계의 3단계로 구분하여 가족 내에서 일어나는 학대의 원인을 살펴보았는데, 미시체계에는 개인적 수준의 변수들을, 중간체계에는 가족체계 내에서 기능하는 것들을, 거시체계에는 지역사회와 사회 내에서 일어나는 현상 등을 설명할 수 있는 요인을 포함시키고 있다.

① 노인학대 가해자 치료 프로그램의 대상과 운영

노인학대 가해자 치료 프로그램은 법적으로 제재를 받고 있지 않는 노인학대 가해자로서 노부모를 부양하고 있는 주 부양자인 성인자녀 10~15명을 대상으로 주 1회, 2시간 30분~3시간 정도, 7회에 걸쳐 실시한다. 프로그램 내용은 노인학대에 대한 이해, 노인학대의 의도 인식, 분노조절하기, 통제력 훈련하기, 의사소통 기술 훈련하기, 건강한 부모자녀관계 만들기 등으로 구성하였으며, 교육방법은 주제별 강의와 비디오 시청, 사례분석, 토론과 발표, 역할극 등의 활동과 요약, 그리고 과제로 구성되어 있다. 강의는 주제에 따라 학대치료 전문가와 교육자가 팀 교육으로 실시한다.

본 프로그램은 현재 노부모를 모시면서 노인학대를 하고 있는 가해자를 주 교육대상으로 하였으나, 노인을 부양하면서 스트레스를 받고 있는 일반 성인 자녀를 대상으로도 융통성 있게 실시할 수 있다.

② 노인학대 가해자 치료 프로그램의 목적

본 프로그램은 노인학대 가해자로 하여금 노인학대의 의미를 이해하고, 자신이 행하고 있는 노인학대의 의도를 인식하게 하여, 노인학대의 악순환적 고리를 끊어버리게 하는 데 목적을 두고 있다. 또한 그 결과로서 가족간의 화목을 도모하고, 나아가 건강한 가족을 만들어갈 수 있도록 가해자의 건전한 가치관 정립과 함께 자기 행동에 대해 책임을 질 수 있는 능력을 개발시켜 주는 데 초점을 둔다.

구체적인 목표는 다음과 같다.

- 노인학대에 대한 정보를 제공하여 노인학대 양상을 이해하게 한다.
- 노인학대가 일어나는 생태학적 맥락에 대해 알게 한다.
- 가해자가 학대행동 대신 다른 대안을 모색하게 한다.
- 가해자가 노부모와 효율적인 의사소통을 할 수 있도록 한다.
- 가해자의 행동변화를 통해 기능적인 가족관계를 유지할 수 있도록 한다.

③ 노인학대 가해자 치료 프로그램의 내용

앞장에서 전개된 내용을 통해 알 수 있듯이 우리나라 노인학대의 요인은 노인 개인적 특성의 문제와 가족, 사회변화 및 정책적 부재요인이 동시에 작용되고 있어 노인학대를 이해하는 메커니즘으로 생태학적 맥락으로 접근할 필요가 있다. 또한 노인학대를 이해하는 데 있어 중요한 몇 가지 문제점으로 노인학대에 대한 인식의 부족, 노인학대 과정의 개입이 없는 것, 노인학대 대응시스템이 없는 것, 노인인권 이해에 대한 시도가 낮은 점, 가정 내 학대문제가 많은 점 등을 들 수 있다.

따라서 본 프로그램에서는 노인학대에 대한 전반적인 정보를 제공하여, 가해자가 전체적으로 노인학대의 개념 및 학대양상을 인지하여 자신의 문제행동에 대한 인식 및 이해를 높이도록 한다. 또한 가해자가 노인학대가 일어나는 부양의 현실을 이해하고 부양의 영향과 학대원인으로서의 부양부담을 인식하도록 하는 내용을 포함하였다. 또한 노인학대 가해자가 겪는 스트레스 중 가장 일반적으로 발견되는 문제가 분노, 우울, 불안과 같은 정서적 긴장이므로 노인학대 가해자의 정서적 스트레스 돌보기와 자기통제력 훈련방법, 그리고 긍정적 대처가 중요함을 알게 한다. 한편 노인학대 가해자와 노부모와의 관계를 개선하기 위해 대화기술을 향상시키고 노인부양은 주 부양자나 가족의 힘만으로 담당하기에는 현실적으로 대단히 힘들므로 사회적 자원과 지지자원을 활용하는 내용으로 구성하였다.

첫 회에서는 교육프로그램을 시작하기에 앞서 프로그램 전반에 대한 오리엔테이션 및 프로그램의 규칙을 지키겠다는 서약서 작성, 그리고 참석자간에 서로 얼굴을 익히는 기회를 제공하며, 노인학대에 대한 기본적인 정보를 제공하고 있다. 2회는 노인학대에 대한 발생배경을 생태학적인 모델로 이해한 접근으로서 '노인의 삶 바라보기', 3회는 노인학대의 의도 인식하기로서 '나의 부모 새로 보기', 4회는 분노조절 훈련하기로서 '내 마음의 주인은 나', 5회는 통제력 훈련하기로서 '나의 마음 여닫기', 6회는 의사소통 기술 훈련하기로서 '나의 생각은 이래요', 7회는 건강한 가족관계 만들기로서 '아! 나의 부모님' 등의 교육내용으로 구성되어 있다.

1회 : 현대사회와 노인(노인학대의 이해)

목 표	1. 프로그램 오리엔테이션 2. 노인학대 관련정보 이해하기	
진 행	소요시간	교육내용
도 입	50분	1. 다함께 노래 부르기(긴장 풀어주기) 2. 프로그램 소개 3. 진행자·참석자 소개 4. 프로그램 참가 동기 및 기대 발표 5. 참가규칙 설명과 서약 6. 사전검사, 부양부담 사전검사
강 의	40분	1. 현대사회와 노인의 위치 2. 노인부양의 문제 3. 노인학대 사례소개
휴 식	10분	간식 및 담소
활 동	60분	1. 비디오 시청 : 노인학대 2. 집단토의 및 발표 - 노인학대 이해와 느낀 점 발표
종 결	20분	요점정리, 소감발표, 과제안내, 다음시간 내용 소개
준비물	간단한 다과, 사전검사지, 규칙, 서약서, 이름표, 필기도구, 사례소개 handouts, 비디오테이프, 노래악보	

2회 : 나의 삶 바라보기(노인학대의 발생배경)

목 표	1. 노인학대의 개념 및 학대 유형에 대해 알게 하기 2. 노인학대가 발생하는 배경을 이해하게 하기(생태학적 모델)	

진 행	소요시간	교육내용
도 입	10분	1. 다함께 노래부르기('부모님 은혜') 2. 1회 내용에 대한 질문과 답변
강 의	60분	1. 노인의 특성, 노인학대 개념 및 노인학대 유형 2. 생태학적 모델로 접근한 노인학대 문제 3. 학대 주기 및 패턴 : 권력과 통제의 수레바퀴 이론 　　　　　　　　　　　평등의 수레바퀴 이론
휴 식	10분	간식 및 담소
활 동	60분	1. 노인학대 발생배경에 대한 문제토의 : 조별토의 　- 노인 스스로의 문제로 인한 부양 스트레스와 노인학대의 예 　- 노인의 가족환경 내에서의 부양스트레스와 노인학대의 예 　- 지역사회 분위기로 인한 부양스트레스와 노인학대의 예 2. 노인학대 패턴에 대한 나의 생각 발표 : 개인 발표 　- 발표를 통해 참가자의 학대에 대한 신념체계를 체크
종 결	20분	요점정리, 소감발표, 과제안내, 다음시간 내용 소개
과 제		주위에서 구박받는 노인 이야기(실제 사례) 1가지 알아오기
준비물	이름표, 필기도구, 노인학대 사례연구 handouts, 노래악보	

3회 : 나의 부모 새로 보기(노인학대의 의도 인식하기)

목 표	1. 노년기 삶의 특성 이해하기 2. 노인학대가 가족에 미치는 영향 이해하기 3. 노인학대의 의도 인식하게 하기	
진 행	**소요시간**	**교육내용**
도 입	20분	1. 다함께 노래부르기('부모님 은혜') 2. 2회 내용에 대한 질문과 답변, 과제점검과 논의
강 의	50분	1. 노화의 의미와 노년기의 가족관계 2. 노부모 학대가 가족에 미치는 영향 : 역기능적 가족체계 3. 노부모 학대의 의도에 대한 분석 : 신념체계 문제 　　– 참가자가 학대를 정당화하는 과정 알게 하기
휴 식	10분	간식 및 담소
활 동	60분	1. 부모의 노화사실 수용과 적응 과정 　　– 노인부양 어려움의 경험 발표(조별 토의) 2. 노부모로 인한 생활스트레스와 대처방법 발표(조별 토의) 　　– 참가자의 행동이 노인학대에 해당하는 것임을 인식케 하기 3. 노인학대 사례 소개와 역할극 실습(준비된 사례 / 참가자 사례) 　　– 가해자가 학대받는 노인의 역할을 맡게 하기 　　– 역할극에 대한 소감 발표 및 정리
종 결	20분	요점정리, 소감발표, 과제안내, 다음시간 내용 소개
과 제		부모가 나를 힘들게 할 때의 나의 느낌 써오기
준비물	이름표, 필기도구, 노부모 학대사례 handouts, 역할극 준비물(끈, 종이)	

4회 : 내 마음의 주인은 나(분노 조절하기)

목 표	1. 분노를 표시하는 긍정적인 방법 알게 하기 2. 분노의 효율적 관리 방법 알게 하기

진 행	소요시간	교육내용
도 입	20분	1. 다함께 노래부르기/옆사람 칭찬하기(1가지씩) 2. 3회 내용에 대한 질문과 답변, 과제점검과 논의
강 의	60	1. 분노과정 : 분노상황과 분노결과 2. 분노를 표현하는 긍정적 방법 : 분노와 폭력의 차이점, 스트레스 관리 기술, 분노관리 기술 학습하기 3. 분노의 효율적 관리 : 타임아웃, 자기관찰, 신호 보내기, 떨어져 있기, 조용하게 말하기, 긍정적으로 표현하기, 분노 조절하기
휴 식	10분	간식 및 담소
활 동	60분	1. 화가 나는 분노상황 발표 및 토의 : 조별 토의 - 주로 어떤 상황에서 분노가 일어나는지 알게 하기 2. 화가 날 때 자주 쓰는 방법과 그 결과에 대해 토의하기 : 조별 토의 - 분노 표현 방법에 어떤 공통점이 있는지 알게 하기(개인발표 후) 3. 분노의 효율적 관리 방법을 적용해서 연습하기 : 조별 실습 - 분노를 효율적으로 관리하는 역할극 - 분노를 효율적으로 관리한 느낌 나누기(전체 발표)
종 결	20분	요점정리, 소감발표, 과제안내, 다음시간 내용 소개
과 제		분노의 효율적 관리방법 중 1가지 실습해오기
준비물	이름표, 필기도구, 분노조절 사례, 강의내용 handouts, 역할극 준비물(끈, 종이)	

5회 : 나의 마음 여닫기(통제력 훈련하기)

목 표	1. 통제전략 이해하게 하기 2. 자기 통제 지지망 개발하게 하기	
진 행	**소요시간**	**교육내용**
도 입	20분	1. 다함께 노래부르기('사랑해~ 나를') 2. 4회 내용에 대한 질문과 답변, 과제 점검과 논의
강 의	50분	1. 통제에 관한 정의 : 자동차 통제, 사람의 감정, 행동, 생각의 통제, 환경 통제 등 2. 통제전략 : 8가지 통제전략 학습하기 3. 통제 대신 사용할 수 있는 비폭력적 대안들
휴 식	10분	간식 및 담소
활 동	60분	1. 통제가 내 삶에서 어떻게 적용되었는가? : 조별 토의 및 발표 　－ 당신이 통제하려고 시도했던 사람들은 누구인가? 　－ 당신이 타인을 통제하려고 시도할 때 어떻게 하는가? 　－ 당신은 타인을 통제함으로써 무엇을 얻는가? 2. 당신이 어떤 상황을 통제할 수 없는 데 대한 상실감은 어떠한가? 　－ 조별 토의를 통해 공통점을 인식하게 하기 3. 당신이 타인에게 통제 대신 사용할 수 있는 비폭력적 대안은 무엇인가? 　－ 조별 토의를 통해 참가자들이 변화할 수 있음을 알게 하기
종 결	20분	요점정리, 소감발표, 과제안내, 다음시간 내용 소개
과 제		최근에 내가 통제하려고 했던 상황과 대상, 그때의 나의 감정 써오기
준비물	이름표, 필기도구, 통제전략 연습지, 통제활동 연습지, 강의내용 handouts, 노래악보 인쇄물	

6회 : 나의 생각은 이래요(의사소통기술 훈련하기)

목 표	1. 효율적인 말하기기술 알게 하기 2. 듣기기술 알게 하기 3. 바람직한 의사소통 방법 알게 하기	

진 행	소요시간	교육내용
도 입	20분	1. 다함께 노래부르기(가족, 사랑관련 노래) 2. 5회 내용에 대한 질문과 답변, 과제점검과 논의
강 의	50분	1. 말하기기술 : 자각의 수레바퀴, '나' 전달법 2. 존중과 수용, 자기 자신 돌보기 3. 경청하기 : 듣기기술 학습 4. 바람직한 대화법 : 무패법
휴 식	10분	간식 및 담소
활 동	80분	1. 어떤 갈등상황에 대해 평소의 대화방법 실연하기 : 조별 역할극 　- 조별로 느낀 점 이야기하기 2. 자각의 수레바퀴를 통한 말하기 : 조별 실습하기 3. 듣기기술 : 조별 실습하기 4. 바람직한 대화법 적용 : 조별 역할극 후 소감발표
종 결	20분	요점정리, 소감발표, 과제안내, 다음시간 내용 소개
과 제		일주일 동안 '나' 전달법을 적용한 실습 한 가지 해오기(소감 적어오기)
준비물	이름표, 필기도구, 부부대화법 handouts, 역할극 준비물(끈, 종이), 자각의 수레바퀴 map, 듣기기술 map	

7회 : 아! 나의 부모님!(건강한 가족관계 만들기)

목 표	1. 노부모와의 유대와 친밀감 발달시키기 2. 행동변화 유지하게 하기 3. 자아존중감 향상시키기	

진 행	소요시간	교육내용
도 입	20분	1. 프로그램 참여에 대한 격려와 감사 2. 6회 내용 질문과 답변, 과제 점검과 논의
강 의	50분	1. 건강한 가족의 특성과 사례 소개 : 비디오, 사례 2. 자기가치와 역량강화, 자아존중감 향상 훈련 3. 자신의 행동변화를 유지하기 위한 방법 : 비폭력 생활규칙 작성, 자 신에게 상 주기, 책임감 기르기 등
휴 식	10분	간식 및 담소

활 동	80분	1. 나의 노후 모습 : 자신의 노년기를 상상해서 이야기하기 : 조별 토의
		  – 가족에 대한 기대나 역할을 함께 나누기 : 역량강화의 집 그리기
		2. 가족이 함께 즐길 수 있는 가족게임이나 가족모임 목록 작성하기
		  – 그 중에서 1가지에 대한 활동계획안 짜보기 : 조별 발표
		3. 비학대적 생활규칙 작성하기 : 조별 토의 후 전체 발표
		  – 일상생활에서 실천할 수 있는 사항

종 결	20분	1. 요점정리, 소감발표 2. 프로그램 평가(피드백) : 프로그램의 장점 및 보완할 점, 수강자들 의 느낌과 생각, 프로그램의 어려웠던 점, 효과적이었던 점 등 발표 3. 촛불의식 : 자신에 대한 다짐
준비물	이름표, 필기도구, 강의내용 handouts, 촛불의식 준비물(초, 성냥)	

(2) 치매노인 학대 가해자 치료 프로그램

① 치매노인 부양자 치료 프로그램의 대상과 운영

본 프로그램은 치매노인을 부양하는 주부양자뿐 아니라 가족들을 대상으로 한다. 본 과정은 총 7회로 구성하였으며, 주 1회로 7주간, 매회 2시간 30분 정도 소요된다.

프로그램 내용은 주제별 강의, 활동, 과제수행 등으로 구성되어 있다.

② 치매노인부양자 치료프로그램의 목적

본 프로그램의 목적은 치매노인을 부양하는 부양자가 갖고 있는 부양부담을 완화하고 그 부양부담으로 인해 받은 심리적 · 정서적 상처를 치료함으로써 치매노인의 학대를 방지하기 위한 목적을 갖는다. 구체적인 목적은 다음과 같다.

- 치매의 특징과 증상을 알게 됨으로써 치매노인을 이해하게 한다.
- 부양자의 자원을 개발할 수 있도록 하여 부양부담을 완화시켜 준다.
- 부양자의 자아 존중감과 유능감을 증진시켜 준다.
- 치매노인 부양으로 인한 심리적 상처를 치료한다.
- 기능적인 가족관계를 유지할 수 있도록 한다.

③ 치매노인 부양자 치료 프로그램의 내용

프로그램의 내용은 전체적으로 치매노인을 이해하고, 부양으로 인해 유발된 심리적 갈등을 해소하여 내면의 힘과 육체적 건강을 증진시키기 위한 방법을 포함한다.

제1회기 '치매노인 이해하기'를 통해 치매가 무엇인지 알고 부양노인에 대한 오해를 벗고 환자로서의 치매노인을 안다. 제2회기 '나의 스트레스? 말로 다할 수 없어요!'에서 그 동안 치매노인을 부양하면서 겪었던 스트레스를 마음껏 이야기할 수 있는 기회를 갖고, 다른 사람의 부양경험을 들어봄으로써 자신만의 고통이 아님을 깨달아 위안을 받고 서로를 지지할 수 있도록 한다. 제3회기 '우리가족, 모두가 소중한 사람'에서는 치매노인의 긍정적인 점을 찾아보게 하여 노인에 대한 좋은 감정을 갖게 하고, 치매노인 부양으로 인한 가족간의 부정적인 감정을 해결하게 한다. 제4회기 '둘러보니 든든한 울타리가 쫙~'에서는 부양부담이 모두 자신에게만 있는 것으로 알고 산 힘든 생활에서 발견하지 못했던 인적 · 물적 · 사회적 자원들을 깨닫게 한다. 제5회기 '대단한 나의 힘! 이젠 알았어요.'에서는 자신의 가치감과 유능감을 갖도록 한다. 제6회기 '나의 건강, 가족의 행복'에서는 치매환자를 부양하면서 느낀 미래에 대한 불안감과 좌절이 부양자의 무력감으로 전달되는 것을 방지하기 위해 실제적인 치매예방법을 알게 한다. 제7회기 '휴식으로의 초대'는 자신을 위한 시간을 갖지 못하고 사회적으로 소외감을 느끼는 부양자를 위해 지금까지의 과정을 통해 배운 것을 활용하여 장·단기 시간계획을 세워보게 한다. 또한 프로그램을 마무리하면서 부양과 희생의 의미를 새길 수 있는 촛불의식을 하여 자신이 하고 있는 일이 얼마나 훌륭한 일인지를 가슴으로 느끼게 한다.

1회 : 치매노인 이해하기

목 표	1. 치매증상을 알게 하여 치매노인 이해하기 2. 치매노인을 부양하는 실질적인 방법 알기	
진 행	**소요시간**	**교육내용**
도 입	30분	1. 다함께 노래부르기 2. 오리엔테이션 　a. 프로그램 소개(강사소개) 　b. 참가규칙설명과 서약 　c. 자기소개·참가동기와 소망이야기
강 의	50분	1. 치매란 무엇인가? 2. 치매의 진행단계와 문제행동 3. 치매진단기준표 작성과 해석 4. 치매노인을 돌보는 방법 　(나쁜 병, 안타까운 사람)
휴 식	10분	간식 및 담소
활 동	40분	1. 자신이 경험한 치매노인의 상태와 적응 점검 2. 예측되는 진행단계와 문제점에 대한 토론 3. 비디오 시청 : 황혼의 늪 외 4. 치매증상 이해와 돌보기
종 결	20분	1. 느낀점 나누기 2. 의문점 질문하기 3. 다음 회기내용 소개하기
과 제		치매노인을 돌보면서 스트레스에 어떻게 대처해 왔는가 생각해오기
준비물		어머니, 부모님관련노래, 자료준비(목적, 교육내용, 서약서 등), 이름표, 간식, 치매진단기준표, 치매관련책자

2회 : 나의 스트레스? 말로 다할 수 없어요!

목 표	1. 치매노인 부양경험을 서로 나눔으로써 위로와 지지받게 하기 2. 서로를 위로해주고 정보를 주고받는 지지그룹 형성하게 하기 3. 스트레스 대처기술 알기		
진 행	소요시간	교육내용	
도 입	20분	1. 다함께 노래 부르기 2. 서로 다독거리며 "어제도 애썼죠?"라고 말하기	
강 의	50분	1. 치매노인 부양자의 부양 부담 2. 스트레스 대처유형에 따른 부양부담과 대처 3. 분노표출과 조절, 긍정적 사고의 강화	
휴 식	10분	간식 및 담소	
활 동	50분	1. 치매노인 부양경험 나누기 2. 자신의 부양부담 정도와 대처유형 파악하기 3. 스트레스 파악하기 : 자신의 힘든 점과 치매노인 부양 후 달라진 가족생활 4. 분노 다루기 5. 서로 격려하기	
종 결	20분	1. 느낀 점 나누기 2. 의문점 질문하기 3. 다음 내용 소개	
과 제		각 가족원의 기대를 적어보기	
준비물		아내에게 바치는 노래(노랫말 준비) 치매가족부양 부담척도 스트레스 대처모델 그림준비(칠판용, 개인용) 스트레스 체크리스트와 점수계산법	

3회 : 우리가족, 모두가 소중한 사람

진 행	소요시간	교육내용
목 표		1. 치매노인과 부양자 간의 부정적 감정 해결하기 2. 부양자의 가족관계에서 생긴 부정적 감정을 파악하고 이를 해결하기 3. 학대행동과 정신건강과의 관계 알게 하기
도 입	20분	1. 시낭송, 노래 　- 가족, 부부, 사랑 2. 지난주의 내용과 그 이후 감정 이야기하기
강 의	50분	1. 부모와 성인자녀와의 관계 2. 부정적 감정의 재해석, 기억으로 남기기 3. 긍정적 사고와 정신건강 4. 자기표현법(의사소통)
휴 식	10분	간식 및 담소
활 동	50분	1. 추억여행 　a. 아! 나의 부모님 　b. 치매노인의 과거 좋은 점 찾기 　c. 나쁜 병, 안타까운 사람 　　- 부정적 감정은 기억으로 남기기 2. 가족, 알고 보니 나의 동지 　a. 내 마음 전달하기 　b. 가족 이해하기
종 결	20분	1. 느낀 점 나누기 2. 의문점 질문하기 3. 다음 회기내용 소개하기
과 제		가족에 대한 소망 적어보기
준비물		프린트 제공 내 마음 전달하기

4회 : 둘러보니 든든한 울타리가 짝~

목 표	1. 가족체계가 안고 있는 갈등을 알게 하기 2. 치매노인 부양에 도움을 받을 수 있는 지원과 정보 얻기 3. 부양자가 깨닫지 못한 자원을 개발함으로써 부양부담을 줄일 수 있게 하기 4. 가족에 대한 기대 재조정하기

진 행	소요시간	교육내용
도 입	20분	1. 다함께 노래부르기 2. 자신의 변화 이야기하기
강 의	50분	1. 가족자원 활용과 역할 분담 2. 가족의 의미 – 존중과 배려 3. 가족에 대한 비합리적 신념 4. 효과적인 치매노인 부양방법
휴 식	10분	간식 및 담소
활 동	50분	1. 가족자원 찾기 : 지금까지 도움이 되었던 자원과 도움이 될 수 있는 자원에 대한 재검토 2. 도움을 받을 수 있는 자원 검토하기(사회적 자원과 이용가능한 자원에 대한 정보교환) 3. 역할극 – 역할 바꾸기 역할의 재조정하기 　– 가족간 시간 조정 　– 걸림돌 찾기 　– 대안 찾기 4. 가족과 친척 간의 갈등경험 나누기
종 결	20분	1. 느낀 점 나누기 2. 의문점 질문하기 3. 다음 회기내용 소개하기
과 제		자신에 대한 칭찬 10가지 적기
준비물		'가족'의 노랫말 준비 생태도 그리기(가족·환경) 사회적 자원 정보 가족에 대한 나의 기대도 표시하기(10점 척도로 표시하기)

5회 : 대단한 나의 힘! 이젠 알았어요

목 표	1. 부양자로서의 어려움을 공감함으로써 위로받기 2. 자기 유능감과 가치감을 갖게 하기 3. 치매노인 부양으로 인해 내적 성장을 할 수 있게 하기	
진 행	**소요시간**	**교육내용**
도 입	20분	1. 다함께 노래부르기 2. 지난주의 경험 나누기
강 의	50분	1. 치매노인 부양자의 심리적 갈등 　- 우울, 불안, 악담, 허무, 무력, 좌절, 소외 　- 죄의식 구속감 2. 자아존중감 향상 훈련
휴 식	10분	간식 및 담소
활 동	50분	1. 부양자로서 부양하면서 느낀 점과 교훈 나누기, 자신을 위한 대처방식 나누기 2. 자신에게 칭찬하기(칭찬폭격) 3. 내가 행복감을 느낄 때는 언제인지 말하기
종 결	20분	1. 느낀 점 나누기 2. 의문점 질문하기 3. 다음회기내용 소개하기
과 제	자아존중감 훈련 실습해오기	
준비물	치매노인 부양부담척도 결과활용 자아존중감 척도 '나는 대단한 사람이다'	

6회 : 나의 건강 · 가족의 행복

목 표	1. 부양자의 또 다른 희생 방지하기 2. 미래에 대한 불안 해소시키기 3. 건강증진을 위한 실제적인 방법 알기	

진 행	소요시간	교육내용
도 입	20분	1. 다함께 노래부르기 2. 지난주의 경험 나누기
강 의	50분	1. 치매예방법 2. 건강유지의 증진을 위한 운동법 소개
휴 식	10분	간식 및 담소
활 동	50분	1. 간단한 운동법 배우기 2. 인지능력 향상을 위한 다양한 방법 실습
종 결	20분	1. 느낀 점 나누기 2. 의문점 질문하기 3. 다음내용 소개하기
과 제		자신이 하고 싶은 일 5가지 생각해오기
준비물	전문가 초청	

7회 : 휴식으로의 초대

목 표	1. 나만을 위한 시간이용을 할 수 있도록 하기 2. 치매노인 부양을 보다 효율적으로 할 수 있는 능력 기르기 3. 진정한 자유를 누리는 방법 배우기	

진 행	소요시간	교육내용
도 입	20분	1. 다함께 노래부르기 2. 지난주의 경험 나누기
강 의	40분	1. 시간관리방법(단기, 장기 등 구체적인 관리계획 세우게 하기) 2. 자유를 누리는 법(명상법) 3. 스트레스 관리방법(긍정적인 사고법, 호흡법)
휴 식	10분	간식 및 담소
활 동	50분	1. 시간관리 계획 세우기 : 시간사용의 우선 - 순위 정하기, 스트레스 관리를 위한 시간계획 2. 나를 위한 삶의 설계 및 발표
종 결	30분	1. 느낀 점 나누기 2. 프로그램 평가 3. 촛불의식 4. 나를 위한 서약
준비물	빈 종이, 평가서, 서약서, 촛불	

2) 피해자 치료 프로그램

(1) 노인학대 피해자 치료 프로그램의 대상과 운영

본 노인학대 피해자 치료 프로그램은 아주 노쇠하거나 치명적인 질병이 있는 노인이 아닌, 일상생활을 무리 없게 수행할 수 있는 노인으로서 학대 피해를 입은 노인을 대상으로 한다. 본 프로그램은 학대받고 있는 노인 10~15명을 대상으로 주 1회, 2시간 30분~3시간 정도, 7회에 걸쳐 실시한다. 교육방법은 주제별 강의와 비디오 시청, 사례분석, 토론과 발표, 역할극 등의 활동과 요약, 그리고 과제로 구성되어 있다. 강의는 주제에 따라 학대 치료전문가와 교육자가 팀 교육으로 실시한다.

(2) 노인학대 피해자 치료 프로그램의 목적

본 프로그램의 목적은 노인학대로 인해 상처 입은 노인을 대상으로 노인학대에 대한 이해 및 자신이 처해 있는 노인학대의 현실을 인식하게 하고, 악순환되는 노인학대 상황의 고리를 끊거나 개선할 수 있게 한다. 그 결과 성인자녀와의 화목한 관계를 도모하고, 나아가 노인의 심신이 건강할 수 있도록 피해자 노인의 긍정적인 자아존중감 향상과 함께 잠재적 능력을 개발시켜 주는 데 초점을 둔다.

- 노인학대 피해노인이 노인학대의 현실을 이해하게 한다.
- 노인학대 피해노인의 감정적 상처를 치유한다.
- 노인학대가 발생하는 상황적 맥락을 알게 한다.
- 노인학대 피해노인의 자아존중감을 향상시키도록 한다.
- 노인학대 피해노인의 효율적인 의사소통 기술을 익히게 한다.

(3) 노인학대 피해자 치료 프로그램의 내용

본 프로그램은 생태학적 모델을 기초로 노인학대 피해노인을 치유하고 긍정적인 자아존중감을 가질 수 있도록 하는 교육내용에 중점을 두었다. 첫 회에서 교육프로그램을 시작하기에 앞서 교육프로그램 전반에 대한 오리엔테이션과 서약서를 작성하며, 참석자간에 서로 얼굴을 익히는 기회도 제공한다. 본 프로그램의 구체적 교육내용은 다음과 같다. 노인학대에 대한 현실적 인식으로서 '내 삶의 위치는?' 그리고 감정적 상처 치유하기로서 '나를 사랑하기', 노인학대 발생에 대한 배경적 이해로서 '나는 어떤 노인인가?' 자아존중감 향상시키기로서 '나와의 새로운 만남', 의사소통 기술 훈련하기로서 '내 마음을 알아다오', 부양자인 성인자녀 이해하기로서 '너를 알고 싶구나' 그리고 성인자녀와의 친밀감과 결속력 유지하기로서 '아! 나의 아들아' 등으로 총 7회의 교육내용으로 구성되어 있다.

1회 : 내 삶의 위치는?(노인학대 현실인식)

목 표	1. 프로그램 오리엔테이션 2. 자신이 처한 현실(노인학대) 인식하기	
진 행	**소요시간**	**교육내용**
도 입	50분	1. 다함께 노래부르기(옛날 노래) 2. 프로그램 소개 3. 진행자·참석자 소개 4. 프로그램 참가 동기 및 기대 발표 5. 참가규칙 설명과 서약 6. 사전검사, 우울증 척도검사
강 의	40분	1. 현대사회와 노인의 위치 2. 노인부양의 문제 3. 노인학대 사례 / 비디오 시청
휴 식	10분	간식 및 담소
활 동	50분	1. 생활에서의 차별감이나 소외감 나누기 : 조별 토의 - 가족생활·사회생활에서 느끼는 소외감 2. 노인학대 사례에 대한 개인생각 발표 : 조별 토의 - 노인학대에 대한 현실감을 느끼게 하기
종 결	20분	요점정리, 소감발표, 과제안내, 다음시간 내용 소개
과 제		자신의 생활에서 홀대받는다고 생각하는 사례 1가지 준비
준비물	간단한 다과, 사전검사지, 규칙, 서약서, 이름표, 필기도구, 사례연구 handouts, 비디오, 노래가사 프린트	

노인학대 전문상담

2회 : 나를 사랑하기(감정적 상처 치유하기)

목 표	1. 학대(홀대)로 상처 입은 자신 수용하기 2. 분노를 지각하고 조절하는 방법 배우기 3. 온정적인 사람이 되는 방법 배우기

진 행	소요시간	교육내용
도 입	20분	1. 다함께 노래부르기 2. 1회 내용에 대한 질문과 답변, 과제 점검과 토의
강 의	50분	1. 온정의 실패로 나타나는 학대(홀대)행동 2. 긴급 전략 : 내적인 힘에 대한 지각, 분노에 대한 분석, 타임아웃 3. 분노에 대한 이해 : 분노의 원인, 분노와 자아와의 관계 4. 온정과 핵심가치 : HEALS 모형 적용
휴 식	10분	간식 및 담소
활 동	80분	1. 홀대받아 가슴 아팠던 대표적 경우 이야기하기 : 조별 토의 - 이야기한 후의 소감발표 2. 분노의 동기 분석하기 : 조별 토의 - 분노했던 경험과 그 이유를 설명하고 서로 토의하기 3. 온정 경험하기(타인을 위해 무엇인가를 하기) : 조별 실습 - 옆 사람에게 안마해주기(팔, 손, 어깨 등), 칭찬해주기 등 4. 자신의 핵심가치 찾기 : 조별 토의 후 발표
종 결	20분	요점정리, 소감발표, 과제안내, 다음시간 내용 소개
과 제		일주일 동안 가족을 위한 일 1가지 수행하기(온정 베풀기)
준비물	이름표, 필기도구, 비디오(학대관련 자료), 강의내용 handouts, HEALS 모형

3회 : 나는 어떤 노인인가?(노인학대의 발생배경)

목 표	1. 노인학대에 대한 의미 이해하기 2. 노인학대가 발생하는 원인 이해하기 3. 나와 가족, 사회의 관계 이해하기	
진 행	**소요시간**	**교육내용**
도 입	20분	1. 다함께 노래부르기(긴장 풀기) 2. 2회 내용에 대한 질문과 답변, 과제점검 및 토의

강 의	40분	1. 노화의 의미와 심리적 특성
		2. 노인학대의 개념 및 유형
		3. 노인학대의 발생배경
		    － 노인 스스로의 문제
		    － 노인을 부양하는 가족의 문제

휴 식	10분	간식 및 담소

활 동	80분	1. 노화과정의 경험나누기(자신의 변화 느낌 이야기하기) : 조별 토의
		    － 자신의 모습을 인지하게 한다 : 장단점 인식
		2. 노인과 부양자 역할에 대한 역할극 : 조별 실시
		    － 노인이 성인자녀의 역할을 한다 : 부양자의 어려움을 이해한다.
		    － 역할극이 끝난 후 소감발표 : 조별 실시
		3. 변하고 싶은 자기 모습 이야기하기 : 조별 토의

종 결	20분	요점정리, 소감발표, 과제안내, 다음시간 내용 소개
과 제		자신의 생활에서 홀대받는다고 생각하는 사례 1가지 준비
준비물	이름표, 필기도구, 역할극 준비물(끈, 종이, 색연필), 강의내용 handout	

4회 : 나와의 새로운 만남(자아존중감 향상)

목 표	1. 자아존중감을 향상시키기 2. 책임감 기르기 3. 자기돌보기 능력 개발하기	

진 행	소요시간	교육내용
도 입	20분	1. 다함께 노래부르기('사랑해~ 나를') 2. 3회 내용에 대한 질문과 답변, 과제 점검과 토의
강 의	50분	1. 자존감에 대한 이해 : 거짓된 자존심 대 진실된 자존심 2. 비난 대 책임감 3. 자존감 향상시키기 4. 자기 돌보기 방법 : 자기 돌보기 사정
휴 식	10분	간식 및 담소

활 동	80분	1. 핵심 상처에 대한 면역성 기르기 실습 : 조별 토의
		  - 핵심상처 및 그에 대한 수정안 적어보기
		2. 자존감 강화하기 실습 : 조별 연습
		  - 자신에 대한 좋은 점 및 좋은 느낌 말하기(또는 적어보기)
		  - 자존감 진술하기(나 자신의 행동에 변화가 필요하지만 나는 일단 나 자신을 그대로 수용하기)
		3. 자기 돌보기 계획표 작성 및 발표 : 조별 토의
		  - 조별로 소감 발표

종 결	20분	요점정리, 소감발표, 과제안내, 다음시간 내용 소개
과 제		자신의 장점 5가지 적어오기(가족에게 묻기 포함)
준비물	이름표, 필기도구, 강의내용 handouts, 색연필, 노랫말 가사 프린트	

5회 : 내 마음을 알아다오(의사소통 기술 훈련하기)

목 표	1. 의사소통의 중요성 이해하기 2. 효과적인 말하기기술 습득하기 3. 마음을 열게 하는 듣기기술 습득하기

진 행	소요시간	교육내용
도 입	20분	1. 다함께 노래부르기 / 옆 사람과 칭찬나누기 2. 4회 내용에 대한 질문과 답변, 과제 점검 및 토의
강 의	50분	1. 의사소통의 개념 및 중요성 2. 조리 있게 말하는 법 : 자각의 수레바퀴 이론 3. 의사소통의 걸림돌 4. 효율적인 듣기기술
휴 식	10분	간식 및 담소
활 동	80분	1. 자녀와 이야기하는 상황 실연 : 조별 토의 　- 자신의 경우를 있는 그대로 실연한 후 느낀 점 발표 2. 자녀와의 대화 시에 걸림돌이 되는 언어습관 : 조별 토의 　- 자녀가 자신의 이야기를 듣지 않는 이유는 무엇이라 생각하는가? 3. 효과적인 말하기기술 실습 : 강사의 시범 후 조별 실습 　- 자각의 수레바퀴 / 나전달법 4. 효과적인 듣기 실습 : 강사의 역할극 시범 후 조별 실습 　- 듣기기술 매트를 이용해서 실습하기 　- 역할극 후 소감발표(조별)
종 결	20분	요점정리, 소감발표, 과제안내, 다음시간 내용 소개
과 제		일주일 동안 집에서 말하기기술 1회 실습해보기
준비물		이름표, 필기도구, 강의내용 handouts, 대화실습 매트 역할극 준비물(끈, 종이, 색연필)

6회 : 너를 알고 싶구나!(부양자인 성인자녀 이해하기)

목 표	1. 부양자인 성인자녀의 입장 이해하기 2. 성인자녀의 심리적 변화 이해하기 3. 고부간의 역동적 관계 이해하기	

진 행	소요시간	교육내용
도 입	20분	1. 다함께 노래부르기 / 옆사람 안마해주기 2. 5회 내용에 대한 질문과 답변, 과제 점검과 토의
강 의	60분	1. 부양자인 성인자녀의 특성 　－ 중년기의 위기감 : 협공받는 세대 　－ 중년기 자아정체감 발달과업 2. 중년기 성인자녀와 노부모와의 역동적 관계 　－ 노부모가 기대하는 성인자녀 　－ 성인자녀가 기대하는 노부모 3. 고부갈등의 역동적 관계 　－ 고부갈등의 원인 및 대책
휴 식	10분	간식 및 담소
활 동	70분	1. 중년기 자녀의 역할에 대한 역할극 : 조별 실습 　－ 중년기 위기와 부양자로서의 부담감에 대한 역할 　－ 노인이 성인자녀 역할, 역할극 후 소감 나누기 2. 노부모 부양에 대한 며느리 입장 역할극 : 조별 실습 　－ 며느리 입장에서 부모에게 하고 싶은 이야기를 역할극으로 꾸미기 　－ 역할극 후 소감발표
종 결	20분	요점정리, 소감발표, 과제안내, 다음시간 내용 소개
과 제		성인자녀와의 마찰문제 1가지 써오기
준비물	이름표, 필기도구, 역할극 준비물(끈, 종이, 색연필)	

7회 : 아, 나의 아들아!(성인자녀와의 유대감 다지기)

목 표	1. 성인자녀와의 친밀감 발달시키기 2. 성인자녀와의 유대 돈독히 하기 3. 나의 행동변화 유지시키기	

진 행	소요시간	교육 내용
도 입	20분	1. 프로그램 참여에 대한 격려와 감사 2. 5회 내용 질문과 답변, 과제 점검과 논의
강 의	50분	1. 건강한 가족의 특성 소개 : 비디오 시청, 사례 소개 2. 성인자녀와의 친밀감 및 유대감 　　－ 친밀감에 대한 큰 위협 / 친밀감을 조절하는 방법 3. 나의 행동변화를 유지하기 위한 방법들 : 규칙 소개
휴 식	10분	간식 및 담소
활 동	50분	1. 성인자녀와의 친밀감 형성하기 　　－ 친밀감 테스트 실습 : 조별 토의 2. 활기찬 노년을 위한 계획세우기 　　－ 구체적인 계획을 2가지씩 발표하기 : 조별 발표 3. 자신의 행동 변화 모습을 한 가지씩 정하여 발표하기 : 조별 발표 　　－ 선택한 행동 규칙에 대한 설명
종 결	30분	1. 요점정리, 질문과 답변, 전체소감 발표 2. 프로그램 평가(피드백) : 프로그램의 장단점에 대한 수강자들의 생각, 프로그램의 어려웠던 점과 재미있었던 점, 바라는 점 등 발표 3. 촛불의식 : 자신에 대한 다짐
준비물	프로그램 평가지, 필기도구, 촛불의식 준비물(초, 성냥)	

제5장

노인학대와 정책방안

Ⅰ 노인학대의 현실과 문제점

지금까지 한국의 노인학대와 관련한 실태, 관련법, 상담사례, 상담기술, 대처방안 등에 대해 광범위하게 기술하였다. 이상에서 살펴본 바와 같이 한국의 노인학대는 문화적·가족적 관점을 배제할 수 없는 다양성을 가지고 있으며 그 개입에 있어서도 단순한 논리의 전개에 따른 방안을 제시할 수 없는 것이 한국의 노인학대의 특징이라 할수 있다. 2004년 7월 노인복지법이 개정되고 재가복지를 다루는 법안 속에 노인학대에 대한 대처방안에 관한 구체적인 법안이 제시되고 있으며, 실제로 노인학대를 상담하고 개입할 수 있는 상담센터가 전국단위로 설치되어 있으나 노년기 특수성이 고려된 전문 상담원의 양성과 전국단위의 실태 파악 및 학제적 접근을 통한 현장의 토대를 바탕으로 하고 있지 않기 때문에 적잖은 시행착오 및 개입의 한계점을 지닌 채노인학대 문제를 다루고 있다.

제5장에서는 가족복지의 증진과 노인들의 삶의 질을 향상시키기 위해 필요한 구체적인 발전방안과 정책모델을 제시하기에 앞서 주요 선진국(미국, 캐나다, 일본, 영국)에서의 노인학대와 관련한 경험, 그리고 실시되고 있는 다양한 정책과 상담 및 치료 서비스 프로그램들을 비교·분석하고 노인학대 문제를 해결하는 데 있어 요구되어지는 노인자신 및 가족과 사회 그리고 국가가 수행해야 하는 내용들을 살펴보고자 한다.

1. 미국의 현황

1) 법적·제도적 지원체계

미국 노인학대의 기본법은 사회보장법과 노인복지법이다. 사회보장법(1975)은 주 정부가 사회서비스 프로그램 강화를 목적으로 고안한 것으로, 이 법률 하에서 노인학대 개입을 위한 법률이 발전되기 시작하여 1992년 42개 주가, 현재는 거의 모든 주가 독자적인 법령을 갖게 되었다(이연호, 2001 재인용). 미국 노인복지법(1965)은 미국 보건복지부에 소속된 노인국 (Administration on Aging) 설립의 기반이 되었다. 개정된 노인복지법은 강제성은 없으나 노인학대에 관한 포괄적 정의를 제공한다. 법안에 노인학대 예방, 교육, 서비스제공 등 구체적인 프로그램 실행에 필요한 예산지원 조항을 포함시켰다는 점에서 노인학대 방지를 위한 정부의 적극적인 의지를 보여주는 것이었다(우국희, 2001).

학대에 영향을 미치는 주요한 법으로는 성인보호서비스법(Adult Protective Services Law), 형법(Criminal Law), 가정폭력 방지법(Domestic Violence Law), 시설학대법(Institutional Abuse Law), 장기보호옴브즈맨 프로그램(Long Term Care Ombudsman Program), 노인학대법(Elder Abuse Laws), 후견인보호법(Guardianship & Conservatorship Statutes) 등이 있다(이연호, 2001).

2) 대처조직 및 기구

노인국(Administration on Aging)은 노인과 그 부양자들을 위한 제도를 발전시키고 계획하며 지역사회와 가정 내 서비스를 제공하는 유일한 연방정부 차원의 기관이다. 취약하거나 위험에 처한 노인들을 보호하기 위한 정보 제공과 원조 및 서비스 제공을 목적으로 한다(Administration on Aging, 2001). 연방정부와 주 정부의 접촉점으로 기능하며 대중교육, 주 정부와 지역 서비스 조정, 원조 제공, 조사 및 연구활동을 주로 한다. 국립노인학대센터(NCEA)는 보고서를 제작·배포하며 국제회의, 교육훈련, 워크숍 등의 다양한 전문적 활동에 참여한다. 현재 가장 중요한 활동 중 하나는 국가규모의 노인학대 실태에 관한 연구이다. NCEA는 공공기관과 사 기관의 자료원이 된다. 즉, 전문가, 서비스 제공자, 개인과 가족에게 예방에 관한 정보를 제공하고 교육과 훈련, 기술적 지원을 제공한다. 민간차원의 중요한 기구의 하나인 노인학대예방위원회(NCPEA ; National Committee For The Prevention Of Elder Abuse)는 요보호 노인들을 위해 연합한 단체로 노인학대 예방과 대처, 연구사업활동을 주로 한다.

3) 프로그램 및 서비스

두 개의 영역, 즉 예방과 개입활동이 연방정부의 노력으로 만들어졌다. 가정 내 학대와 방임의 문제는 성인보호 서비스 프로그램(Adult Protective Service)에서 조사되어지는 반면, 시설에서 발생한 노인학대는 장기보호 옴부즈먼 프로그램(Long-Term Care Ombudsman Program) 책임 하에 진행된다(Kemp, 1998).

미국 성인보호 서비스 프로그램은 주정부마다 다양한 차이를 보이나, 전반적 과정은 유사하게 나타난다. 성인보호 서비스는 사례접수 후 조사를 위한 사회복지사를 파견하고 노인보호에 요구되는 개입정도를 결정한다. 일단 사례가 확인되면 사정이 진행된다. 표준화된 문서와 절차가 존재하지 않으므로 사정작업은 다양하며, 표준화된 지침서는 관련 기관과 의료센터에서 활용되며 환자 차트의 재검토, 의료전문가의 의견, 환자와의 면담, 환자력 등으로 작성된다. 학대의 특수한 징후나 증상의 확인, 기능적 사정의 틀, 면접주제와 질문조항, 사회복지 개입계획과 목표를 발전시키는 프레임을 제공한다. 개입은 상황에 따라 변화하며 각 사례는 차별·개별화된다. 만일 아동이 위험에 처했다고 판단되면 아동을 가정에서 분리할 수 있는 아동보호 서비스 직원과 달리 성인보호 서비스 직원은 동등한 권한을 갖지 못한다.

아동학대 분야와 같이 노인학대를 처리할 수 있는 분리된 법적 체계는 부재하며, 만일 노인이 직원의 개입을 거절하면 노인의 결정이 인정된다. 성인보호 서비스의 강조점은 노인이 가능한 독립적 삶을 유지하도록 원조하는 것이다. 이러한 최소한의 서비스 제공은 성인보호 서비스 및 직원의 권위를 제한하나 원조 가능한 다양한 자원을 소유한다. 각 주마다 차이는 다소 있으나 제공되는 보편적인 주요 서비스는 다음과 같다(Kemp, 1998; NCPEA, 2001).

① 정신건강 사정서비스(Mental Health Assesment) : 정확한 사정과 평가는 학대 피해 노인의 기본적 욕구, 서비스 수혜 결정, 법적 절차 진행, 보호능력 여부 등의 결정근거가 된다. 또한 가해자의 정신상태 평가는 치료와 위험의 정도 결정에 영향을 준다.

② 상담(Counseling) : 개인, 집단상담이 제공된다. 자원과 선택에 관한 피해자교육, 부정과 수치심 감소, 안전계획, 원조지원체계 수립, 외상스트레스 경감, 학대를 유발하는 갈등과 긴장 감소 등을 위한 가족상담에 목적을 둔다.

③ 법적 지원(Legal Assistance) : 노인복지법은 60세 이상 노인에게 무료법률서비스를 제공하는 네트워크를 갖는다. 학대 시 법적 서비스는 자산회복 소송, 가해자와 피해자의 접촉 제한요구, 후견인, 가해자 기소 등을 원조한다.

④ 원조서비스(Support Service) : 요리, 청소, 식사, 시장보기 등의 가사원조 서비스, 노인의 독립생활 유지를 목적으로 하는 원조, 가정의료 서비스 등을 제공한다. 단기보호 프로그램은 보호제공자들에게 휴식 및 휴가를 제공하여 장기보호를 지속하도록 원조한다. 이외에도 노인가정에 직접 식사를 배달하는 프

로그램(Meals-on-Wheels), 우애방문 서비스, 전화복구 프로그램, 재정학대 피해자를 위한 금전관리 원조 프로그램 등이 제공된다.

⑤ 가정폭력 프로그램(Domestic Violence Program) : 심각한 가정폭력의 경우 사법권은 학대피해자의 동조의지 여부와 관계없이 기소한다. 판사는 강제적 치료와 구속 외에 가해자를 피해자로부터 분리시키는 보호관찰, 보호명령과 같은 광범위한 자유 재량권을 갖는다. 피해자와 가해자를 위한 상담, 위기전화상담, 자조집단 등의 프로그램을 제공한다.

⑥ 가해자 프로그램(Service for Abusers) : 학대가해자를 위한 서비스 중개자 및 중재인으로 기능하며 약물남용 프로그램, 고용 서비스, 수송, 상담, 교육적 서비스 등의 프로그램에 의뢰한다.

⑦ 비자발적 서비스(Involuntary Service) : 노인이 자신을 위한 합리적 결정을 내릴 수 없다고 판단되는 경우 대리인 혹은 후견인 직무를 수행할 법적 절차를 진행한다. 노인에게서 시민권리는 제거되고 소송후견인 등 공평한 입장의 제3자가 노인의 최대 관심사를 파악하고 법정에 보고하도록 지명되어 사건관리의 권리를 부여받는다.

⑧ 정신적 장애로 자신이나 타인을 위험에 처하게 하는 경우 개입대상은 자기 방임의 정의에 부합하는 심한 장애를 가진 사람들이다. 심한 우울증과 같은 정신건강상태는 정신치료를 정당화하고 노인을 정신병동에 수용한다. 이런 경우의 법적 절차는 엄격한 사법기준에 의해 통제된다.

⑨ 게이트키퍼 프로그램(Gate Keeper Program) : 방임노인을 대상으로 위험에 처한 노인 조기발견, 아웃리치원조와 치료를 목적으로 하며 노인의 독립유지를 가능하게 하는 원조가 목표이다. 일상생활에서 노인과 접촉이 가능한 은행원, 전화국 직원, 계량기 검침원, 세관 감정관, 아파트 관리인, 약사 등이 노인학대의 징후 발견을 위하여 활동한다. 프로그램 팀은 사례관리자, 간호사, 심리학자, 담당의사 등의 다목적 팀으로 구성된다. 시설입소를 원치 않는 노인들에게 영양, 의료처치, 자기보호, 비용지불원조, 운송수단, 가족과 친지와의 접촉, 조정과 사례관리 등의 서비스를 제공한다.

이 외에 방임, 자기방임방지 프로그램(Stoping Neglect & Self-neglect), 사례관리

(Case Management), 가해자 목격원조 서비스(Victim Witness Assistance Service) 등이 제공된다. 시설학대 개입은 장기보호 옴브즈먼 프로그램(Long-Term Care Ombudsman Program) 하에서 진행된다. 각 주는 지방과 지역 수준의 유보수 혹은 자원봉사자 후견인을 갖는다. 시설학대를 조사하는 장기보호조사관 직위는 연방정부 법령에 의거하나 프로그램운영 기금은 주정부가 받는다. 장기보호조사관은 개입능력이 제한된다. 이들은 시설학대에 대한 실제적 강제권위는 없으나 노인과 시설이 문제를 해결하도록 조정하는 기능을 한다. 이 프로그램이 제공하는 최선책은 법적 권위를 가지고 학대를 조사하고 보다 진전된 법적 절차를 수행할 능력이 있는 개인이나 단체에 의뢰하는 일이다. 직원의 범죄행위는 강제 기소된다.

2. 캐나다의 현황

1) 대처조직 및 기구

연방정부 차원에서 노인학대에 대응하는 조직으로 The National Advisory Council on Aging(NACA)은 1980년에 설립되어 보건국(Minister of Health)의 캐나다 전국 노인의 삶의 질 향상에 관련된 업무를 지원한다(NACA, 2001; 이연호, 2001 재인용). 또한 National Clearinghouse on Family Violence(NCFV)는 가정 내 폭력과 관련된 광범위한 제반 업무를 담당하며 법적·제도적 차원의 학대를 담당한다. 비영리 연합단체 중 하나인 노인학대예방기구(EAP ; Elder Abuse Prevention)는 학대를 예방하고 취약한 학대노인들을 원조하는 중요한 조직이다. 이 단체는 노인학대를 개념규정하고 그 유형을 일반화하여 대중에게 인식시키며 전문적 프로그램 및 서비스를 제공한다.

2) 법적·제도적 지원체계

캐나다는 노인인구학적 변화에 부응하여 법과 제도가 끊임없이 변모하여 왔다. 연방법(Federal Law), 즉 캐나다 권리장전과 자유법(Canadian Chapter of Right and Freedoms States)은 모든 국민의 기본적 삶의 권리 및 자유와 안전을 보장하며 특히, 권리나 결정능력을 상실할 위험에 처한 취약한 노인의 기본권을 보장한다. 노인들은 이 법에 근거하여 학대 피해를 당할 경우 기본적 보호를 받게 된다(Health Canada, 1996). 형법(The Criminal Code)에 의거하여 노인들은 살인, 상해 등의 폭력에서 보호받는다. 구체적으로 이 법에 근거하여 노인들은 신체적 학대, 폭력, 성 학대, 재정적 학대, 방임 등을 보호받는다.

캐나다는 광범위한 지리적 여건과 정치적 영향으로 미국과는 또 다른 지역적 제도(Provincial/Territorial Legislation)가 다양하게 나타난다. 학대와 관련된 법으로 New Brunswick, Newfoundland, Nova Scotia, Prince Edward Island 지역에는 성인보호와 관련된 법(Adult Protection Standards)이 주요한 역할을 한다. 이와 유사한 종류의 제도가 Ontario와 British Columbia에도 존재하나 강제 기속력이 없다는 차이점을 갖는다. 현재의 성인보호제도는 Newfoundland에서는 방임 성인복지법(Neglected Adults Welfare act, 1973), New Brunswick에서는 가족서비스 법(Family Services Act and The Amendment to the Act, 1980), Prince Edward Island에서는 성인보호법(Adult Protection Act), Ontario에서는 대리결정법(Substitute Decisions Act), 그리고 British Columbia에서는 성인보호법(Adult Guardianship Act Part 3) 내에서 학대를 다룬다. 지역적인 특성을 가진 다양한 성인보호제도 하에서 학대나 방임 피해 성인의 후견인(Guardianship)이 효력을 가지며 강제적 혹은 자발적 보고체계(Mandatory or Voluntary Reporting)가 성립되어진다(Health Canada, 1995).

3) 프로그램 및 서비스

지역적으로 다양한 특성을 가지고 발전해 온 법적, 제도적 체계 하에서 제공되는 프로그램 및 서비스 또한 지역마다 상이하게 나타난다. 연방정부 차원에서 The National Clearinghouse on Family Violence(NCFV)는 폭력 피해성인을 위한 서비스와 프로그램 280개의 종류를 지역적으로 명시하여 제공하며 이는 기관과 서비스 타입에 의하여 분류된다. 노인학대와 방임에 관한 프로그램과 서비스도 이 카테고리 내에서 제공 되어진다(Health Canada, 1999). 가족과 사회 서비스(Family and Social Service)가 가족폭력예방(The Prevention of Family Violence) 사무소에 배포하는 가이드라인에는 학대피해노인을 위한 정보와 지원 서비스 자원이 명시된다. 자원으로는 지역보건소(Local Health Unit), 노인센터(Senior Citizens Center), 가족 및 지역사회 원조 서비스(Family and Community Support Services or Local Social Services Agencies), 가족·사회 서비스 지역사무소(Family and Social Service District Office), 정신보건센터(Mental Health Clinic), 공공후견인 사무소(Office of the Public Guardian) 등이 있다. 캐나다 주요지역들의 학대예방기구(EAP)에서 제공되는 중심적인 프로그램 및 서비스를 살펴보면 다음과 같다.

(1) Ontario Toronto의 Guide of Elder abuse Prevention and Support Project

이 프로그램은 노인학대 문제를 조사하는 노인학대 위원회부터 개인 학대피해노인에게 이르는 광범위한 지원과 원조를 제공하며 각 지역사회의 학대피해노인에게 서비스를 제공하는 접근점이 된다. 노인옹호센터(Advocacy Center for the Elderly)는 특수한 법적 클리닉으로 학대피해노인에게 법적 지원을 제공한다. 지역보호접근센터(CCAC ; Community care Access Center)는 온타리오 지역 내의 가능한 서비스를 학대피해노인에게 연결하는 기능을 한다. 모든 접근 가능한 정보와 서비스, 프로그램의 리스트를 제공하며 서비스 선택을 돕는 전문가가 활동한다. 온타리오 주 가족 서비스(Family Service Ontario)는 전 지역의 47개 산하기관을 가진 조직이다. 이 기관은 학대피해노인에게 상담과 사례관리 서비스를 제공한다. 지역경찰(Ontario Provincial Police)은 취약한 노인학대의 위험을 발견한 성인이 접촉을 고려할 수 있는 장소 중 하나이다. 지역사회 경찰관은 학대보고를 조사하며 범법적 학대를 기소할 수 있다. 공공후견인 사무소(Office of the Public Guardian and Trustee)는 무능한 학대피해자의 상황을 조사하는 기능을 한다. 피해자/목격 원조 프로그램(The Victim / witness Assistance Program)은 피해자와 범죄 목격자를 다양한 방법으로 원조한다. 법정 절차정보를 제공하는 상담서비스를 연결해주며 위기 시 법적 조언과 정보 등을 제공한다. 보건국 장기요양보호소(Ontario Ministry of Health, Long Term Care Division)는 장기요양보호시설의 학대피해노인을 원조하며 위기전화를 운영한다. 이 외에도 Woman's Directorate나 Victim Assistance Online은 위기전화를 운영하며 학대피해 여성을 위한 쉼터, 강간치료센터, 성폭력센터 등에 관한 정보와 서비스를 제공한다.

(2) East Bay의 Alameda County와 Contra Costa County 프로그램과 서비스

이 지역의 EAP는 15년 간 노인학대를 지원해 온 비영리 기관이다. 노인학대의 개념, 유형을 규정하고 학대징후 및 징표 등을 배포하여 대중들의 노인학대에 대한 인식을 확고히 하며 학대발생 시 필요한 조치들에 관한 정보를 제공한다. 이 프로그램은 학대피해자와 그 관련자들에게 서비스를 정규적으로 제공하는 서비스(Non-Emergency Service)와 응급 서비스(Emergency Service)로 나누어 제공한다. 정규적으

로 제공되는 서비스로 노인정보(Senior Information)에서는 노인학대에 관한 질문과 염려 등에 정보를 제공하며 성인보호서비스(Adult Protective Service)는 학대피해노인이나 의존적 성인에 관한 보고를 받는다. 시설에서 노인학대가 발생하면 노인학대예방옴브즈먼(Elder Abuse Prevention Ombudsman)이 서비스를 제공하며 법정조사사무국(Court Investigators Office), 지역 변호인부서(District Attorney, Consumer fraud Department), 노인법률서비스(Senior Legal Service)에서는 법정 절차 서비스를 지원한다. Echo 와 Elder Angel은 재정적 학대에 관한 서비스를 제공한다. 응급 서비스로 경찰보호(Police Protection)와 성인보호서비스(Adult Protective Service)는 위기상황의 학대에 대처한다. 이 외에도 On-Site Medical Help, Transport to Medical Facility가 응급의료 처치를 제공하며 자살예방서비스, 법적 상담, 심리평가 등이 있다.

3. 일본의 현황

1) 대처조직 및 기구

일본에는 노인학대를 보고할 책임이 존재하지 않으며 노인학대문제를 다루는 시설 등을 구비한 특수조직이나 기관이 설립되지 않고 있다. 1994년 Society for the Study of Elder Abuse(SSEA)는 노인학대를 예방할 분명한 사회적 기구가 필요함을 제시하였고 이런 조사에 근거하여 SSEA는 일본노인학대예방센터를 설립하고 자발적 전화상담 서비스 Help Line을 시작하였다(Yamada, 1999; 이연호, 2001 재인용). 노인학대예방센터(Japan Elder Abuse Prevention Center)는 1995년(평성 8년) '노인학대 프로젝트' 연구과제에서 창안하여 설립되어 노인학대를 주제로 연구 활동을 실시하고 노인학대에 관한 상담, 연수 등의 활동을 활발히 진행하며 노인학대에 대응하는 위기라인인 전화상담(Support Line)을 개설하여 운영하고 있다.

2) 법적ㆍ제도적 지원 체계

일본 노인학대의 법적 대응을 전제로 하는 법적ㆍ제도적 체계들의 근간은 민법과 노인복지법이다. 민법은 기본적으로 노인의 재정적 학대의 근거가 되어진다. 예를 들면 추정 상속인이 피상속인에 대해 '학대' 등을 한 경우 피상속인은 추정상속인을 가정재판소에 청구할 수 있다(892조). 아동복지법이 '학대' 용어를 사용한 반면 노인복지법에서는 '학대'의 용어는 사용하지 않고 있다. 그러나 노인복지법 제정에서 선구적 시도인 큐우슈우 사회복지 협의회 연합회의 노인복지법 시안(1961년)은 부양자가 고령자를 학대한 경우 도지사가 가정재판소의 승인을 얻어 고령자를 시설에 입소시킬 수 있는 취지의 규정을 포함하였다.

　　최근 개호보호제도의 검토 과정에서 학대에 대한 대응이 이슈가 되었다. '고령자 간호', '자립 시스템 보고서-새로운 고령자 간호시스템 구축(1994)'에서는 간호 서비스는 원칙적으로 고령자와 서비스 제공기관과의 계약에 의한 것이 적당함을 인정하나 가족에 의한 간호 포기, 학대의 경우 행정기관이 긴급 보호조치를 할 필요가 있음을 명시해 이는 개호보험법 시행령 제 20조에 의한 노인복지법의 일부 개정 형태로 법문화되었다. 구체적 내용을 보면 노인복지법 10조 4항 제1목은 어쩔 수 없이 개호보험법이 규정하는 서비스 이용 곤란이 인정될 경우 시, 읍, 면은 거택에서 간호조치를 할 수 있음을 명시하였고 동법 2조 제1항에서는 '요보호 노인이 피할 수 없는 이유에 의하여 개호보험법이 규정하는 노인시설에의 입소가 곤란한 경우 특별 양로노인홈에 입소조치 된다.' 라고 개정되었다. 이 개정에서 보면 학대라는 직접적 표현이 '피할 수 없는 사유로 개호보험법이 규정하는 사회자원을 이용하는 일(예를 들면 입소 등)이 곤란'하다는 용어로 쓰이고 있다. 현재 일본에서는 학대를 직접 대상으로 하고 가족에 의한 노인학대의 법적 대책이 될 수 있는 법제도의 추진이 모색 중이다.

3) 프로그램 및 서비스

노인학대 프로그램 및 서비스는 일본 노인과 간호자의 생활유지를 목적으로 하는 광범위한 사회자원 내에서 제공된다. 프로그램과 서비스의 종류는 재택 서비스와 시설 서비스로 나누어진다. 재택 서비스로는 보건소와 시 보건센터, 고령자 통합 상담센터(110번지), 복지사무소, 가정봉사원 서비스, 24시간 대응봉사원, 단기보호 서비스, 주간/밤(야간) 보호 서비스, 재택 간호지원센터, 고령자 재택 서비스 센터, 방문간호 서비스, 노인성 치매질환센터 등이 있다. 시설 서비스로는 노인보건시설, 특별 양호 홈, 유료 노인홈, 실비노인 홈, 보호소, 무료노인 홈 등이 있으며 이 외 경제적 지원이 제공된다. 이 중 학대노인과 가족들이 활용 가능한 사회자원을 살펴보면 다음과 같다.

　　① 노인권리옹호센터
　　② 재산상담기관(제2 동경 변호사협회, 고령자 재산관리센터)

③ 노인 및 가족 상담기관

노인과 가족이 접근 가능한 프로그램으로는

- 노인학대 예방지원센터의 서포트 라인(Support Line)과 일본 고령자 학대방지센터의 원조라인(Help Line)
- 노인 성추행 방지프로그램(Silver Harassment 110번지)
- I & I Net(오사카 후견인 지원센터)
- 생명의 전화(24시간 대응)와 치매노인 가족회
- 응급 노인보호시설로 고령자 긴급 상담센터

4. 영국의 현황

1) 대처조직 및 기구

Action on Elder Abuse(AEA)는 영국 내의 노인학대에 대응하는 유일한 국가 조직이다. AEA는 노인학대를 모든 노인이 안전하게, 공포, 방임, 태만, 고통, 착취 없는 삶을 보장받을 권리가 있음을 전제로 학대를 규정하고 유형을 명시하고 있다. 또한 AEA는 무료위기전화상담 (Help Line)을 운영하며 컨퍼런스 등 학술사업과 정기간행물 등 출판 사업을 통한 노인학대 예방과 대응에 중추적 역할을 하고 있다(이연호, 2001 재인용).

2) 법적 · 제도적 지원 체계

영국의 노인학대 관련법은 예방과 보호 두 가지로 분류된다. 예방과 관련된 법으로 보건서비스와 공공보건법(The Health Services and Public Health Act/1968)은 노인복지 증진을 목적으로 지역적 권위를 가지며 The NHS and Community Care Act(1990)는 욕구사정 수행을 요구한다. Northern Ireland 와 Scotland 지역의 노인에 대한 서비스 제공책임은 보건사회서비스법령(The Health and Social Services Order, 1972)과 사회복지법(The Social Work Act, 1968)에 명시되어있다. 취약한 노인보호를 목적으로 하는 다목적기관 정책과 법률의 발전과 실행의 길잡이로 No Secrets(England), In Safe Hands (Wales)가 2000년 실행되었다. 보호자법(The Carers Recognition and Services Act/1995)은 보호자 사정을 요구하였고 Northern Ireland Boards & Trust가

직접 보호자 사정을 실시한다. 정신보건법(The Mental Health Act/1984/ England and Wales), Mental Health Order(1986/ Northern Ireland), Mental Health Act(1984/ Scotland) 등이 정신적으로 이상이 있는 노인과 학대피해노인에게 적용된다. 국가원조법(The National Assistance Act/1948)의 47항은 심각한 위험으로 가정에서 분리되어져야하는 노인에게 법적 권위를 부여한다. 가족법(The Family Law Act/1996/England & Wales), 가정폭력법(The Family Homes and Domestic Violence Order/1998/ Northern Ireland), The Matrimonial Homes (Family Protection) Act/1981/Scotland) 등이 학대노인과 함께 거주하는 가해자들에게 광범위하게 적용된다. The Court of Protection(England & Wales), High Court and The Office of Care and Protection (Northern Ireland), Curator Bonis(Scotland) 등은 정신적으로 무능한 노인의 재정적 학대에 관련된다. 또한 사회보장국(Department of Social Security)의 변호대리인은 재정적 노인학대에 유용한 근거가 된다. 시설과 관련된 법으로 The Registered Homes Act(1984), The Nursing Homes Regulations(England & Wales, 1984), The Registered Homes Order(Northern Ireland, 1992), The Nursing Homes Registration Act(1983), The Social Work Act(1968) 등이 시설학대에 영향을 미치는 대표적인 제도이다.

3) 프로그램 및 서비스

영국의 국가기관 중심의 노인학대에 원조 가능한 자원, 프로그램과 서비스를 살펴보면 다음과 같다.

① Action on Elder Abuse는 노인학대와 관련된 조직과 개인에게 광범위한 정보를 제공하는 기관이다. 또한 Elder Abuse Response를 운영하여 노인이 학대를 당한 경우 비밀이 보장되는 정보와 지원을 제공한다.

② Age Concern England는 학대에 관한 광범위한 정보와 권고를 제공하며 Age Concern 하의 지역단체들의 명단을 전화번호부에 기록하여 제공한다.

③ Alzheimer's Society는 Alzheimer's 병과 관련된 권고와 정보를 제공하며 지역사무소를 운영한다.

④ 국가보호자연합(Carers National Association)은 보호제공자에게 충고와 정보를 제공한다.

⑤ 상담과 보호기구(Counsel and Care)는 시설노인, 보호제공자, 노인의 친인척들에게 특수전문가에 의한 서비스를 제공한다.

⑥ Help the Aged는 노인, 가족, 부양자에게 전화를 통한 전국적 규모의 무료 복지서비스를 제공한다.

⑦ Public Concern at Work은 노인과 직업을 가진 사람들에게 법적 조언을 제공하는 센터이다.

⑧ The Residents and Relatives Association은 가정 내 보호자, 장기요양 병원의 노인, 노인의 친인척들에게 서비스를 제공한다. 특히 'Listening Ear'는 문제에 대한 특별한 충고와 제안을 제공한다.

⑨ Women's Aid Help Line은 여성노인에게 서비스를 제공하며 특히 성 학대 문제에 요구되는 서비스를 제공한다.

그리고 지역원조 자원들인 Community Nurse, General Practitioner, Health Visitor, Police Community Safety Unit, Social Services Department, Local Age Concern Group 등은 학대피해노인이나 학대피해노인들에게 관심이 있는 사람들에게 지역적 원조를 제공한다. 위기전화(Help Line)는 AEA에서 운영하는 영국의 유일한 전국적 무료 학대상담전화이다. 전화상담은 비밀이 보장되며 영어를 비롯한 5개 국어로 정보와 정서적 원조를 제공한다. 경험 있는 직원이나 자원봉사자가 근무하며 전화상담연합(Telephone Helplines Association)에 의해 인가된다.

‖ II ‖ 노인학대 상담활성화를 위한 정책적 제언

대처자원이 부족할 수밖에 없는 노인은 노년기에 더욱 고립되며 더욱이 사회적 관계를 갖지 못하는 노인일 경우 노인학대에 더욱 노출되기 쉽다. 따라서 한국에서 발생하는 노인학대의 대처방안을 논할 때, 사실은 노인학대의 피해자와 가해자를 구분하기 어려운 한계점이 많이 나타나고 있다. 이에 노인학대에 대한 개입과 상담활성화 방안에 관한 제언도 노인자신뿐만 아니라 가족, 사회국가적 차원의 접근이 동시에 이루어져야 할 것으로 본다.

1. 개인적 차원

한국의 노인은 노년기에 지속적인 사회성 훈련의 기회가 없으며 가족과의 대화에 있어서도 효율적인 커뮤니케이션의 방법을 모르고 있는 노인들이 많다. 더욱이 노인에 대한 가족과 사회의 부정적 선입감과 노인을 무능한 존재로 보는 차별적 태도가 팽배함으로 노인 스스로도 이러한 차별적 태도를 극복할 수 있는 노력이 필요할 것이다. 노년기에 나타나는 인격적 특성, 의존성, 무기력감, 생존적 의존성 등은 노인학대의 피해자의 개인적 요인으로 많이 지적되고 있음(한동희, 1996)에 따라 이러한 노년기에 나타나기 쉬운 노인의 다양한 심리적 특성에 관한 교육을 노인과 노인을 부양하는 가족을 위해 실시하여야 하며, 노인의 의존적이고 경직적 사고에서 탈피할 수 있는 노년기 생활 재설계를 노인을 위해 지원하고 교육해야 한다. 특히 단절되기 쉬운 사회적 관계망을 지속시킬 수 있는 노력과 지역사회, 종교, 이웃과 더불어 사회화를 유지시킬 수 있는 관계망을 형성해야 할 것이다. 노인학대는 발생 이후보다는 그 예방이 중요하며 그 예방에 있어서도 노인 스스로 인식하고 수정해 나갈 수 있는 기회도 제공되어야 할 것이다. 결국 노인 스스로도 대처할 수 있는 다양한 정보와 상담을 요청할 수 있는 체계가 마련되어야 한다고 본다.

2. 가족적 차원

노인들의 일상생활능력에 따른 의존성, 인지장애에 따른 의존성이 높을수록 부양스트레스가 높으며, 신체적, 생리적 건강쇠퇴와 치매와 같은 정신건강장애 역시 성인자녀와의 갈등 및 스트레스를 심화시켜 노부모학대를 일으키는 요인이 되고 있다. 따라서 가족적 차원에서 노인학대 방지를 위한 상담활성화 방안을 고려해 볼 필요가 있으며, 다음과 같은 몇 가지 방안을 생각해 볼 수 있다.

1) 경제적 측면

노인학대의 원인 중의 하나가 노인을 부양하는 데 있어 경제적으로 넉넉하지 않고 어려울 때 발생하는 경우가 대부분이다. 민제성(1993)은 우리나라 65세 이상 노인인구 중 50% 이상이 절대적 빈곤에 시달리고 있고 경제적으로 자립할 수 있는 노인은 불과 10% 수준이라고 밝히고 있어 노인의 경제적 빈곤은 노인 자신에게나 노인 부양자에게나 고질적 긴장 요인이 되어 스트레스를 주기 때문에 해결해야 할 필수적인 문제임을 알 수 있다. 노인학대를 연구한 선행연구에서도 노인학대를 하는 학대자가 가족적 상황에서 무능력한 부양자일 경우 노인에 대한 학대가 발생하는 빈도가 높다고 하였다(한동희, 1996). 즉 부양자의 경제적 어려움은 부모를 방임·유기하거나 노인학대라는 사태까지 야기 시키므로 노인 부양자 가족에 대해서 경제적인 측면에 대한 방안이 모색되어져야 한다. 또한 가구소득이 적을수록 부양부담이 증가하고 있으므로(이가옥, 1999) 이를 위해서는 노인부양을 주 부양자에게만 전담시킬 것이 아니라 가족원 전체가 경제적인 부담을 골고루 나누어 분담할 필요가 있겠다. 그러나 경우에 따라 노인부양을 담당한 가족원이 경제상태가 빈곤한 주 부양자 혼자뿐이거나 혹은 가족원 모두가 경제적인 어려움으로 다른 가족 구성원들과의 역할 분담이 어려울 경우에는 주간보호소, 단기보호소 등의 재가복지 서비스를 이용할 수 있도록 지역사회와의 연계망을 구축해두는 방안도 모색해볼 필요가 있다.

2) 신체·서비스적 측면

신체·서비스적인 부양은 가정 내에서 신체적 독립과 가사운영 및 가정생활에 필요한 청소, 심부름, 질병 시 부축 등을 제공하거나 병원 출입 등 원하는 곳에 모시고 나가는 일 등을 수행하는 것이다. 노인은 신체적·정신적 능력의 감퇴와 지능 저하로 개인생활 뿐만 아니라 사회생활을 위해서 타인의 도움을 받아야 한다. 즉 노인의 일상생활능력에 따른 의존성, 인지장애에 따른 의존성이 높을수록 부양자의 부양스트레스가 높아지며 특히 장기요양보호노인은 일상생활능력과 정신건강이 좋지 못함으로 인해 건강상의 부양에 대해 높은 욕구를 갖고 있으며, 가족부양자는 이러한 노인의 욕구를 충족시키는 부양제공으로 인해 부양부담을 상당히 느끼는 것으로 나타났다. 21세기에는 노인인구의 증가와 평균수명의 연장으로 장기간 수발을 필요로 하는 장기요양보호노인이 더욱 급증할 것으로 예상되나, 이에 대한 사회적인 대책은 거의 전무하므로(이가옥, 1999) 장기요양보호노인의 수발은 전적으로 가족이 책임지는 형태로 계속 유지될 것으로 보인다. 그러나 노인의 수발을 주로 책임져왔던 여성의 경제활동참가율 증가에 따라 장기요양보호노인을 가족이 전담해서 책임지는 것이 점차 현실적으로 불가능해져가는 면도 있다. 이런 과정에서 여러 가지 어려움이 나타나게 되고 이에 따라 노인을 돌보는 가족부양자가 노인을 학대하는 가능성도 배제할 수 없게 된다. 따라서 우리나라의 현재 상황에서는 가족이 노인의 수발을 계속하되 이 가족에게 도움을 줄 수 있는 사회·정책적 보완책도 함께 마련되어야 할 것이다. 특히 노부모 중 일상생활 수행이나 수단적 일상생활수행이 어렵거나 치매나 와상중인 노부모를 부양하고 있는 부양자를 위해서는 주간보호시설 등을 통하여 노인의 문제 행동에 대한 적절한 대처와 간호방법에 대한 교육을 실시하여 부양자의 부양부담을 경감시켜 주도록 해야 가족들이 부양부담을 지켜나갈 수 있을 것으로 본다. 최근 서구에서도 노인시설 수용 부양보다는 지역사회 부양을 더 강조하는 추세로서 지역사회 내에서의 가족과 같은 사적 부양에 의존하는 방안 즉 home care service center나 day care center, community center에서 노인에게 낮 동안 신체·서비스 부양을 수행 해주고 야간에는 가족에게 돌아가게 하는 이른바 일시적 부양을 시행하고 있다. 우리 나라는 아직 주간 및 일시부양 담당시설이 매우 미비한 실정이므로 이 제도의 활성화를 위해 노력해야 할 것 같다. 최근 시도되고 있는 가정봉사원 제도나 가정간호 프로그램, 가사지원 서비스 등은 노인부양을 하고 있는 가족을 지원하는 하나의 방안으로 활용할 수 있을 것이다. 그리고 노인의 저하된 일상생활 동작능력을 유지·증진시키기 위한 일상생활 동작훈련 등의 재활서비스와 가정도우미를 노인이 있는 가정에 파견하여 가족의 부담을 경감시켜 나가야 할 것이다.

3) 정서적 측면

노인학대와 관련된 가족특성 변인 중 큰 몫을 담당하고 있는 것 중의 하나가 정서적 학대이다. 정서적 부양이란 노인의 감정과 정서를 이해하고 외로움과 고독을 달래 주는 등 심리·정서면의 욕구 충족과 안정을 위해 도움을 제공하는 부양인데 이 측면 에서의 학대가 일어나는 경우를 정서적 학대라고 한다. 즉 노인을 돌보는 주 부양자가 가족·사회생활에 제한이 많을수록, 사회적 지지에 대한 평가가 부정적일수록 정서적 부담이 증가하는데 특히 노부모가 자녀에 대해 효에 대한 의무감을 많이 기대할 수록, 자녀에게 부담을 유발할 뿐만 아니라 자녀와의 기대수준의 불일치를 가져와 상대적인 학대경험을 높게 하고 노인의 심리건강에 부정적인 영향을 미칠 수도 있다(전길량·송현애, 1997). 또한 노인이 배우자나 아들, 딸 등 자녀와의 관계에 만족할 수록 노인의 학대경험이 낮은 반면 학대받는 노인들은 가족과의 정서적 유대감 또는 관계만족도가 낮은 것으로 보고된 바 있다(한은주, 2000). 따라서 노인과 가해자들은 오랫동안 감정적 대립관계가 축적되어 있는 경우가 많으며(한동희, 1996) 이러한 낮은 관계의 질이 미래의 잠정적인 학대 문제들의 지표가 될 수 있다(권중돈, 2004 ; Kosberg, 1988). 다시 말해서 가족통합성과 가족지지도가 낮은 노인들이 학대를 당할 위험이 높기 때문에, 노인을 돌보는 가족에 대해 가족통합성과 도구적 · 정서적 지지를 증진시킬 수 있는 상담프로그램 등을 확대 실시해 나가야 할 것이다.

또한 부양자는 노부모를 부양하는 그 자체가 스트레스로 작용하는 경우가 있고 특히 스트레스를 지속시키는 상태가 되면 노인학대로 연결되는 상황까지 이르게 된다. 따라서 노인을 부양하는 가족들은 스트레스의 원천을 분석하여 스트레스를 받지 않도록 생활양식을 바꾸거나 생활 개선을 할 수 있는 노력을 하여야 하는데 이러한 노력을 부양자 혼자서 해결하기는 어렵기 때문에 가족 상담을 받는 것이 중요하며, 상담을 통해 가족 간의 유대관계를 개선시킬 수 있는 방안을 모색하는 것이 필요하다. 아울러 복지적인 관점에서 노부모-성인자녀관계를 위한 각종 교육프로그램 개발과 그 프로그램의 이용이 절실히 요청되며 지역사회와 국가는 가족들에게 이와 관련된 지원책을 서둘러 마련해야 하겠다.

3. 사회 · 제도적 차원

노인학대는 여러 요인들의 복합적이고 역동적인 상호작용으로 발생하므로 다면적인 접근을 통해 문제를 조명하고 그 원인을 파악하여 다각적인 개입과 종합적이고 복합적인 대책이 강구되어야 한다. 따라서 노인학대를 개인 문제나 가정의 문제로만 생각하지 말고 사회문제로 인식하여 적극적인 사회적 접근과 과감한 정부의 대책 마련이 절실하다. 이런 관점에서 다음과 같이 제언을 해 보고자 하였다.

1) 노인학대의 예방적 측면

(1) 노인학대에 대한 예방교육

대부분의 노인들의 경우 자녀들에 의한 학대를 경험하여도 자녀들이 처벌받는 것을 원하지 않고 있고, 신고로 인하여 학대의 정도가 더욱 심해질지도 모른다는 불안감으로 경찰이나 상담센터에 신고하거나 법에 호소하는 경우는 거의 없다.

또한 대부분의 학대 피해노인들이 그 원인이 본인의 무능력에 있다고 간주하는 경향이 강해, 가해자들의 이러한 흐름에 편승, 노부모 학대가 습관적, 지속적으로 이루어지는 악순환 속에 놓이게 된다. 따라서 노인학대에 대한 교육을 강화하여, 노인학대에 대한 인식의 전환과 가족들의 학대에 대해 능동적, 적극적으로 대처해 나갈 수 있도록 하여야 할 것이다.

(2) 언론의 홍보강화

노인학대는 다른 가정폭력의 문제와 마찬가지로 주로 가정 내에서 가족구성원에 의해서 발생하고 있다. 특히 그들의 자녀들에 의해서 대부분 발생되고 있으나, 가정 내의 문제가 외부에 알려지는 것을 꺼려하는 우리문화의 특성상 사회 속으로 노출이 제대로 이루어지지 않고 있다는 실정이다. 최근 「가정폭력범죄의 처벌 등에 관한 특별법」이 시행됨에 따라 가정폭력에 대한 사회적 관심의 증대와 최근 개정된 노인복지법에서 노인학대에 관한 법조항이 일부 포함되고 있으나, 아직도 노부모학대에 대한 심층적인 연구의 부족으로 실태의 정확한 분석과 이해에 대한 틀이 잡혀 있지 않다. 따라서 노인학대 문제를 주요한 사회문제로서의 인식과 경각심의 고취를 위한 연구, 세미나, 공청회, 정책발표, 교육 등을 통한 홍보가 강화될 필요가 있다.

(3) 예방을 위한 상담서비스

노인을 부양한다는 사실은 가족들이 경험하는 보편적 스트레스가 되거나 긴장을 야기 시키는 요인이 된다. 대안적 부양자나 지원이 유용하지 못할 때는 부양자와 노인 중 어느 쪽을 가해자와 피해자로 분류하기가 어렵게 된다. 따라서 학대의 악순환을 막을 수 있도록 가해자와 피해자 모두를 위한 상담서비스의 제공이 요구된다. 이를 위해 전문상담기관의 확충과 전문상담인력의 양성 등이 함께 이루어져야 할 것이다. 이 외 지역사회에서 운영되고 있는 노인복지회관 등을 이용할 수 있는 방안도 검토되어야 할 것이다.

2) 「노인학대 방지관련법」의 제정

현재 시행되고 있는 「가정폭력법」은 가족학대 중 배우자폭력에 관한 내용이 주류를 이루고 있으며, 법안의 제정에 앞서 노인학대를 초래할 수 있는 요인을 파악하기 위한 기본적인 접근이 이루어지지 않았고, 예방 대책에 대한 배려 없이 처벌규정만 명문화되어 있기 때문에 노인학대는 앞으로 더욱 심하게 은폐될 가능성이 내재되어 있다고 할 수 있다(이선이, 1998). 또한 학대피해자를 보호하기 위한 상담시설이나 보호시설 등도 모두 아내학대에 관련된 것으로 노인학대피해자들을 위한 구체적인 내용은 미흡하다고 할 수 있다. 최근(2004년 1월 29일) 노인복지법이 개정되면서 노인학대에 관한 일부 제도적 뒷받침이 되고 있으나 다양한 제도 및 서비스적 측면에서 볼 때 만족스럽지 못하고 있다.

미국의 경우, 1978년 각 주 정부들은 노인학대를 의무적으로 보고하게 하는 법률을 요구하게 되었고(Blakely, 1994; 이해영, 1996 재인용-), 그 후 노인학대의 통보를 의무화한 법률이 많은 주에 제정되어 학대, 방임 혹은 이용당할 위험이 높은 노인을 원조하고 있으며, 노인학대 문제를 전문적으로 취급하는 사회기관들도 증가하였다. 또한 미국의 노인복지법은 제 11조 취약 노인보호 프로그램 내 노인학대, 유기, 악용 예방 프로그램을 지원하기 위한 법적 조항을 포함하고 있다.

영국의 경우에는 노인학대가 사회문제로 취급되면서 국가적 수준의 법률은 없지만 지방자치제가 중심이 되어 조사를 행하고 이를 근거로 긴급히 피학대자를 보호하는 구체적 방법과 개별적 대응을 결정하며, 각 단계에서 필요한 담당자 및 관련 인적자원을 제시하고 있다.

이처럼 아직 대다수의 국가에서는 노인학대에 대한 구체적인 세부법이 제정되지 못하고 있는 상황이다. 그 이유는 미국 및 영국과 같이 대상노인의 복지를 위한 서비스 전달체계 및 인프라가 구축되어 있는 상황에서는 노인학대의 가해자 및 피해자에 대한 사회적 대처방안이 마련되어 있다고 볼 수 있다. 그러나 우리나라는 아직까지 노인복지의 제도적 수준이 미비하며, 특수한 문화적 가치관-가족주의와 효 사상, 유교주의 등-이 부모관계에 여전히 강하게 지배하고 있고, 남의 일에 잘 참견하려고 하지 않는 풍조가 만연한 현 시점에 제3자 신고 및 고발이 어렵기 때문에 개입의 실현가능성도 극히 의문시되며 또한 부작용도 상당수 따를 수 있을 것이다.

이에 우리나라의 경우에도 노인학대법의 제정은 시기상조일 수 있다고 판단된다. 따라서 단기적으로 「가정폭력법」, 「노인복지법」에서 노인학대 관련 부문을 강화하고, 사회적 서비스를 통한 상담 및 가족 수발자에 대한 교육, 간병수당제도 도입 등을 통한 부양 스트레스 및 부담 완화, 기타 학대의 원인을 제거하는 방향으로 정책이 정비되어야 할 것이다.

중·장기적으로는 고령화율의 급증(10% 상회) 및 부양율이 보다 높아지는 2010년

경(부양율 14.2%로 추정됨. 이는 1명의 현역세대가 1명의 노인을 부양함을 의미)에 가서 '노인학대방지법'을 도입할 것인지를 보다 구체적으로 검토하는 것이 바람직하다고 판단된다.

3) 치료 및 상담서비스 강화

「가정폭력범죄의 처벌 등에 관한 특례법」에서는 가정폭력도 일종의 범죄로 간주하고, 형법에 적용시켜 가정폭력을 행하는 자를 처벌하도록 되어 있다.

지금도 노인들은 자녀 등에 의한 학대로 심각한 신체적·정신적 상처를 받고 있으며, 학대빈도 또한 빈번한 것으로 나타나고 있다. 이와 같이 심한 폭력이나 학대를 반복적, 상습적으로 행사하는 가해자의 경우는 엄격한 법 적용을 통해 노부모에 대한 학대나 폭력의 재발을 차단해야 할 것이며, 지속적으로 학대가 발생할 경우 학대피해자의 보호를 위해 가해자 감호시설의 송치 등도 고려해볼 수 있을 것이다.

노인학대는 피학대노인의 측면, 가해자 측면, 가정 환경적 측면, 사회문화적 측면 등 여러 요인들의 복합적이고 역동적인 상호작용으로 발생하므로 다면적인 접근을 통해 문제를 완화 또는 해결할 수 있는 다양한 치료 및 상담프로그램의 개발과 투입이 필요하다.

Ⅲ 노인과 복지사회

1. 노인학대 방지와 복지사회

사회와 문화 그리고 사회와 문화를 지배하는 가치관에 따라 노인학대 인지가 달라지고 이는 학대의 정의, 개념규정에 영향을 준다. 예를 들면 한 문화권의 노인학대는 보다 명백하게 나타나나 다른 문화권에서 학대는 노출되기 어려운 미묘한 문제로 인식된다. 이는 학대가 사회의 문화, 기대, 그리고 노인과 노인가족의 상황 등에 영향을 받게 되기 때문이다(Pablo, & Braun, 1997).

넓게는 사회와 문화권을 지배하는 노인 차별주의의 정도, 만연하는 폭력의 정도, 대중의 폭력 인지정도 등이 영향을 미치며 가족관계, 부양기대감등도 학대에 영향을 미치는 중요한 요인이다. 학대를 인지하는 개인의 인식은 또한 학대 행동과 상황 판단에 영향을 미치며 궁극적으로 학대의 노출과 원조요청에 영향을 준다. 결국 학대의 노출이 비교적 쉬운 사회에서는 그 대처방안 또한 발전하기 쉬운 반면 보다 은폐 가능성이 높고 드러나기 어려운 문화권 내에서는 대처가 더 어려워질 수밖에 없다 (Moon, 2000). 결과적으로 노인과 가족을 포함하는 대중의 학대에 대한 인식과 태도, 이를 근거로 발전하는 대처방안은 각국의 사회와 문화에 따라 상이한 차이를 보이며 다양하게 나타난다.

비교적 일찍 사회보장제도가 발전한 미국은 노인학대 문제도 비교적 이른 시기에 사회문제화 되었고 다양한 대응방안을 모색하고 있어 가장 효과적으로 대처하는 국가 중 하나이다. 다양한 사회서비스 프로그램을 통하여 학대피해노인과 가해자를 위한 원조체계로 대응하고 있으나 가정 내 학대에 비하여 시설학대는 정도와 규모를 추정하기 어려우며 대응전략 또한 미비한 상태로 나타난다. 캐나다는 지역적 특성과 지리적 여건으로 인하여 연방정부차원의 대응보다는 지역적 차원의 특성을 가진 법적·제도적 지원체계, 프로그램과 서비스가 특징적으로 나타나고 있다. 지역적으로 안정된 서비스 지원체계를 통하여 효과적으로 학대에 대처하고 있다고 보여 진다. 일본의 경우 학대를 중심으로 하는 법적·제도적 지원체계, 프로그램 및 서비스는 명확치 않으나 전반적으로 발달되어 있는 노인복지 원조시스템을 통하여 효과적으로 학대문제에 대응하는 전략을 유지하며 그 발전 방향을 모색하고 있는 현실로 비추어 진다. 이와는 대조적으로 영국은 단일 정부기구를 통하여 효과적인 학대 대응방안을 모색하고 있다.

외국의 대응방안을 근거로 한국 노인학대 대처방안에 관한 제언을 제시해보면 5가지로 정리할 수 있다. 첫째, 한국 노인학대의 실태파악이 시급하다. 각 국은 전국 규모의 실태조사를 시도하여 학대의 규모와 정도를 파악하고 이를 근거로 노인학대를 비교적 명확히 규정하고 있다. 현재 한국은 전국 규모의 조사나 연구가 시도되지 못한 상황이며 따라서 실태파악이 불가능한 현실이다. 산발적인 조사를 담합하여 학대 실태를 파악하고 이를 근거로 한국에서의 노인학대 개념이 정의된다면 전문적 개입이 용이하게 될 것이다.

둘째, 법적·제도적 지원체계 마련이 불가피하다. 서구 여러 나라에서 이미 노인학대는 기본권을 보장받는 넓은 범주의 학대로 인지되고 있으며 각 국은 현재 학대를 직접대상으로 하는 법 제정을 추진 중이다. 한국의 현재 상황에서는 분출하고 있는 학대문제에 대응하는 기존법 적용의 한계점을 평가하는 노력을 필두로 우리 상황에 적절한 노인학대 관련 법안마련의 기초를 마련하여야 할 것이다.

셋째, 노인학대를 전담할 기구와 조직의 설립이 필요하다. 각 선진국은 연방정부차원의 혹은 필요한 경우 주 정부차원의 학대대처 기구를 설립하였고 민간차원의 기구 또한 학대문제에 효과적으로 대처하고 있다. 현재 한국의 대중은 학대문제의 심각성을 인식하고 합의하는 시점에 있다. 학대를 전담할 정부차원의 조직설립을 위한 보다 조직화된 노력이 요구된다.

넷째, 노인학대에 대처하기 위한 지역사회의 서비스 개발에 있어서 강조하고 싶은 점은 지역사회복지관의 역할이다. 실제로 우리 사회에서 복지관은 노인을 대상으로 한 서비스 전달의 주요매체가 되고 있는 실정에서 노인학대를 위한 서비스 역시 이를 중심으로 이루어질 수 있을 것이다. 미국의 경우에도 노인종합서비스센터(senior multi-service center)는 노인학대에 대한 교육, 홍보(advocacy)와 서비스를 제공하는 구심점 역할을 담당하고 있으며 이를 근거로 한 서비스모델들이 제시되고 있다. 한 예로 캘리포니아의 한 노인서비스센터에서 시작한 WISE Senior Service는 노인이 지역사회 내에서 독립성을 유지하면서 필요한 도움을 제공받을 수 있도록 하는 교육, 홍보, 서비스를 종합적으로 제공하여 노인학대를 예방하고 이에 대처하는 성공적인 모델로 평가받고 있다. 자원교육센터(resource education center)를 통해 노인과 그 가족은 물론 일반인을 대상으로 한 교육과 홍보가 시행되며, 노인들에게 도움이 필요한 경우 어느 때나 자원센터를 통하여 필요한 서비스에 연결해주고 센터 내에 일일보호센터를 운영함으로써 도움을 필요로 하는 노인은 물론 부담스러운 부양상황으로부터 휴식을 필요로 하는 부양가족에게 휴식서비스를 제공하는 등 다양한 서비스가 노인학대를 예방하고 이에 대처하는 데 활용되고 있다. 이와 같이 우리 사회에서도 노인복지서비스 전달의 구심점에 있는 복지관은 노인학대에 대처하는 서비스와 프로그램 개발에 있어서도 보다 적극적인 역할을 담당할 수 있기를 기대한다.

다섯째, 전문적 프로그램과 서비스의 제공이다. 공통적으로 여러 나라는 노인학대 문제를 범법이나 형사법적 영역으로 국한 짓기보다는 노인과 가해자 모두가 사회적 원조를 필요로 하는 대상으로 접근하는 사회복지 서비스의 영역으로 수용되고 있다는 것이다(우국희, 2001). 각 국은 기존 복지시스템을 이용하여 학대노인과 가족을 포함한 대중들에게 전문 프로그램과 서비스를 효과적으로 제공하기 위한 노력을 광범위하게 진행하고 있다. 현재 한국은 보다 거시적 차원의 대처가 단계적으로 이루어져야 하겠으나 시행되고 있는 노인복지 전문 프로그램과 서비스 네트워크를 통하여 시급한 학대문제에 대처하는 방안을 모색하는 것이 효과적으로 여겨진다. 이는 학대문제를 더 이상 개인의 문제나 가족문제로 보지 않고 사회구조적 문제로 인식하여 학대를 예방하고 문제에 효과적으로 대처해 나가기 위하여서는 우선 노인학대가 한국 사회복지의 관심 있는 영역으로 자리잡아야 할 것을 시사한다.

2. 노인과 복지국가

미래사회의 변화양상은 어떻게 바뀔까? 사회복지와 관련하여 내부적 변화는 고령사회, 가족구조의 변화, 노동시장의 변화일 것이고, 외부적 변화로는 국제화일 것이다. 많은 서구 복지국가들이 생산적 복지를 추구하는 방향으로 21세기에 진입하였다. 고령화와 관련하여 복지국가들은 이미 '생산적 노인사회'를 구현하기 위한 정책들을 시행 중이다. 은퇴를 늦추고, 근로에 대한 인센티브를 제공하며, 은퇴의 다른 경로들을 통제하는 것 등이다. 실업자나 공공부조 수혜자들을 노동시장에 통합시키기 위한 조치 또한, 보다 생산적 사회를 추구하는 또 다른 중요한 정책이다.

　최근 급속도로 변화하는 사회에서 특히 신자유주의의 자본주의가 주류를 이루는 이 시대에 사회복지기관, 단체는 상대적으로 시민사회단체로서의 민간단체 활동에 제한을 받아온 것도 사실이다. 국민기초생활보장법에 의하여 제공되는 생계보호는 현실적인 최저생활비 수준에 미치지 못하고 대다수 근로자는 낮게 책정되어 있는 최저임금으로 인하여 고통을 받고 있으며, 요보호 대상자들은 열악한 환경 속에서 인권을 제대로 보장받지 못하고 있다. 자본주의의 필연적인 결과인 사회적 불평등이 더욱 커지고 빈곤의 악순환이 더욱 심화되어 가는 사회적 현실을 극복하는 대안은 필연적으로 사회복지가 될 수밖에 없다. 그러므로 거시적 차원에서 사회복지를 발전시키는 일은 제도적·정책적인 노력이 투입되어야 한다.

　21세기는 아마 노인의 시대가 될지도 모른다. 인구 고령화는 개인과 가족과 사회에 많은 부담과 문제점을 안겨주게 될 것이고 국가와 사회는 이 문제의 해결을 위해 많은 노력을 집중하지 않을 수 없기 때문이다. 우리 사회는 21세기 동안 고령화 사회와 고령사회를 거쳐 초고령화 사회로까지 진전할 것이기 때문에 노인은 다른 어느 대상보다도 계속적으로 더욱 큰 정책적 관심의 대상이 될 것이다. 그러므로 노인문제를 노인 스스로의 노력에 의해 정책적으로 해결하고 나아가서는 예방할 수 있는 정책도 수립할 수 있도록 하는 것이 바람직할 것이다. 다만 기우에 지나지 않을지는 모르겠지만 노인문제 해결을 위한 정책수립에 영향력을 행사하다 보면 노인들이 집단이기주의에 빠질 수도 있다는 점을 명심하여 세대 간의 공평성도 고려하는 관점을 견지하는 것이 바람직할 것이다.

어쨌든 누적되는 노인문제를 해결하기 위해서는 정부차원의 정책적인 대안과 실천이 뒷받침되어야 하겠지만 정부의 참여와 정책만으로 해결하기에는 한계가 있기 때문에 가족, 지역사회, 국가의 삼위 일체적 배려가 필요하다. 노인과 관련된 모든 의사결정과정에 노인들의 견해가 반영될 수 있도록 참여 민주주의가 제도화되어야 할 것이며, 나아가 노인 자신 또한 스스로 배우고 노력하여 삶의 질을 향상시킬 수 있도록 해야 할 것이다.

참고문헌

공적노인요양보장추진기획단(2003). 노인요양보장제도 도입의 필요성과 재정운영방식의 선택. 2.

_____(1994). 한국치매노인 가족의 부양부담 사정에 관한 연구. 연세대학교 박사학위 논문.

권중돈(2004). 노인학대에 영향을 미치는 요인. 한국노년학회지 제24권 1호.

김기태 · 김수환 · 김영호 · 박지영(2002). 사회복지 실천론, 양서원.

김기태 · 박봉길(1996). 재가노인과 시설노인의 생활만족도 비교. 사회복지연구, 제6집, 부산대학교 사회복지연구소, 65-85.

김기태 · 성명옥 · 박봉길 · 이경남 · 최희경(2002). 노인복지실천론. 양서원.

김만두(1972). 케이스워크 관계론, 홍익제.

김명옥(2001). 치매노인 부양가족의 사회적 지원방안에 관한 연구. 신라대학교 석사학위 논문.

김미경(1998). 노인학대에 관한 연구-청주시를 중심으로-. 청주대학교 대학원 석사학위논문.

김미리혜(1998). 외상적 스트레스의 단기관리 : 위기개입프로그램의 개발, 한국심리학회 지, Vol. 3(1), 102-113.

김미혜 · 이선희(1998). 노인학대 측정도구 개발을 위한 일 연구. 사회복지. 봄호.

김민식(2001). 치매노인 부양부담에 영향을 주는 요인에 관한 연구. 한성대학교 대학원 석사학위 논문.

김승권 외(2000년). 전국 출산력 및 가족보건실태조사, 한국보건연구원.

김승권 · 조애저(1998). 「한국 가정폭력의 개념정립과 실태에 관한 연구」, 한국보건사회 연구원.

김재엽(1998). 한국노인부부의 부부폭력실태와 사회인구학적 변인과의 관계연구. 한국노 년학, 18(1), 170-183.

김정란 · 김경신(2003). 아내학대에 대한 생태체계적 접근. 한국가정관리학회지, 21(2),

　　87-101.

김정옥 · 김득성 · 박충선 · 송정아 · 이희자 역(2003). 가정폭력 치유 프로그램. 서울 : 신정.

김종환(1996). 위기개입론 I. 치유목회론 3.

＿＿＿＿(1996). 위기개입론 II. 치유목회론 4.

김태현(1989). 노인복지상담제도에 관한 연구.

＿＿＿＿(1996). 실버산업의 실제. 하우출판사.

김태현 · 유은희(1985). 노인상담의 기초적 연구, 한국노년학, No. 5. 14-26.

김태현 · 전길양(1995). 치매노인가족의 부양경험에 관한 연구. 한국노년학 15(1), 15-27.

＿＿＿＿＿＿＿(1996). 치매노인 가족의 부양상황과 적응자원에 관한 연구. 대한가정학
　　회지 34(4), 145-160.

김태현 · 한은주(1997). 「노인학대 측정과 개입을 위한 문헌적 고찰」, 한국노년학회지, 제
　　17권 제1호, 한국노년학회, 51～73.

김한곤(1997). 노인학대의 인지도와 노인학대 실태에 관한 인문연구. 우리사회연구. 4,
　　235-254.

＿＿＿＿(1998). 「노인학대의 인지도와 노인학대의 실태에 관한 연구」, 한국노년학회지, 제
　　18권 제1호, 통권 제26호, 한국노년학회, 184～197.

김현수(1997). 「노인학대의 실태에 관한 연구」, 숭실대학교 사회사업학과 석사학위 논문.

김혜순(2002). 노인학대의 원인으로서의 치매노인 부양부담에 관한 연구. 신라대학교 대
　　학원 석사학위 논문.

남궁기 · 이홍식 · 유계준(1993), 치매의 진단과 치료. 보건신문 1993. 12. 16일자.

노인생활과학연구소(2003), 노인학대 상담사례, 노인생활과학연구소 내부자료

동아일보. 한국 고령화속도 세계 1위. 2003년 10월 2일자.

무등일보. 노인학대 자식들이 주범. 2003년 7월 16일자.

문혜리(1992). 가정 내 치매노인 간호자의 실태분석과 사회복지적 대응방안에 관한 연구.
　　충북대학교 석사학위 논문.

민제성(1993). 한국의 노령화 추이와 노인복지대책, 한국개발연구원.

박경석 · 김계현(1994). 전화상담의 실제, 사랑의 전화출판부.

박봉길(2000). 노인학대 인식도 분석을 통한 사회사업 원조전략. 부산대학교 대학원 박사
　　학위논문.

박성수(1999). 노인부양형태와 부양의식에 대한 연령별 비교연구. 석사학위논문, 연세대
　　학교 행정대학원.

박순미(1999). 치매노인 가족의 부양실태와 공식적. 비공식적 사회적지지 욕구. 경북대학

교 석사학위논문.

박재간(1996). 고령화 사회의 위기와 도전. 나남출판사.

박재흥(1991). 현대사회문제 : 노인문제. 사회과학연구소.

박준기(1998). 한국 노인학대 실태에 관한 연구 - 신문기사에 나타난 사례를 중심으로. 강남대학교 석사학위논문.

반형욱(1997). 「노인학대의 실태조사연구」, 한남대학교 지역개발대학원 석사학위 논문.

변용찬(1997). 치매관리 Mapping 개발 연구. 한국보건사회연구원.

보건복지부(1995). 노인복지 종합대책.

_____(1997). 보건연감.

_____(2002). 출산율.

_____(2003). 2003년도 노인복지시설현황.

사회복지공동모금회(2003). 전국 노인학대상담원실무자를 위한 워크숍 자료집.

서울대학교 지역의료체계 시범사업단(1994). 치매환자 관리사업 개발.

서윤(1998). 존속범죄를 통한 노인학대 실태에 관한 연구. 노인복지연구. 1(1), 182-205.

____(2000). 노인학대사례연구. 노인복지연구. 9.

성인식(1994). 치매노인 가족의 부담감에 관한 연구. 숙명여대 대학원 석사학위 논문.

손정영(1998). 아내학대의 원인에 대한 생태학적 연구-도시 중산층 부부를 중심으로 -. 경희대학교 대학원 박사학위논문.

송영민(2002). 여성노인의 의존성과 학대경험에 관한 일고찰. 고려대학교 대학원 박사학위논문.

송현애 · 전길량(1998). 「노인홀대에 관한 연구 II-노인의 학대와 방임에 대한 인식 및 경험을 중심으로」, 대한가정학회지, 제36권 제3호, 대한가정학회, 145~159.

신수진(1993). 성인초기 자녀의 부모부양의식에 관한 연구-사회교환론과 상징적 상호작용론적 접근-. 석사학위논문, 이화여자대학교.

안병철(1997). 사회변동과 가족. 미래인력연구센터.

알란 캠프(2001). 가족학대와 가족폭력, 이화여자대학교 사회사업연구회 역, 나남출판.

양변환(1993), 치매의 정의 및 분류. 약학정보.

옥선화 · 이형실 · 이춘희(1994). 노인부양가족을 위한 가족생활교육 프로그램 개발에 대한 기초연구 : 부양자 요구를 중심으로. 대한가정학회지, 32(2), 61-77.

우국희(1997). 치매노인 수발인의 수발 및 사회적 지지에 대한 주관적 경험. 서울대학교 박사학위논문.

_____(2001). 노인학대관련정책 개발을 위한 일 고찰, 미국의 노인학대 관련법과 서비스

정책을 중심으로, 한국사회복지학, 44호.

우종인 · 유근영 · 이정희 · 홍준표(1994). 한국 노인인구의 치매의 역학적 특성에 관한 연구. 서울대병원 대형공동과제 연구 요약보고서 : 알츠하이머형 치매의 역학 및 병태생리학적 연구, 1-9.

우종인 · 이정희 (1995). 치매환자를 위한 서비스 개발. 치매환자를 위한 서비스 개발 심포지움, 한국치매협회, 19-31.

윤경자(1999). 부부폭력 가해자 교육 프로그램의 개발 : 가정폭력 실태와 치료 프로그램 개발, 한국가족관계학회 추계학술대회 자료집, 45-60.

윤경자 · 공미혜 역(2001). 가정폭력 가해자교육 프로그램 -남성 가해자를 위한 Duluth 모델-, 하우.

윤진(1982). 성인노인심리학. 중앙적성출판사.

____(1994). 폭력 없는 가족-아내구타와 노부로 학대를 중심으로-. 여성연구, 44(가을호), 107-122.

윤현숙(2000). 노인부양과 가족의 역할. 21세기 새로운 가족문화, 한국가족학회 2000년 춘계학술대회 자료집, 47-60.

은빛여성상담소(2001). 여성노인학대개입을 위한 매뉴얼 -요보호여성노인의 개입방안 결과 보고서. 노인생활과학연구소 내부자료.

이가옥(1999). 노인복지의 현황과 과제. 나남출판사.

이선이(1998). 노인학대에 영향을 미치는 요인에 관한 연구. 이화여자대학교 대학원 석사학위논문.

이성희 · 권중돈(1993). 치매노인과 가족의 생활실태 및 복지욕구. 서울시 북부 노인종합복지관.

이성희 · 한은주(1998). 부양자의 노인학대 경험과 관련 요인. 한국노년학, 18(3), 123-141.

이영숙(1997). 「고부관계에서 발생한 노인학대에 관한 연구」, 대한가정학회지, 제35권 제2호, 대한가정학회, 359~372.

이영숙 · 박경란 · 전귀연(1999). 가족문제론. 학지사.

이해영 편(2000). 케어복지론. 양서원.

이해영(1996). 「새로운 복지문제로서의 노인학대에 대한 고찰」, 노인복지정책연구, 1996 추계호, 통권 제3호, 한국노인문제연구소, 300~328

이해영 · 안향림(1998). 개호복지론. 학문사.

이형득(1993). 상담이론. 교육과학사.

장경남(1997). 치매노인 보호관리 실태와 사회적 부양. 고려대학교 석사학위 논문.

장덕민(1995). 치매노인 부양자의 부양 스트레스 : 정상노인 부양자와의 비교. 연세대학교 대학원 석사학위 논문.

전길량(1993). 노모와 성인 딸 간의 상호작용과 부양기대감-부양기대요인을 중심으로-. 박사학위논문, 성신여자대학교.

전길량 · 송현애(1997). 「노인홀대에 관한 연구 Ⅰ-기혼 성인남녀의 학대와 방임에 대한 인식 및 경험을 중심으로」, 한국가정관리학회지, 제15권, 제3호, 한국가정관리학회, 83 ～94.

_____(1997). 노인홀대에 관한 연구-학대와 방임에 대한 인식 및 경험을 중심으로-. 한국가족상담교육단체협의회 학술대회 [가정폭력에 관한 프로그램 개발 연구], 32-96.

정경희(1998). 「사회문제로서의 노인학대」, 가정폭력과 청소년, 청소년보호위원회, 123～146.

정민자(2002). 가정폭력 가해자를 위한 가족상담교육 프로그램. 양지.

_____(2001). 치매노인 부양부담에 관한 연구. 중앙대학교 석사학위 논문.

정현숙 · 윤가현(1998). 치매노인 부양자의 치매관리 전략 효과. 한국노년학 연구 7, 17-35.

조남옥(1996). 치매환자 가족의 경험과 간호요구에 관한 연구. 서울대학교 박사학위 논문.

조홍식 · 김인숙 · 김혜란 · 김혜련 · 신은주(1997). 가족복지학. 학지사.

주간한국(2001). 2026년 인구 5명중 1명은 노인, 초고령사회로 가는 한국. 11월 27일자.

최선화 · 공미혜 · 한동희(1998). 「학대받는 여성노인의 상황에 관한 연구」, 한국사회복지학회지, 제34권, 189～214.

최신덕(1998). 노년사회학. 하나의학사.

최정혜(2000). 성별에 따른 노인부부폭력 차이연구. 한국노년학 20(3), 17-35.

최종수 옮김(2002). 가정폭력 남성 치유모델. 한국기독교연구소.

최해경(1993). 「노인학대에 관한 인식과 원조요청 태도에 관한 연구」, 전주대학교 논문집, 제22집.

통계청(1994, 1997, 1998, 2000, 2001, 2002), 한국의 사회지표.

_____(1995). 통계로 다시 보는 광복이전의 경제 사회상.

_____(1996). 「장래인구추계」.

_____(1999a). 「1999 한국의 사회지표」.

_____(1999b). 「1998 경제활동인구연보」. 273～286.

_____(2001). 보도자료(10월).

_____(2001). 장래인구추계.

_____(2003). 한국인의 평균수명.

한국노인의 전화(1997). 전화상담 사례분석집 3. 사단법인 한국노인의 전화.

한국보건사회연구원(1997). 치매관리 Mapping개발연구.

_____(1998). 노인생활실태 및 복지욕구조사.

_____(1998). 한국의 보건복지지표.

_____(1999). 노부모 학대 실태에 관한 사례연구-6개 대도시 노인(종합)복지회관 이용 노인을 중심으로.

한국보건사회연구원·보건복지부 공청회 자료(2003).

한국재가노인복지협회(2002). 노인학대 예방 및 상담사례.

한국형사정책연구원(1995). 「노인의 범죄 및 범죄피해에 관한 연구」, 한국형사정책연구원.

한동희(1994). 노인의 치매에 관한 태도에 관한 연구. 한국노년학 14(1), 69-83.

_____(1996). 노인학대에 관한 연구. 대구효성카톨릭 대학교 박사학위 논문.

_____(2001). 여성노인학대에 대한 이해. 노인복지연구. 13.

_____(2001a). 노인학대의 문제점과 사회 복지적 대안-한국재가복지협회 노인상담원 교육자료.

_____(2002). 한국의 노인차별에 관한 연구-공공영역에서의 노인차별. 한국노인 과학학술단체연합회 학술발표회.

_____(2003). 노인학대의 이해와 개입방안. 노인학대 상담센터 부산경남지부 상담원 교육자료.

_____(2003). 한국의 노인학대접근에 관한 고찰. 제7회 아세아 오세아니아지역 노년학회. INPEA심포지움 발표자료. 미간행

한동희·김정옥(1994). 「노인학대에 관한 이론적 고찰」, 대한가정학회지 제32권 제4호, 45~56

_____(1995). 「노년기 특성에 관련된 노인학대에 관한 연구」, 가족학논집 제7권, 185~209.

한은주(2000). 노인학대의 원인에 대한 생태학적 연구. 성신여자대학교 대학원 박사 학위 논문.

한은주·최배영(1997). 「상징적 상호작용론적 관점에서 본 부모부양의식에 관한 연구」, 대한가정학회지 제35권 제2호, 373~383.

허남순·윤현숙·조성숙·구훈모 옮김(2000). 가정폭력 가해자 집단프로그램. 나눔의 집.

현외성, 조추용, 김혜경, 이경남, 윤은경(2002). 노인복지실천사례론, 양서원.

현회성 외(1998). 노인상담·이론과 실제. 유풍출판사.

홍숙자(1998). 고부관계 향상(노부모 부양가족) 교육 프로그램 : 가족생활교육. 하우.

_____(1999). 노년학 개론. 하우출판사.

황선욱(2001). 치매노인 부양가족의 부양부담 경감을 위한 사회복지 정책방향. 신라대학교 석사학위 논문.

多久良紀夫, 二官加鶴香(1994). 老人虐待. 筒井書房.

鈴木真理子 外 3 人 著(1999). 老人虐待 : 予防과 支援. 日本 看護協会 出判会.

外口玉子 外 3 人 著(2001). 老人虐待 論. 筒井西房.

Ammerman, R. T. & Hersen, M.(1999). Assessment of Family Violence, A clinical and Legal Sourecebook. John /wiley & Sons, Inc.

Belkin, G. S.(1984). Introduction to counseling(2nd Ed.). Dubuque, IA : William C. Brown.

Belsky, J.(1993). Etiology of child maltreatment : A developmental-ecological analysis. Psychological Bulletin, 114(3), 413-434.

Block, M. R. & Sinnott J. D.(1979). Methodology and Results, In M. R. Block & J. D. Sinnott(eds.), The Batterde Elder Syndrome : An Exploratory Study, Center on Aging, University of Maryland,.

Brammer, L. M.(1985). The helping relationship : Process and skills(3rd Ed.). Upper Saddle River, NJ : Prentice Hall.

Caplan, G.(1961). An approach to community mental health. New York : Grune & Stratton.

_____(1964). Principles of preventive psychiatry. New York : Basic Books.

Carkhuff, F. F. & Berenson, B. G.(1977). Beyond counseling and therapy(2nd Ed.). New York : Holt, Rinehart & Winston.

Christine L. & McDaniel, J. D.(1997). Elder Abuse in Domestic Setting Internet.

Cicirelli, V.(1993). Attachment and obligation as daughter's for caregiving behavior and subsequent effect on subjective burden. Psychology and Aging 8, 144-155.

Clipp, E. C. & George, L. K.(1993). Dementia and cancer : A comparison of pouse caregivers. The Gerontologist 33(4), 534-541.

Daniels, R. S., Baumhover, L. A. & Clark-Daniels, C. L.(1989). Physicians' mandatory reporting of elder abuse. The Gerontologist, 29(3), 321-327.

Eastman, M.(1984), Old Age Abuse, Age Concern England,.

Gignac, M. & Gottlieb, B.(1996). Caregiver's appraisals of efficacy in coping with dementia. Psychology and Aging 11, 214-225.

Gilliland, N. & Jimenez, S. R.(1996). Elder abuse in developed and developing societie s : the US and Costa Rica. Journal of Developing Societies, 12(1), 88-103.

Godkin, M. A., Wolf, R. S. & Pillemer, K. A.(1989). A Case Comparison Analysis of Elder Abuse and Neglect, International Journal of Aging and Human Development, Vol. 28(3).

Greene, V. L. & Monahan, D. J.(1989). The effect of a support and education program of stress and burden among family caregivers of frail elderly persons. The Gerontologist 29(4), 472-477.

Greenstone James L. & Leviton Sharon C.(2001). Crisis management. In the handbook of innovative therapy 2nd Ed. by Corsini, Raymond J.,Wiley & Sons, Inc.

Haley, W. E., Brown, S. L. & Levine, E. G.(1987). Experimental evaluation of the effectiveness of group intervention for dementia caregivers. The Gerontologist 27(3), 376-382.

Haviland, S, O'Breien, J.(1989).Physical Abuse and Neglect of the Elderly : Assesment and Intervention, Orthopaedic Nurse.

Henton June, Rodney Cate and Beth Emery,(1984). The Dependent Elderly : Targets for Abuse, William H, Quinn & George A, Hughston(eds.) Inderpendent Aging : Family and Social Systems Perspectives.

Hickey, T. & Douglass, R. L.(1981). Mistreatment of the Elderly in the Domestic Settin g : An Exploratory Study American Journal of Public Health 1.

Hinrichsen, G. & Niederehe, G.(1994). Dementia management strategies and adjustment of family members of older patients. The Gerontologist 34. 95-102.

Hooyman, N. & A. Kiyak(1996). Social Gerontology : A Multidisciplinary Perspective(4th ed.). Needham Heights, MA : Allyn & Bacon.

James, Richard K. & Gilliland, Burl E.(2002). Crisis Intervention strategies, Books /Cole.

Johnson, I. M.(1995). Family Members' Perceptions of and Attitudes toward Elder Abuse. The Journal of Contemporary Human Services(April).

Jorm, A.(1993). Understanding senile dementia. London : Chapman & Hall.

Katz, K, D.(1979-80). Elder Abuse, Journal of Family Law, 18.

Kemp, A.(1998). Abuse in the Family : An Introduction. Books/cole Pub.

Kimsey, L. R., Tarbox, A. R & Bragg, D. F.(1981). The Caretakers and the Hidden Agenda. I. The Caretakers and the Categories of Abuse. Journal of the American Geriatrics Society, 29.

King, N. R.(1986). Exploitation and Abuse of Older Family Member, Abuse of the Elderly.

Knight, B. Lutzky, S. & Urban, F.(1993). A meta-analytic review of interventions for caregiver distress : Recommendations for future research. The Gerontologist 33, 240-248.

Kosberg, J. I.(1988). Preventing elder abuse : Identification of high risk factors prior to placement decisions. The Gerontologist, 28(1), 43-50.

Kramer, B. J.(1993). Expanding the conceptualization of caregiver coping the importance of relationship focused coping strategies. Family Relations, 42, 383-391.

Lachs, M. S. & Pillemer, K.(1995). Abuse and neglect of elderly persons. The new England Journal of Medicine, 332(7), 437-443.

Lachs, M. S., Williams, C., O'Brien, S., Hurst, L. & Horwitz, R.(1997). Risk factors for reported elder abuse and neglect : A nine-year observational cohort study. The Gerontologist, 37(4), 469-474.

Lau, Elizabeth and Jorden Kosberg(1979). Abuse of the Elderly by Informal Care Providers, Aging 299.

Lazarus, R. & Folkman, S.(1984). Stress, appraisal and coping. New York : Springer.

Lukawiecki, T.(1993). Community Awareness and Response : Abuse and Neglect of Older Adults, Minister of National Health and Welfare.

MacDonald, L. & Collins, A.(2001). Abuse and Neglect of Older Adults : A Discussion Paper, Health Canada.

Marison L. B. & Miller D.(1985). Clinical Social Work Practice with the elderly. The Dorsey press.

McKhann, G., Drachman, D., Folstein, M., Katzman, R., Price, D. & Stadlan, M.(1984). Clinical daignosis of alzheimer's disease : Report of the NINCDS-ADRDA work group under the ouspices of the department of health and humanservices task force on Alzhimer's disease. Neurology 34, 939-944.

Montgomery, R. J. & Borgatta, E. F.(1989). The effects of alternative support strategies on family caregiving. The Gerontologist 29(4), 457-464.

Moon, A.(2000). Perception of Elder Abuse among Various Cultural groups : Similarities and Differences. Generations. Summer.

Moon, A. & Williams, O.(1993). Perceptions of elder abuse and help-seeking patterns among African-American, Caucasian American, and Korean-American elderly women. The Gerontologist, 33(3), 386-395.

Motenko, A. K.(1989). The frustration, gratifications and well-being of dementia caregivers. The Gerontologist, 29(2), 166-172.

Murphy, N.(1994). Resource and Training Kit For Service Providers : Abuse and Neglect of Older Adult. Mental Health Division, Health services Directorate, Health Programs and Services Branch, Health Canada.

Neale, A. V., Hwalek, M. A., Goodrich, C. S. & Quinn, K. M.(1996). The Illinois elder abuse system : Program description and administrative findings. The Gerontologist, 36(4), 502-511.

Pablo, S. & Braun, K.(1997). Perception of Elder Abuse and Neglect and Help

Paveza, G. J., Cohen, D., Eisdorfer, C., Freels, S., Pharm, T. S., Ashford, J. W., Pratt, C.(1985). Burden and coping strategies of caregivers to Alzheimer's patients. Family Relations 34, 27-33.

Penhale, B.(1993). The Abuse of Elderly People : Consideration for Practice, British Association of Social Workers,

Pillemer, K. & Finkelhor, D.(1988). The prevalence of elder abuse : A random sample survey. The Gerontologist, 28(1), 51-57.

Pillemer, K. & Suitor, J. J.(1992). Violence and violent feelings : What causes them among family caregivers? Journal of Gerontology, 47(4), S165-S172.

Pillemer, K. & Wolf, R. S.(1986). Elder abuse : Conflict in the victims : The reality of elder abuse. New York : Auburn House.

Pillemer, K. A. & Finkelhor, D.(1989). Causes of Elder Abuse : Caregiver Stress Versus Problem Relatives, American Journal of Orthopshchiatry, Vol. 59(2), 179~187.

Pruchno, R. A. & Resch, N.L.(1989). Husbands and wives as caregivers : Antecedents of depression and burden. The Gerontologist 29(2), 159-165.

Quinn, M. J. & Tomita, S. K.(1986). Elder abuse and neglect : Causes, diagnosis, and intervention strategies. New York : Springer Pub.

Rathbone-McCuban, E(1990). Elderly Victims of Family Violence and Neglect, Social Casework, 61, 1980.

Reis, M. & Nahmiash, D.(1998). Validation of the indicators of abuse(IOA) screen. The Gerontologist, 38(4), 471-480.

Richard, H. F. & Hathaway, T. J.(1990). Information and service needs among active and formal family caregivers of persons with Alzheimer's disease. The Gerontologist 30(5), 604-609.

Rosencranz, H. A & McNevin, T. E(1968). A Factor Analysis of Attitudes toward the Aged, The Gerontologist, 8.

Sengetock, M. & Hwalek, M.(1986). Assessing the Probility of Elder Abuse : Toward the Development of a Clinical Instrument, Journal of Applled Gerontalogy, Vol. 5(2), 153 ~173.

Sheafor B. W., Horejsi C. R. & Horejsi G. A.(1997). Techniques and Guidelines for Social Work Practice. 4th Ed. Allyn and Bacon, Boston.

Silliman, R. A. & Sternberg, J.(1988). Family caregiving : Impact of patients functioning and underlying causes of dependency. The Gerontologist 28(3), 377-382.

Steinberg R. M. & Carter G. W., Case Management and the Elderly.

Steinmetz, S. K.(1981). Elder Abuse, Aging 315.

_____(1977). The Cycle of Violence : Assertive, Aggressive and Abusive Family Interaction, New York : Praeger.

_____(1978). "Batter Parents", Society(July/August).

_____(1987). The elderly : Victims and deviants. (Pub.) Ohio University Press.

Steinmetz, S. K. & Amsden, D. J.(1983). Dependent Elders Family Stress and Abuse, In Brubaker, T. H (Eds.), Families Relatinships in latter life, Sage Pub, Inc., lst Printing, 173~192.

Straus, M. A.(1979). "Measuring Intrafamily Conflict and Violence : The Conflict Tactics Scales", Journal of Marriage and the Family, Vol.41.

Strawbridge, W. J. & Wallhagan, M. I.(1991). Impact of family conflict on adult child caregivers. The Gerontologist 31(6), 770-777.

Tatara, T.(1990). Elder Abuse in the United States : An Issue Paper, Prepared for the Administration on Aging, The Department of Health and Human Services, The

National Resource Center on Elder Abuse.

Toseland, R. W. & Rossiter, C. M.(1989). Group interventions to support family caregivers : A review and analysis. The Gerontologist 29(4), 438-448.

Walker, J., Alerxis, et al(1992). The Benefits and Costs of Caregiving and Care Receiving for Daughters and Mothers, Journal of Gerontology : Social Science 47(3).

Wiehe, V. R.(1998). Understanding family violence-Treating and preventing partner, child, sibling, and elder abuse-. Sage Pub.

Wilson, H. S.(1989). Family caregiving for a relative with Alzheimer's dementia : Coping with negative choices. Nursing Research 38(2), 94-98.

Wolf Rosalie(1986). Definitions Adopt an from Project Idea, University Centre on Aging, University of Massachusetts Medical Centre.

Wolf, R. S. & Li, D.(1999). Factors affecting the rate of elder abuse reporting to a state protective services program. The Gerontologist, 39(2), 222-228.

Wolf, R.(2000). Special Research Review Section ; Emotional Distress and Elder Abuse, National Center on Elder Abuse Newsletter, January 2000.

Yamada, Y.(1999). A Telephone Counseling Program for Elder Abuse in Japan. Journal of Elder Abuse and Neglect. 11, 1, 105-112.

Zarit, S. H.(1986). Subjective burden of husbands and wives a caregiver : A longtudinal with dementia. The Gerontologist 26, 260-266.

〈인터넷자료〉
까리따스 노인학대 상담센터(2003) : http://www.15889222.net
경기여성 정보웹진 우리(2003) : http://www.woorizine.or.kr
노인학대 상담센터(2003) : http://www.welovesenior.or.kr
실버 '노인학대'(2003) : http://www.hankooki.com
한국일보 [실버세상] 노인학대(2003) : http://www.sed.co.kr

〈법률자료〉
가정폭력범죄의 처벌 등에 관한 특례법, 가정폭력방지 및 피해자 보호 등에 관한 법률, 노인복지법, 민법, 아동복지법, 폭력행위 등 처벌에 관한 법률, 형법.

찾아보기

저자소개

김선희
부산대학교 생활환경대학 가정학 석사
부산대학교 대학원 이학 박사
가족복지학회 학술위원
현) 고신대학교 사회복지학부 교수

김혜경
Kent State University, Individual and Family
    Studies, MA
한양대학교 생활과학대학 가정관리학과 이학
    박사
현) 천안대학교 사회복지학부 노인복지전공
    교수

박충선
미국 University of Pittsburgh 석사
미국 University of Pittsburgh 박사
현) 대구대학교 사회복지학부 교수
    경북여성정책개발원 원장

최용민
서울대학교 보건대학원 보건학 석사
동국대학교 행정학 박사
일본사회사업대학 박사과정수료
현) 위덕대학교 사회복지대학원장
    경상북도 사회복지공동모금회 배분분과
    위원
    한국마약범죄학회 부회장

최정혜
경상대학교 가정교육과 학사
동아대학교 생활과학대학 가정학 석사
성신여자대학교 대학원 이학 박사
현) 경상대학교 사범대학 가정교육과 교수
    한국가족복지학회 상임이사

한동희
대구효성가톨릭대학교 대학원 가정학 박사
현) 세계노인학대방지망(INPEA) 한국대표
    노인생활과학연구소 소장
    해솔여성복지상담소 대표

허영숙
부산대학교 가정대학 가정학 석사
부산대학교 가정대학 가정학 박사
부산대학교 사회과학대학 사회복지학과 석사
현) 동부산대학 사회복지과 교수

현은민
미국 University of Minnesota 가족사회학 석사
미국 University of Minnesota 가족사회학 박사
현) 안동대학교 생활환경복지학과 교수

홍달아기
원광대학교 대학원 이학 석사
성신여자대학교 대학원 이학 박사
미국 산호세 주립대학교 객원교수
현) 원광대학교 생활과학대학 가정아동복지학
    교수